AF459753

RECUEIL

*Des titres & pieces justificatives de la nobilité des Biens de l'Eglise d'*Apullo *ou de* Bosco, *dépendans de la mense de la Cathédrale de la Ville de Beziers : depuis l'an 889 jusqu'en 1768.*

Si la conduite des hommes étoit l'expression fidelle & constante de leurs devoirs, si la loi naturelle, qui en est le principe, étoit toujours la régle de leurs actions, ce qu'on appelle administration municipale seroit aussi respectable qu'avantageux aux Communautés de la Province du Languedoc, & l'affaire dont il s'agit n'eût jamais eu lieu.

La publicité de tous les titres, pieces & Arrêts produits par le Chapitre & les Consuls de Beziers, devient indispensable ; on va les rapporter chronologiquement dans ce recueil. Si les Protecteurs des Consuls veulent prendre la peine d'y jeter les yeux, ils reviendront facilement du préjugé qui les a séduits ; & leur équité naturelle les déterminera, au moins, à rester neutres, s'ils ne jugent à propos de faire finir amiablement une affaire que le Chapitre ne cessera de soumettre à leur propre décision.

N°. I.

Extrait d'une vente faite à l'Evêque de Beziers pour l'œuvre de la Cathédrale, par Ansemond, moyennant 25 sols.

Ansemundus & uxor sua Columba & Gisctafredus, vendunt Agilberto Episcopo Bitteren : quintam partem villæ de Cuminiano in territorio Bitterensi, tam in Ecclesia Sancti Genesii quàm in aliis, quod advenit illis ex aprisione parentum suorum & illis advenit per præceptum *Karoli Regis*. Hoc vendunt ab integro *in opus Sancti Nasarii* Martyris Christi, cujus Ecclesia fundata est infra muros civitatis, Biteris *pro XXV solidis*, &c. Actum II nonas Novembris anno secundo regnante Odone Rege. *Bernardus Presbyter scripsit.* (1) 2 Novembre 889.

N°. II.

Echange entre Fructuarius, Evêque, & Raynard, Vicomte de Beziers.

17 Août 897.

Cet acte est pris de la même Hist. aux preuves 5. tom. 2. p. 31. & les Consuls de Beziers le citent pour le même motif qui est on ne peut pas plus étranger à la nobilité des biens de St Pierre.

Priscorum patrum edocent instituta, imo & secularium legalium decreta permittunt, ut Ecclesiasticarum rerum ac mundanarum terras propter congruas utiles que exhibitiones, secundum eorumlibet saluberrimum & congruentiæ compendium, nec non & libitum ac promptissimam voluntatem commutatio com-

(1) Cet acte est ainsi rapporté dans l'Histoire du Languedoc, tom. II. preuve X. pag. 25. Les Consuls de Beziers le citent souvent, pour dire que le Chapitre de Beziers étoit doté & jouissoit de biens fonds avant la Chartre de 933. Une vente du prix de 25 sols pour l'œuvre de l'Eglise n'est pas un objet assez considérable : ce qu'il y a de vrai, c'est qu'avant 933 le Chapitre ne jouissoit d'aucuns biens en particulier, & que son Evêque étoit l'unique administrateur de la mense commune.

modo fieri censeatur; eotenus ut utrarumque partium justa & saluberrima fiat commutationis propensio, quatenus inposterum ratam obtinere valeat valitudinem. Notum igitur fiat omnium filiorum sanctæ Ecclesiæ almitati præsentium scilicet, ac futurorum, qualiter placuit atque convenit inter fructuarium venerabilem Bitterensis Ecclesiæ Episcopum *Canonicorumque suorum assensu*, ac illustrem virum *Rainardum* ejusdem comitates *vicecomitem* & uxorûm ejus Didam, propter congruam eidem Ecclesiæ utilitatem & meliorationem quatenus aliquid de terris & mancipiis inter se commutare deberent, quod utique & fecerunt: itaque commutat præfatus Episcopus partibus Rainardi & uxoris ejus Didæ aliquid de rebus Sancti Nasarii quæ sunt sitæ in comitatu Avinionensi, videlicet *Villam* quam vocant *Tavellis* cum Ecclesiis Sancti Petri scilicet & Sancti Ferreoli, sub omni integritate, tam in terris cultis & incultis, quam & in vineis, farinariis atque mancipiis: excepto tantùm quod quatuor ex iis ad Ecclesiam Sancti Nasarii serviendum præfatus præsul retinuit, quorum nomina hæc sunt Andræas, Ricardus, Ultrannus, Retutius cum omni posteritate eorum. Cætera vero mancipia sub omni integritate prædicto Rainardo, & uxori ejus Didæ funditùs transfundavit, pro quibus etiam æquè pro remedio animæ suæ iidem Rainardus & uxor sua iidem Ecclesiæ contulerunt solidos ducentos. Omnia hæc prælibata sub integritate & omni possessione prædictus jam antistes commutavit. E contra cedit Rainardus & uxor sua partibus Sancti Nasarii in pago Bitterensi non longè ab ipso oppido, Villam quam vocant Aspiranum cum Ecclesia Sancti Romani, terris cultis & incultis, vineis, molindinis ibidem pertinensibus, excepto quod Walcharoni idem Rainardus anteà dederat, cætera omnia iidem Rainardus cum uxore sua eidem Ecclesiæ sub omni integritate & omni possessione transfundavit. Similiter & in terminis de Villare Aviciaco quidquid ibidem habeat commutavit. Hæc omnia sibi invicem commutaverunt, ut unus quisque abhinc & deinceps liberè utatur, videlicet, tenendi, possidendi, cedendi, commutandi, omnibusque liberi arbitrii quemcumque liberum faciendi. Hanc igitur commutationis authoritatem in omnibus cujùscumque personnæ vel oppositionis contrariæ contradicimus atque vetamus. Quod si quis facere præsumpserit, in cunctis irrita & evacuata ejus fiet repetitio; insuper autem auri probatissimi septem librarum pondere mulctetur similiter, & in villare Albiniano omnia quidquid ibidem habebat, exceptus, quod *Arnaldus* per suam scripturam retinet. Ut enim ejus autoritatis pagina in omnibus cunctis temporibus firmam obtineat auctoritatem, manu propriâ firmavimus Canonicorumque nostrorum manibus roborandam decrevimus. Actum hujusce auctoritatis testamentum oppido Biterris XVII Kal. Aug. sub die sabbati anno IX regni Odonis. In dictione XV. Signum Rainardi, qui hanc commutationem feci, & firmare rogavi. S. Didanæ conjugis ejus, quæ consentit & fecit. S. Arsindis, &c. (1).

N°. III.

Charta (2) donationis & traditionis Ecclesiæ Sancti Petri ad canonicos Sancti Nazarii sedis Bitterensis.

14 Avril 933. Chartre produite par le Chapitre & les Consuls de Bésiers.

In nomine Sanctæ atque individuæ Trinitatis notum fit omnibus fidelibus	Au nom de la Sainte & indivisible Trinité, qu'il soit connu de tous les

(1) Hist. de Languedoc aux preuves tom. II. p. 31. Les Consuls de Beziers citent cet acte pour les mêmes motifs qui leur a fait rapporter le précédent; il en résulte que l'Evêque & les Chanoines de Bésiers jouissoient par indivis de la mense commune, puisque cet échange n'est fait par l'Evêque que *canonicorum suorum assensu*. L'Evêque recevoit seul les fruits de la mense commune & les distribuoit à ses Chanoines suivant leur mérite & leur travail; ceux-ci ne possédoient encore aucuns fonds à part ou séparément de leur Evêque.

(2) La fin de ce titre est terminé par ces termes : *Facta Charta donationis, traditionis.* Cette charte est adressée à tous les fideles de l'Eglise présens & à venir; & c'est l'ouvrage des Vicomtes de Bésiers & de Narbonne qui jouissoient des droits régaliens, & qui l'ont rendu authentique par leurs propre sceau. Tout ancien titre qui porte une pareille adresse, la qualité de chartre, le sceau & l'autorité des Seigneurs de cette espece, concentre en lui-même une essence de nobilité incontestable: ces Seigneurs étoient dans l'usage de faire des chartres de même que les Rois.

Sanctæ Dei Ecclesiæ, tam præsentibus quàm futuris, quia nos Teudo & Odo (1) *vice Comites, Ildegarius Joannes Sacerdotes & Waleharius qui sumus elemosinarii quondam Domini* (2) *Reginaldi* (3) *Episcopi* (4) *Bitterensis Eccle-*

Fideles de la Sainte Eglise de Dieu, présens & avenir, que Nous *Teudon* & *Odon*, Vicomtes, Ildegare, Jean Pretres & Walehier, Aumoniers de défunt Seigneur (2) Reginal (3) Evêque (4) de l'Eglise Saint Nazaire de Bésiers

---

(1) *Teudon* étoit Vicomte de *Bésiers* & d'*Agde*, Hist. de Lang. Tom. 2, p. 68; il possédoit ces deux *Vicomtés* en 926 & en 933 *ibid*, p. 74.

Odon étoit Vicomte de *Narbonne*, *ibid*, p. 61 & 68; l'un & l'autre étoient parens de l'Evêque Reginal. V. la N. 4 qui suit, sur cette charte.

(2) *Dominus* : dans le dixieme siécle cette qualité ne se donnoit qu'aux personnes les plus considérables. V. Mézerai, abrégé de l'hist. de France, tom. 1, p. 233. Le mot *Dominus* signifioit *Seigneur*; les *Chevaliers* distingués étoient qualifiés *Domini* dans les X, XI, XII & XIIIe siécles. *Hist. de Lang.* tom. 3, p. 529. Si *Reginal* eût été roturier, les Vicomtes ne lui eussent pas donné le titre de *Seigneur*; ils n'eussent pas dit non plus qu'ils eussent reçu de lui des *ordres* de faire cette charte. Les M. & C. conviennent de la qualité de Reginal, ils ne chicanent que sur l'*ordre* que les Vicomtes & ses Aumôniers ont reçu de ce Prélat de faire cette chartre aux Chanoines de Bésiers; ils disent, page 9 de leur recueil, que ces ordres avoient été donnés aux Aumôniers & non aux Vicomtes. Il suffit de rapporter les propres termes de la charte pour dissoudre leur prétention. *Nos Teudo & Odo Vice Comites Ildegarius Joannes Sacerdotes & Waleharius qui sumus elemosinarii quondam Domini Reginaldi Episcopi Bitterensis Ecclesiæ Sancti Nasarii, certum quidem & manifestum est quia nobis injunxit vel commendavit quondam Reginaldus* Il y a bien plus. c'est qu'a la fin de la chartre, v. la p. 5 du Recueil des Consuls, les Aumôniers n'y sont pour rien, & qu'il est dit *in terminis*, que ce sont les *Vicomtes Teudon* & *Odon* qui ont fait cette tradition & donation. *S. Teudonis Vice Comitis, S. Odonis Vice Comitis qui hanc traditionem vel donationem fecimus.*

(3) *Reginal* étoit de la famille des *Vicomtes de Bésiers & d'Agde*, qui, suivant M. de Basville, se considéroient comme des *Souverains*; & suivant *Brussel*, tom. 1 liv. 2, ch. 17, ils jouissoient des droits régaliens. Tous les Auteurs attestent qu'ils ne laissoient élire personne aux Evêchés sans leur recommandation, ou du moins, sans leur consentement. Suivant les Historiens de Lang. tom 2, p. 109 & 110, ils regardoient les Evêchés comme des fiefs mouvans de leur domaine: ils s'ingéroient de l'élection des Evêques, & faisoient ordinairement tomber le choix sur *leurs parens*. Il est bien naturel de croire que le Vicomte de Bésiers avoit placé *Reginal*, son parent, à l'Episcopat de sa Vicomté, préférablement à tout autre.

Les mêmes Historiens, *tom 2, p* 68, disent: « Qu'*Odon*, Vicomte de *Narbonne*, étoit selon » les apparences, *parent o allié* de Reginal, Evêque de Bésiers; » *& à la note* 20, *p.* 577 *du même volume*, ils assurent « que *Reginal* étoit *frere de Boson, Vicomte de Besiers & d'Agde* en 909, » & en 921; que *Teudon* étoit *Vicomte de Bésiers & d'Agde* en 926 & en 933. Il étoit vraisembla- » blement neveu de Reginal, il fut son exécuteur testamentaire. » C'est ainsi que s'expliquent ces sçavans Historiens sur la famille de ce Prélat.

» Les conjectures (disent-ils p. 133, ibid) prises des *dignités* & des *chartres* dans le dixieme » siécle, doivent passer pour des preuves réelles, par la raison que personne n'a écrit avec préci- » sion dans ce tems de trouble & d'ignorance. » Le nom des familles n'étoit pas encore bien établi; la plûpart des chartres sont perdues, ou sans date. L'Auteur des *Lettres historiques* sur les *Parlemens de France* croit que tous les titres de la Cour de France, antérieurs à l'an 1194, sont perdus. Que ne peut-on pas dire de ceux des Eglises qui ont souffert tant de révolutions?

S'il étoit permis de douter de la parenté de Reginal avec les Vicomtes de Bésiers, il faudroit remettre en question, tout ce que les mêmes Historiens affirment avec des preuves moins évidentes sur l'origine des Maisons Royales, des Familles des Souverains, & des Grands Seigneurs jusqu'au douzieme siécle. Mais il faut convenir que les notes & les chartres qu'ils rapportent pour constater la parenté de Reginal avec les Vicomtes de Bésiers, d'Agde & de Narbonne, ne laissent rien à desirer a cet égard, & que sans cette parenté, ces Souverains n'auroient pas reçu des *ordres* de lui pour exécuter le partage de sa mense.

(4) *Marculse*, *Sidonius*, *Grégoire de Tours*, & tous les Auteurs qui ont écrit sur la qualité des Evêques, attestent qu'ils étoient choisis parmi les familles les plus illustres. *Bignon*, dans ses notes *sur le liv. 1 des Formules de Marculse*, prouve que sous la seconde race de nos Rois, il n'y avoit que les *personnes nobles* qui pussent être élevées à l'Episcopat. *Tunc enim non alii quàm nobiles, Episcopi fiebant.* Il a pour garans de son attestation les Auteurs déjà cités.

La Roque, Traité de la Noblesse, ch. 97, p. 393, dit que l'Episcopat annoblissoit: *Plures Jurisconsulti docent Episcopatum nobilitare.* D'autres ajoutent que les Prélats étant sacrés & oints, deviennent personnes *nobles*, & peuvent en prendre les marques comme Peres & Princes de l'Eglise. L'*Episcopat* étoit une *dignité*; il n'y avoit qu'une personne *libre*, c'est-à-dire *noble*, qui pût l'occuper. Or, de cela seul que Reginal étoit *Evêque*, sa race devroit être présumée distinguée & noble, s'il n'étoit prouvé qu'elle étoit souveraine, & ses biens ont dû par conséquent avoir eu le même privilége que ceux des *Seigneurs*; ce principe ne peut être contesté.

On admit aux Assemblées générales de la nation, le *Clergé* comme le *premier ordre de l'Etat*, & comme faisant partie des personnes les plus franches; *lettre* 3, *part.* 2 *sur les Parlemens*, *p.* 74. Les Evêques tenoient le premier rang dans les Gaules, soit par rapport à leur haute naissance, soit à cause du respect que leur caractere imprimoit à la nation. L'Election des Rois des Visigots ne se

siæ Sancti Nazarii (1) *certum quidem & manifestum est, quia nobis injunxit, vel commendavit quondam Reginardus Episcopus per suum vadium* (2) *quando*

(1) qu'il est certain & notoire qu'avant sa mort l'Evêque Reginal nous a *enjoint* & ordonné par sa derniere volonté, dans laquelle il a toujours

---

faisoit que par les Evêques, les Ducs & les Comtes, *Hist. de Lang. tom.* 1, *p.* 382; ils assistoient à toutes les assemblées du champ de Mars, & aux Cours plénieres de nos Rois, où ils occupoient les premieres places. *Le Gendre des mœurs des François*, *Préface* de Baluse. *Episcopi in judiciis regis adsidebant.* Bignon, *ad lib.* 1, *Marculfi*, *p.* 263. Ils étoient encore consultés dans les affaires les plus importantes de l'Etat; on les a souvent vus arbitres dans les causes qui regardoient la Famille Royale. *Grégoire de Tours liv.* 4, *ch.* 48, *& liv.* 8, *ch.* 30, *Gesta Dagoberti*, cap. 5, Bignon, *ibid*, p. 286. *Mediantibus sacerdotibus atque proceribus*, porte le traité d'entre *Gontran* & *Childebert* rapporté par *Baluse*, tom. 1, p. 11: ce furent les *Evêques*, qui de concert avec les Francs, travaillerent à corriger les Loix saliques & ripuaires, *Mably*, *tom.* 1, *p.* 30, v. le recueil de *Dom Bouquet*, tom. 4, p. 54.

» Avec le seul glaive de la parole de Dieu, dit Froissard, les prélats ont autrefois pris & conquis des Villes & des Provinces entieres. Une grande partie de la France, durant le regne de Charles V; & particulierement la Guyenne avoit renoncé à sa domination. Jean de Cardailhac, Archevèque de Toulouse, entreprit avec autant de courage que de bonheur de faire revenir cette Province à son Souverain légitime. Il y réussit sans brêche & sans meurtre. »

Plusieurs Evêques jouissoient du droit de faire battre monnoie; *Brussel*, *tom.* 1, *liv.* 2, *ch.* 10, & le *Roi* n'acquéroit anciennement aucune terre dans la *Seigneurie* d'un *Evêque* ou d'un *Baron* sans leur consentement, il étoit tenu de faire faire le service dû par cette terre. *Mabli*, *tom.* 1, *p.* 230 *&* 444. Les Evêques avoient par conséquent leurs vassaux de même que les Comtes & autres Seigneurs, *Volumus atque jubemus ut vassali Episcoporum talem legem & justitiam apud seniores suos habeant. Cap. car. calv. tom.* 2, *p.* 207 de Baluse.

Le meurtre d'un *Evêque* étoit de 900 *sols*, tandis que celui d'un *noble* n'étoit que de 200. *Si quis Presbyterum interfecerit sol* 600, *culpabilis judicetur. Si quis Episcopum interfecerit sol.* 900, *culpabilis judicetur*, *leg. sal. tit.* 58, v. la loi *ripuaire tit.* 36. Rien n'établit mieux la noblesse des Evêques, & la prééminence du Clergé François que la différence de ces compositions: c'est la regle du différent rang que chaque citoyen tenoit dans l'Etat. Mabli, tom. 1, p. 286 *aux preuves.*

Il est prouvé par la note précédente que Reginal étoit de l'illustre famille des Vicomtes de Béfiers & d'Agde, qui jouissoient des droits régaliens; & il est démontré par celle-ci que sa dignité d'Evêque lui donnoit le rang de grand Seigneur, au commencement du dixieme siécle, à la fin de la seconde race, & que par conséquent ses biens propres, & ceux qu'il possédoit dépendans de l'Eglise matrice de son diocèse, étoient aussi nobles & francs que ceux des Barons & des autres Seigneurs.

On fait dire aux M. & C. de Béfiers, sur la note 2 de cette charte, que la qualité de Reginal n'empêche pas qu'il n'ait pu acquérir & donner des biens étrangers à la famille des Vicomtes de Béfiers; & sur cette note ils s'annoncent comme s'ils avoient en main l'acte d'acquisition faite par Reginal avant 933 de ces prétendus biens étrangers. Il ne leur en coûte rien de s'étayer sur des suppositions. Le chapitre les prie seulement d'indiquer, non pas les preuves, mais seulement des conjectures semi-probantes de ces prétendues acquisitions: les réponses qu'on a faites au nom des M. & C., aux notes sur cette charte, les fortifient au lieu de les affoiblir.

(1) C'est l'Eglise cathédrale de Béfiers, l'une des plus anciennes de la Gaule Narbonnoise; *v. le Gall. Christ. de eccles. Bitter.*

Si à chaque instant on n'étoit obligé de rétablir les faits & la disposition littérale des actes, on auroit peu de chose à dire. Les consuls conviennent de la vérité de cette note; mais ils en prennent occasion pour dire que la cathédrale de Béfiers étoit fondée & dotée dès l'an 300; & c'est ce qu'on leur fait attester sur deux actes, l'un de 889, & l'autre de 897, rapportés aux preuves de l'Hist. de Lang. tom. 2, col. 25 & 31.

Le premier de l'an 889 est une vente faite par Ansemond & Colombe sa femme à Gilbert Evêque de Béfiers, de la cinquieme partie de Cuminian, moyennant 25 sols pour l'œuvre de St Nasaire; voyez la premiere piece de ce recueil.

L'autre acte du 17 Août 897 est un échange entre Fructuarius, Evêque de Béfiers, du consentement de ses chanoines, & Raynard Vicomte de Béfiers, par lequel l'Evêque donne en échange à Raynard & à sa femme la ville de Tavel dans le comté d'Avignon, avec ses dépendances appartenantes à l'Eglise Saint Nasaire; & en contre-échange Raynard & sa femme donnent à ladite Eglise le lieu d'Aspiran: voyez la seconde piece de ce recueil. Il n'y en a aucune qui indique que le chapitre de Béfiers ait été doté avant 933, comme le prétendent les consuls. Les Eglises n'ont été dotées que peu à peu & par des supplémens; v. la n. 23, sect. 2 du traité historique de cette affaire. S'il n'y avoit d'autres dotations que celles qui seroient prouvées avoir été faites par nos Rois, il y en auroit peu: celles des Seigneurs & des Nobles, avant la troisieme race, ont autant de privilege que celles des Rois.

(2) *Ducange* & *Carpentier* in v. *vadium* l'expliquent par *vadimonium*, *pignus*, *fidejussio*. Suivant Danet & Calepin *vadimonium* exprime l'obligation de paroître en justice au jour assigné, *pignus* un gage, & *fidejussio* l'action de répondre pour quelqu'un: c'est non-seulement d'après ces dictionnaires que le chapitre a dit que le terme *vadium*, de la maniere dont il est placé dans la chartre de 933, signifie *engagement* ou *obligation*: mais il s'est encore fortifié dans la vérité de cette signification par la nécessité où étoit alors Reginal de remplir les dispositions des decrets & des conciles

ad

ad obitum mortis venit ad extrema voluntate, unde & postea suâ voluntate numquam mutavit, ut nos simul in unum supra nominati elemosinarii, scriptum legalem faciamus (1) *ad Canonicos* (2) *Sancti Nazarii, sicuti & facimus ac legitimè manibus tradimus in regno Septimaniæ, in comitatu Bitterensi, Sanctum Petrum Appullo* (3) *cum suo*

persisté, que Nous susnommés ensemble Aumoniers faisons, comme il étoit obligé (2) de le faire, lui-même, un titre, selon les Loix, aux Chanoines de Saint Nazaire, ainsi que Nous le faisons, & en même tems Nous leur délivrons ou remettons entre les mains le lieu de Saint Pierre d'Appoul (3) situé dans le Comté de Béziers, Royau-

---

sur le partage des biens Ecclésiastiques que les Evêques faisoient par forme de donation ou de legs. *V.* la sect. 2 du traité historique de cette affaire, & l'article 2 de la note 36 sur cette chartre.

(1) Un titre légal, c'est-à-dire conforme aux décrets, aux conciles, & à toutes les loix qui ordonnent le partage des biens Ecclésiastiques. On remarque que les Vicomtes & les Aumôniers ne parlent point de testament, ni d'acte de donation de la part de Reginal, mais de sa seule volonté, dans laquelle il a persisté jusqu'au dernier soupir. Les M. & C. veulent ici méconnoître la disposition de ces décrets & de ces conciles qui font la base de l'histoire sur l'objet du partage des biens entre les Evêques & leur clergé. Est-il nécessaire que les actes du dixieme siécle portent *in terminis*, le motif commun qui leur donne lieu ? S'ils exprimoient qu'il faisoit jour, les consuls diroient qu'il faisoit nuit ; s'il étoit dit que les Prélats étoient de bons citoyens, de bons peres de famille, comme ils l'étoient en effet, sans train, & les maîtres de tout l'Etat Ecclésiastique, les consuls diroient qu'ils devoient avoir tout l'avantage des Princes de ce siécle, & qu'ils ne devoient pas s'occuper de faire tant de bien à leurs Chanoines : ceux d'aujourd'hui défendent bien mieux les menses des Eglises.

(2) La preuve que les Chanoines de Saint Nasaire ne faisoient pas alors corps à part de leur Evêque, & qu'ils ne formoient point un chapitre ou seconde tête, c'est que cette chartre ne les nomme point sous le nom collectif *capitulum ;* v. la sect. 2 du Traité hist. de cette affaire.

(3) *Saint Pierre d'Apoul* étoit un lieu considérable. On le trouve dénommé dans différens titres *St Pierre d'Apoul* ou *du Bosc*, terme celtique qui signifie St Pierre *du Bois*, parce qu'il étoit situé au bord d'une *forêt ;* c'étoit le chef lieu de la Paroisse. Il est désigné sous le titre d'*honneur*, c'est-à dire *fief* dans plusieurs actes. V. la septieme piece de ce Recueil.

Le Chapitre a la plus grande obligation à l'Auteur des réponses des Consuls sur cette note, de lui avoir indiqué un acte du 5 Juin 1097. Il a traduit encore, on ne peut pas plus ingénieusement, ces mots, *S. Petrum de Appullo*, par ceux-ci, *St Pierre du Poulet*, un lieu, un Bourg, une Eglise avec tous ses attributs, des biens considérables, des droits seigneuriaux ; tout cet ensemble n'est qu'un petit *poulet*. Rien de plus délicat ni de plus mignon, mais en même tems rien de plus risible. S'il eût voulu approfondir l'origine de cette Paroisse, il auroit trouvé que le mot de *Appullo* se rapporte plus à l'invocation de St Pierre & de St Paul qu'à St Pierre du *Poulet*. Jusqu'ici on a toujours crû, par des raisons physiques prises de différens titres, que St Pierre d'*Appullo* étoit le même que St Pierre de *Bosco*.

Tous les actes donnent une Eglise au territoire de St Pierre d'Appoul, de même qu'à celui de St Pierre Dubosc. Les M. & C. prétendent que ces deux territoires sont différens. Le chapitre atteste & prouve que ces deux dénominations ne forment qu'un seul territoire & une même Eglise.

1°. Ce territoire est enclavé dans les mêmes bornes, & ne fut point divisé : 2°. Il n'y a jamais eu qu'une Eglise qui existe encore en partie.

Que les Consuls prouvent, avant de supposer deux Saints Pierre, l'un d'Appoul & l'autre Dubosc, que l'un est situé dans le territoire dont il s'agit, que l'autre en est éloigné, ou qu'ils sont distincts & séparés, & qu'il y a eu deux Eglises différentes.

Les 2 arrêts de 1556 désignent les biens de St Pierre sous le nom de St Pierre *de Appullo, sive de Bosco* ; la transaction de 1608 & l'arrêt fameux du 23 Décembre 1755 les traitent sous la même désignation.

L'acte du 5 Juin 1097 est conçu dans des termes bien différens de ceux qu'on lui fait prêter par les M. & C. dans leur réponse sur cette note. V. la cinquieme & septieme pieces de ce Recueil.

Dans les désordres marqués du dixieme siécle, Arnaud, Seigneur de Béziers, s'étoit emparé de force, comme bien d'autres, des biens de l'Eglise, & particulierement de l'Eglise, *dîmes, prémices, hommes, femmes*, droit de pêche & autres de St Pierre du Bosc : son fils Guillaume Arnald, pénétré de cette iniquité, par l'acte de 1097 s'exprime ainsi : *Ego Guillelmus Arnaldus recogitans animo & mente pertractans de isto honore Sancto Petro de Bosco quòd sanctuarium esset domini & allodium Sanctorum Nasarii & Celsi, scilicet de ipsa communia & quòd multo tempore injustè detenuimus & ego & patres meï... Dono, Trado, Laxo & Guerpio domino Deo & sanctis suis Nasario & Celso, Sedis Bitterensis, cujus allodium est & canonicis & clericis ejusdem loci præsentibus & futuris ... totum istum honorem supra scriptum, id est Ecclesiam sancti Pètri de Bosco cum decimis & premicis, & cum suo toto Ecclesiastico, & cum quantum ad ipsam Ecclesiam, pertinet & pertinere debet, & ipsum Villam totam, cum exeis vel regressis suis, & cum suo toto terminio, cum hortis, hortalibus, pratis, pascuis, vineis, terris cultis & incultis, aquis, aquarum ve decursibus earum, molinis, molinariis, paxeriis, piscatoriis, ribaticis, boscis, arboribus pomiferis & impomiferis, hominibus & feminis... omnia & in omnibus quod ego Guillelmus supra scriptus habeo de Sancto Nasario per sævum quæ sunt de communia...*

B

termino, cum ipso Bosco (1) *& cum ipso molino* (2) *cum ipsa resclausa* (3) *cum ipsa piscatoria* (4) *cum ipsis insolis* (5) *& quantum ibidem pertinendum est* (6) *id est* (7) *in Ecclesia* (8)

me de Septimanie, avec tout son territoire, avec les bois (1) les moulins (2) le droit d'écluse (3) le droit de pêche (4) les isles (5) & toutes leurs appartenances (6) consistantes (7) en

(1) En 933 il y avoit beaucoup de bois sur le territoire de St Pierre; c'est ce qui lui a fait donner le nom de *Bosco*, autrefois de *Paule*. Le chapitre en a fait mettre la plus grande partie en culture, c'est ce défrichement qui donna lieu en 1554 aux Consuls de Béziers de jalouser ses productions. En conséquence ils renouvellerent leur *compoix*; « parce que (dirent-ils dans des Lettres » de rescision du 15 Avril 1555), plusieurs personnes, tant gens d'Eglise que autres, depuis la » *faction d'iceux livres* (cadastres) auroient rompu de leur propre autorité, & *mis en culture* plu- » sieurs *terres hermes qui n'étoient comprises* auxdits livres : » on n'inséroit alors dans les compoix que les terres en culture; de-là vient l'emphase de la disposition que les M. & C. font tant valoir, en se rapportant à la fixation des terres cultes en 1281, & en dissimulant que les bornes désignées par la Sentence de cette même année subsistent toujours, qu'elles sont invariables & permanentes, & que, sans avoir jamais été étendues, la contenance des terres a plus que doublé, 1°, par les défrichemens; 2°, par la réunion des îsles & îslots, les attérissemens & les alluvions; 3°, par le desséchement des marais & le comblement des ruisseaux qui se trouvoient dans les biens de Saint Pierre, & qu'on a fait dégorger dans le canal Royal de la Province.

(2) C'est un moulin à plusieurs meules, sujet à tous les torrens de la riviere d'Orb, souvent emporté, très-difficile à entretenir, & encore plus à rétablir.

(3) Les biens attachés à l'Eglise St Pierre sont bordés au midi par la riviere d'Orb, sur laquelle sont construits les moulins mentionnés dans la chartre & actes de 933, de 1097, 1203, & jugemens rendus à ce sujet. Il paroît qu'anciennement il y avoit une écluse ou vanne à côté de ces moulins pour faciliter le passage des batteaux & radeaux sur lesquels vraisemblablement le propriétaire de la terre & des moulins de St Pierre percevoit un droit.

Dans les différentes copies que le chapitre de Béziers a de la chartre de 933, on lit *resclausa* & non pas *reclusa*. Quand les Auteurs du *Gall. Christ.* & de l'*Hist. de Lang.* auroient écrit ce mot sous le premier S., *reclausa*, que s'ensuivroit-il? Que leur copiste se seroit trompé, & non pas celui du chapitre.

Ducange in v. *resclausa* s'explique par ces mots : *Molendina, piscarias, pasquerias, sive resclausas.* Il cite une charte concernant l'Eglise de Narbonne où il est question de la dîme des poissons qui seroient pris dans l'écluse de l'Evêché.

Les Bénédictins, qui ont augmenté l'ouvrage de Ducange, y ont ajouté le mot *reclausa* qu'ils disent être le même que *exclusa, locus ubi concluduntur aquæ. Gall.* écluse, suivant la chartre de 933 rapportée, disent-ils, aux preuves de l'Hist. de Lang. T. II. col. 70.

Que cette chartre porte *res clausa* ou *re clausâ*, il n'est pas moins vrai qu'anciennement on ne faisoit pas mention d'une écluse, si elle ne produisoit ni droit, ni utilité.

(4) *Piscatoria* ou *Piscatorium* est défini *idem quod piscaria. Piscaria jus piscationis. Gall.* Droit de pêche, *piscatoria locus in quo pisces capiuntur, item jus piscationis.* Ducange prouve toutes ces définitions par différentes chartres, & le Chapitre de Béziers justifie le droit de pêche dont il jouit, en vertu de la chartre de 933, par les baux à ferme qu'il en a toujours faits & qu'il en fait encore tous les ans. Les M. & C. éloignent la définition de Ducange & ne veulent pas que le droit de pêche soit un droit Seigneurial. Tel est l'excès du raisonnement qu'on leur fait tenir dans leur réponse à cette note.

(5) *Insola*, dit Carpentier, *insula*, Cartha ann. 933 Inter probat. Tom. II. Hist. Occid. col. 70. *Cum ipsa reclausa, & cum ipsa piscatoriâ & cum ipsa insola* Cette charte est la même que celle qui fait jouir le Chapitre de Béziers de l'Eglise & des biens de S. Pierre. *Carpentier* ne parle que des îles dépendantes de ces biens, puisqu'il ne rapporte que les termes de la charte de 933 qui en contient le détail & la description. Ces îles ont été réunies à la terre ferme par les attérissemens & les alluvions. C'est de-là que provient en partie l'augmentation de la contenance. La réponse à cette note consiste dans des faits étrangers que les M. & C. sont en possession d'avancer gratuitement sans les prouver.

(6) » Par le terme *appartenances* on doit entendre les Primordiales consistances de la *Seigneurie* » en hommes, terres labourables, prés, bois, cens, rentes, coutumes, droitures, péages, &c.» Brussel, Tom. I. Liv. I. ch. 1. §. 3. » Les *appendances* sont tout ce qui a été nouvellement atta- » ché à la *Seigneurie*, tant en domaines qu'en mouvances. *Idem ibid* ». L'Eglise de S. Pierre & les biens en dépendans forment un ensemble, les biens n'en sont que l'accessoire, parce que sans l'Eglise, le Chapitre n'en jouiroit point. Les lieux & l'Eglise de S. Pierre, désignés dans la chartre, décident de la Seigneurie & féodalité de tous les biens en dépendans. Voy. la septieme piece de ce recueil & l'Arrêt rendu, au rapport de M. de Glatigny, par le Parlement de Paris le 20 Août 1769.

(7) Ceci est l'application, le détail, l'énumération des objets qui forment la Paroisse de Saint Pierre.

(8) *Ecclesia* exprimoit précisément l'assemblée des Fideles : ce terme se prenoit même tant pour l'*assemblée* que pour le *lieu* où elle se tenoit. *Acosta* Tom. I. *Ecclesia major, Ecclesia Cathedralis dicitur.* Grégoire de Tours p. 175, 205, 334. *Ecclesia significat ædes sacras, seu domum Deo dedicatam; ad sacramenta, officia divina celebranda.*

Sancti Petri, in sacris secreta - 7 l'*Eglise* (8) de S. Pierre, dans les *vases*

Ducange, in v. *Ecclesia*, prouve que ce mot *Ecclesia nudè Parochia dicitur*.

Les Historiens du Languedoc, Tom. II. attestent de même que le mot seul *Ecclesia* signifioit une *Cathédrale* ou une *Paroisse* ou une Eglise *principale*; ils en fournissent la preuve par plusieurs chartres, entr'autres par celle de *l'an 940*, tems bien voisin de la chartre de 933, par laquelle *Aimeric*, Archevêque de Narbonne, & *Rohault*, Evêque de Bésiers, donnerent à l'Abbaye de Saint Pons plusieurs *Paroisses* qui ne furent désignées que sous le nom d'*Eglise*, & les *Chapelles* dépendantes de ces Paroisses, sous le nom propre de *Chapelle*. *Damus & concedimus videlicet Ecclesiam Sancti Martini Dujaur, cum Capella Sancti Martini de Cussas de ipsa Parochia, & Ecclesiam Sancti Stephani de Caval, cum Capella Sancti Martini de Useadellas de ipsa Parochia, & Ecclesiam Sancti Petri de Riols cum Capella Sanctæ Eulaliæ de ipsa Parochia*: rien de plus évident pour prouver que le mot *Eglise* signifioit une *Paroisse*.

Le Syndic & M. l'Avocat-Général ont prétendu qu'afin que le mot *Ecclesia* signifiât une Paroisse, il devoit être suivi de celui de *Parochialis*. Leur opinion est sans fondement & s'oppose envain aux preuves les plus claires rapportées par les meilleurs Auteurs; *Ducange* démontre par plusieurs chartres que *Ecclesia Parochialis* ne signifioit point une *Paroisse* mais une Eglise qui dépendoit d'une Paroisse, c'est-à-dire une annexe *Ecclesia Parochialis dicitur quæ sub Parochia est, & quæ Presbyterum non habet*.

Dans le dixieme siecle l'Eglise de S. Pierre étoit une *Paroisse*; elle étoit encore désignée telle dans les 10, 12 & 13e siecles sous le nom seul d'Eglise: c'est ce qui résulte des actes de 959, 1097, 1148, & de la chartre de 1203 qui est visée dans tous les Arrêts & jugemens rendus entre le Chapitre & les Consuls de Bésiers.

Le Vicomte *Roger*, en reconnoissant la franchise & exemption de toutes sortes de *charges de l'Eglise & biens de S. Pierre* ainsi que des Eglises de Sainte Marie de la Traubade & de S Martin de Divisau, dénomme la premiere celle de S. Pierre *Eglise*. *Laudo, approbo & confirmo vobis canonicis Bitterensis Ecclesiæ totas scilicet & integras munitiones cum omnibus suis adjacentiis quas fecistis, vel imposterum facietis in Ecclesia vel super Ecclesiam Sancti Petri de Bosco, in Ecclesia vel super Ecclesiam Sanctæ Mariæ de la Troubade, in Ecclesia vel super Ecclesiam S. Martini de Divisano, & in eorum circuitu?* Voyez cette chartre *infra* N°. 9.

Une remarque sensible sur cette chartre, c'est que si l'*Eglise* S. Pierre n'eût pas été une veritable *Paroisse* en 1203, le Vicomte *Roger* en auroit fait la distinction par un autre nom que celui d'*Eglise* dont il a également dénommé par la même chartre l'*Eglise Cathédrale* de Bésiers & les Paroisses encore existantes de *Ste Marie* & de *S. Martin*. L'on voit au contraire que *S. Pierre* est la premiere des trois *Paroisses* que ce *Souverain* qualifie d'*Eglise* & qu'il en approuve les fortifications avec plus d'étendue que celles des *Paroisses* de Ste Marie & de S. Martin.

On a beau dire qu'il n'y a pas aujourd'hui assez de Peuple sur le territoire de S. Pierre pour former une Paroisse nombreuse, que ce n'est qu'une Metairie de 900 arpens, & que les fortifications ne caractérisent ni le chef-lieu, ni son importance. *V.* les remarques sur le §. 5. art. 4 de la Déclaration de 1684, part. 5 de l'examen du recueil des loix.

M. *de Voltaire*, dans ses éclaircissemens historiques & bien réfléchis, Tom. IV. p. 384 de son *Essai sur l'Hist. Générale*, s'écrie avec raison contre une pareille idée, *combien de Villes* (dit-il) ont été changées en Villages par les malheurs des tems? Etienne de Tournai, Abbé de Sainte Genevieve, exprime ainsi l'état déplorable des Eglises du Languedoc dans une lettre qu'il adressa à Jean de Bellesmain, nommé à l'Archevêché de Narbonne en 1181. » J'y ai vu les Eglises brûlées » & presque détruites, & les lieux qui servoient ci-devant d'habitation aux hommes devenus la » retraite des bêtes ». Hist. du Lang. Tom. III. pag. 56. C'est aux dépens du Bourg & des habitations de l'Eglise de S. Pierre que la Ville de Bésiers fut agrandie & que son Fauxbourg de S. Louis s'est formé, parce que les habitans se sont crus plus en sureté dans la Ville qu'en pleine campagne. Est-il surprenant que l'Eglise, le lieu & les fortifications de S. Pierre aient été détruites après les révolutions que Bésiers & ses environs ont tant de fois malheureusement éprouvées: les fortifications, les munitions employées en 1203 dans le lieu & aux environs de l'*Eglise* de S. Pierre pour les garantir des incursions des Vandales & du nombre prodigieux des ennemis de l'Eglise; la description des maisons, fermes, habitations champêtres, le détail de l'Eglise & de ses attributs, qu'en fait la chartre de 933 & l'acte de 1097, prouvent assez que ce lieu de S. Pierre devoit former un bourg considérable, une Seigneurie & une Paroisse où il y avoit nombre de Paroissiens.

Comment enfin auroit-on pu regarder l'Eglise S. Pierre comme une Chapelle, tandis qu'elle avoit dès le commencement du 10e siecle tous les vases sacrés & ornemens nécessaires des sacristies, des cimetieres, & un clocher garni de cloches? Suivant M. *de Voltaire* (ibid. p. 364) il ne se disoit qu'une grand'messe par jour dans les Eglises des Villes, une tous les jours de fêtes & de dimanche dans celles de la campagne; & les *Chapelles* étoient aussi rares que difficilement desservies.

Le Peuple n'avoit aucune facilité pour entrer dans les oratoires, dans les chapelles domestiques, ni dans les basiliques occupées par les Moines. C'est pourquoi ces lieux étoient distingués, des Eglises matrices, principales ou paroissiales, par le mot *capella*, *oratorium*, *martyrum*, *sacella*, & c'est parce que les chapelles n'étoient ni publiques, ni accessibles à tous les Fideles que *Justinien* défendit d'administrer le baptême dans ces lieux.

Les Maires & Consuls avancent dans leur réponse à cette note, p. 21 de leur recueil, que le Chapitre ne croit pas que l'*Eglise de S. Pierre soit une Paroisse*, *ou que du moins il ne l'a jamais*

riis (1) *cemeteriis* (2) *in domibus* (3) *in casis*, (4) *casatitiis*, *in curtibus* (5) *in oglatis* (6) *in hortis*, *in arboribus*, *in terris*, *in vineis*, *in pratis*, *in pas-*

sacrés (1) & ornemens, dans les *sacristies* (2) dans les *cimetieres* (3) & maisons (4) cabanes & masures en domaines (5) olivettes (6) parcs, vergers,

---

dit. Leur raisonnement contre cette note est partout de la même force; tous les écrits du Chapitre sont au contraire pleins des assertions & des preuves de la paroissialité de l'Eglise S. Pierre, & son cinquieme moyen de cassation est pris textuellement de ce que les biens de S. Pierre n'ont pu être déclarés roturiers, sans contrevenir à l'art. 4 de la déclarat. de 1684, comme dépendans de l'Eglise Paroissiale de S. Pierre (*a*). Cet article distingue très-bien les Eglises Paroissiales des chapelles, fondations, confrairies.

(1) *SACRA nude vocantur quæ Ministeriis Ecclesiasticis inserviunt.* Ducange *in v. sacra : & inter spiritalia bona locum occupant.* Pinsson de *Orig. bonor Ecclef.* N. 44. 45 & 41, pag. 140. *Partem dotis faciunt vasa sacra & ornamenta.* Lemaître, *lib.* 2, *cap.* 2, *p.* 162. *De Bon. & possess. Eccles.* les vases sacrés sont non-seulement essentiels à la Paroisse, mais ils font encore partie de sa dotation.

(2) *Secretarium est ædicula quædam seu camera ædi sacræ adjuncta, in quâ sacra Ecclesiæ Ministeria reconduntur, & inquâ etiam sacerdotes & clerici priusquam ad sacra procedant vestes Ecclesiasticas induunt.* Ducange *in v. Secretarium.* Une simple Chapelle n'a pas des Sacristies.

(3) *Cæmeteria*, le droit d'enterrer est tellement paroissial que, lorsque le Paroissien se fait ensevelir ailleurs que dans le cimetiere ou dans l'Eglise de sa Paroisse, le Curé a droit de lever le corps & de demander une portion de flambeaux. *Gibert*, Usages de la France, ch. 2, p. 5. Tom. II. de Vanespen. *Ecclesiæ Parochiali competunt de jure, sepultura, sive jus sepeliendi.* Id. *Vanesp.* Tom. II. part 2, §. 4, tit. 7 de *sepulturis*, cap 5. N. 1, 2, 3. *Jus sepeliendi est ex juribus Parochialibus.* Pinsson de *censibus*, §. 8, N. 4, p. 182 & *de divis.* Bénef. §. 25, N. 5. Les cimetieres attachés à l'Eglise de S Pierre sont donc une marque de paroissialité. cap. 5. *ex parte.* Tit. 28 de *sepulturis*, lib. 3. Decretal Gonsal. ad. reg 8. N. 58. Les *Cimetieres de S. Pierre* existent toujours. L'Ordonnance de Clément de Bouzy, Evêque de Béfiers, que les Consuls opposent inutilement à cette note, porte » que l'Eglise (*b*) est à 100 pas de la Métairie, que les édifices sont en bon état, que dans icelle (Eglise) est une Chapelle sous le titre invocation de S. Pierre desservie par le Baile (un membre) dudit Chapitre, qui est un Officier annuel, qui a déclaré avoir dans ladite métairie *une vingtaine de personnes de communion* (*c*), (ce qui n'empêche pas qu'il y en ait d'autres;) tous les ornemens qui sont nécessaires pour la célébration, que l'autel est garni d'une pierre sacrée, de trois nappes, d'un crucifix, deux chandeliers, d'un *te igitur*, d'un devant d'autel de toile peinte, & qu'il y a un *clocher où est une cloche* (*d*) *bénite de grosseur convenable.* » Surquoi Monseigneur ordonne que ledit Baile, qui sert à présent *ladite Eglise*, viendra devant lui pour lui » faire foi de son approbation, & qu'à l'avenir tant lui que les autres Prêtres qui seront députés » au service d'*icelle Eglise*, seront tenus d'y célébrer annuellement & à perpétuité une messe haute » le 29 Juin jour & fête de S. Pierre, sous l'invocation duquel *elle* a été dédiée, & une basse tant » les jours de fêtes de commandement que les dimanches, *d'administrer de plus les Sacremens* de » Pénitence, d'*Eucharistie* & d'*Extrême onction* aux Métayers tout le long de l'année, hormis en la » Semaine-Sainte, aux Fêtes de Pâques, qu'ils seront renvoyés au Vicaire de Notre-Dame du » Siege leur Curé primitif, pour être par lui confessés & communiés, *de dire le prône*, » *enseigner la doctrine chrétienne*, *assister les malades en leurs maladies*, & en cas de péril » évident de mort, d'administrer le Baptême ».

(4) Il y avoit des maisons dépendantes de l'Eglise S. Pierre pour loger ceux qui la desservoient, elles ont presque toutes été détruites par les guerres de religion.

(5) *Curtis est villa, habitatio rustica, ædificiis, colonis, servis, agris, personis & ad rem agrestem necessariis instructa. Aliàs colonia dicta.* Ducange in v. *Costis* ou *Curtis.* Partie de ces fermes ou domaines existent encore.

(6) *Oglata* signifie *olivette* suivant *Carpentier* in v. *Oglata.* Les Consuls, qui ne s'attachent qu'à contester les vérités les plus parfaites, attribuent à *Oglata* la même signification que Ducange donne à *Olca.*

(*a*) *V.* la Sect. 13 du Traité hist. de cette affaire.

(*b*) Dans la copie produite, il y a Chapelle & non Eglise, mais c'est une faute du copiste ou du rédacteur, il doit y avoir Eglise, comme elle est exprimée & désignée sous le nom d'*Eglise* dans tout le corps de l'ordonnance : *à cent pas de la Chapelle, est la maitairie de S. Pierre du Bois, dans icelle est une Chapelle.* Si la Chapelle est à cent pas de la métairie, elle ne peut être dans la métairie : il est évident que *icelle* se rapporte à ce premier début de l'ordonnance: *à cent pas de la Chapelle*, & qu'au lieu de ce terme *Chapelle* le rédacteur a voulu dire Eglise dans laquelle est une Chapelle sous l'invocation de S. Pierre : ce vrai sens est prouvé 1°. par le contexte de l'ordonnance; 2°. parce que cette Eglise n'est pas incorporée avec les bâtimens dans la Ferme; 3°. parce que, après le préambule l'ordonnance du Cardinal de Bonsi n'emploie point le terme de Chapelle, mais bien celui d'*Eglise* : *Surquoi Monseigneur a ordonné que dans trois jours le Baile qui sert à présent* ladite Eglise.

(*c*) On fait dire impunément aux Consuls, dans leur recueil, qu'il n'y a que sept ou huit valets, tandis qu'il y a plus de trente communians outre les enfans ... &, que dans la belle saison, il assiste plus de deux cens personnes à la messe les jours de fête & de dimanche.

(*d*) *Campana est signum loci publici & sacri, non oratorii privati* cap. *parentibus de privilegiis.* Pinsson *de fundat. Eccles.* La cloche est une véritable marque de Paroissialité. *Alciat.* l. 8. *Peregrin*, cap. 9. *Seleuc de Benef.* part. 2. quest. 5. n°. 82. *Barbosa*, part. 1. cap. 1. n°. 34.

tuis (1) *ſilvis*, *gorricis aquis* (2) *aquarum ve decurſibus earum*, *omnia & in omnibus ſic donamus & tradimus* (3) *ad canonicos Sancti Naſarii & in terminio de Villa Pelignano*, *in loco quem vocant Suricarias donamus ad canonicos S. Naſarii clauſum* (4) *qui fuit Giſlanæ qui ſunt modiatas VIIII. iſta omnia* (5) *ſuperiùs ſcripta*, *& in omnibus*, *tam quæſitum*, *quam inquir endum* (6) *ruſticum* (7) *& urbanum vel de qualicum-*

terres, vignoble, prairies, pâturages (1) forêts, garrigues ou glandages, eaux, (2) & cours des eaux : c'eſt ainſi que nous les donnons & délivrons aux Chanoines de S. Naſaire, tous ces objets dans toute leur conſiſtance (3) comme auſſi nous leur donnons, dans la juriſdiction de la Ville de Pelignan au lieu qu'on appelle Suricarias, un clos (4) qui a appartenu à Giſlan, de contenance de 9 meſures : c'eſt ainſi que nous leur

(1) *Paſcuum* eſt la méme choſe que *paſcuarium* qui ſignifioit *champart* ou *dîme des cochons* ſuivant la loi des Viſigots, l. 8. tit. 5. §. 8.

(2) *Aqua*, ſuivant *Ducange*, eſt un droit de *haute-juſtice* de connoître de tous délits commis ſur la riviere; ſuivant *Rimer* la chartre de 933 doit exprimer, par *aquis & aquarum decurſibus*, ce droit ſur la riviere d'Orb & ſur ſon cours, au bord du territoire de S. Pierre.

(3) Tous les Hiſtoriens & les meilleurs Gloſſateurs prouvent & atteſtent que le partage des biens d'Egliſe entre l'Evêque & ſes Chanoines à toujours été fait par forme de *legs* ou de *donation*, & qu'ils ſe ſervoient d'autant plus librement des termes *donner*, *concéder*, *léguer*, qu'ils ſe ſont regardés juſqu'au onzieme ſiecle, comme les maîtres abſolus des biens d'Egliſe.

M. l'Avocat-Général, p 6 & 7 de ſes concluſions imprimées (*a*), dit que ce partage eut lieu à la fin de la deuxieme race de nos Rois; c'eſt préciſément l'époque de la *chartre de 933*. On ne peut la conſidérer que comme une aſſignation de menſe particuliere, une ceſſion d'uſufruit de la partie des biens que les Conciles avoient deſtinée aux Chanoines. C'eſt ſur ce motif que le *troiſieme Concile de Tolede* défend expreſſément de révoquer les donations faites par les Evêques.

Thomaſſin, part. 3. liv. 2. ch. 20. N. 3. p. 726. dit que » les Evêques commencerent par » donner *quelque fonds & quelques Egliſes ou Paroiſſes de la campagne à la communauté de leurs* » *Chanoines* ». Il cite pour preuve ce que *Flodoard* dit de *S. Rigobert*, Archevêque de Reims, & l'aſſignation que *Chrodogan* fit à ſes Chanoines pour vivre en commun, p. 727. *ibid.* Il ajoute que les Evêques en donnant a la communauté des Chanoines, donnoient en même tems les Egliſes qui ſe trouvoient dans les villages ou bourgades de la campagne dont les Chanoines commencerent à devenir *Curés primitifs*. Traité ſur les bénéfices, Tom I. ch. 1. p. 3 & 4. Le *Gall. Chriſt.* Tom. IV. p. 42. 43. 59. 82. 134 & 478. fournit des exemples & des preuves que les Evêques faiſoient à leurs Chanoines des ceſſions ſemblables à la chartre de 933 pour les faire vivre en commun, & qu'ils y ajoutoient toujours ce motif de ſtyle *pro remedio animæ*.

(4) Le Chapitre ne jouit point de cet enclos, il fut aliéné avec d'autres biens de l'Egliſe de Béſiers pour le rachat du Roi Jean; il eſt par conſéquent inutile de s'en occuper pour ſavoir ſi *Giſlan* étoit homme ou femme, libre ou ſerf, noble, ou roturier. Tout ce qui peut réſulter de la déſignation de cet enclos, c'eſt que la chartre en indiquant le dernier propriétaire, & ne faiſant aucune mention de celui des biens de l'Egliſe de S. Pierre, ni qu'ils euſſent appartenu à la famille de Reginal, il ne pouvoit y avoir d'autre propriétaire de ces biens que l'Egliſe Cathédrale de Beziers. Il eſt eſſentiel de remarquer qu'il n'eſt nullement queſtion de cet enclos dans cette affaire, le Chapitre ni la Ville n'ont jamais pu s'en occuper, puiſque le Chapitre n'en a ni la propriété, ni la jouiſſance.

(5) *Iſta omnia.* Tout eſt un terme qui embraſſe toutes choſes *V.* Lemaître, plaidoyer 36. p. 687 & 668.

(6) Suivant les Maire & Conſuls le mot *quæſitum* doit ici ſignifier *aquis;* mais, comment le concilier avec le mot *inquirendum* qui ſuit & qui ſignifie *découvrir*, *rechercher*? Il répugneroit trop de dire que les Vicomtes de Béſiers delivrent aux Chanoines *le lieu & l'Egliſe de S. Pierre* avec toutes leurs appartenances *acquiſes* ou à *découvrir*, *acquiſes* ou à *acquérir.* Il en réſulteroit qu'on auroit *délivré* aux Chanoines ou donné (ſi l'on veut) des choſes à *acquérir*; la réalité manqueroit dans la délivrance & l'objet dans la donation, ce qui répugne encore; les termes *acquis* & a *acquérir* ne peuvent en aucune maniere ſouffrir d'application à ceux *quæſitum & inquirendum*, il faut donc s'en tenir au vrai ſens & à la ſignification naturelle de ces derniers qui expriment les appartenances *connues*, *découvertes & à découvrir.* La plupart des objets détaillés dans cette chartre n'ont jamais pu être acquis: l'Egliſe, les vaſes ſacrés, les ſacriſties, les cimetieres, la cloche, ſont & ont toujours été hors du commerce. *In ſenſu claro omnis interpretatio dicitur calumnioſa.* Bertrand dans ſes conſeils, 3 part. conſ. 209. N. 4.

(7) *Ruſticum* ſignifie toute poſſeſſion champêtre, & *urbanum* les propriétés qu'on a dans les Villes ou Bourgs.

(*a*) On s'apperçoit que les lambeaux de ces concluſions, que les Maire & Conſuls ſement dans leurs dénégations & qu'ils marquent par des guillemets ou en lettres italiques, ne ſe trouvent point dans l'exemplaire que le Chapitre en a de la premiere édition. C'eſt ce qui lui fait encore faire attention que l'exemplaire qu'il avoit joint à ſa requête en caſſation avec des notes & qu'il a produit avec ſes autres pieces en a été ſouſtrait à deſſein, puiſqu'il ne ſe trouve pas dans ſon doſſier depuis qu'il eſt ſorti de la Grande Direction.

que atractu (1) sic donamus propter remedium animæ (2) Reginaldi, Episcopi, qui fuit quondam in tali tenore ut ipsi Canonici Sancti Nasarii in stipendio (3) habeant quæ ibidem hodie sunt, & successores illorum omni tempore communè (4) habeant, teneant & possideant. Siquis vero ab hac hora (5) vel deinceps fuerit,

donnons tous (5) les biens ci dessus énoncés avec toutes leurs appartenances découvertes & a découvrir (6) soit dans le bourg de S. Pierre, soit dans les possessions champêtres (7) avec tout droit quelconque de parcours d'hommes (1) & ce pour la décharge de la conscience (2) du feu Reginal, Evêque, en telle sorte que

---

(1) *Brussel*, Tom. II. liv. 3. ch. 20. prouve que le mot *atractus* signifie le *parcours d'hommes. Atractus*, dit Ducange, *est facultas quam habet dominus feudi retinendi homines alterius domini ita ut a propriis dominis repeti non possint* : c'est un droit *Seigneurial* fort ancien & des plus éminens. L'acte de restitution que fit en 1097 Guillaume Arnal à l'Eglise S. Nazaire de Béfiers, porte littéralement que les biens de S. Pierre sont un fief *fevum* consistant *en l'Eglise de S. Pierre avec les dîmes & prémices, & tous les droits Ecclésiastiques, tout le village, terres cultes & incultes, droit de pêche, hommes & femmes.* C'est la vassalité de ces hommes & femmes qui donnoit lieu au droit de *parcours*. On ne peut pas faire porter plus loin le mensonge aux C. de Béfiers que de leur faire dire que par la Sentence de 1281 les biens ou la conque de S. Pierre ont été assujettis au droit de tale, ban & herbages que la Ville perçoit sur tous les domaines roturiers; tandis que cette Sentence les en affranchit par une disposition expresse, parce que (porte cette Sentence) ces biens, cette conque sont francs & prohibés à perpétuité. *Statuimus quoque & percipiendo quatenus liceat cuilibet de populo Bitterensi colligere & portare stipulas & herbas de campis & possessionibus dictorum dominorum Episcopi capituli & precentoris Ecclesiæ Bitterensis sicut de aliis possessionibus civium territorii Bitterensis & animalia ipsorum cujusvis generis fuerint immittere ad pascendum, exceptis dumtaxat locis & possessionibus infra scriptis, videlicet, conqua Sancti Petri*, quæ est Ecclesiæ Capituli *Bitterensis quæ ipsius Capituli perpetuo sit Deveza & nullis de populo Bitteris ibi bestias ad pascendum audeat immittere in eadem nec usum aliquem vindicare.*

(2) *Reginal* étoit obligé en conscience de diviser sa mense & de doter ses Chanoines pour les faire vivre en commun, suivant les Conciles. Si les biens de S. Pierre n'eussent pas dépendu de la mense commune, qu'ils eussent été de la famille de Reginal, & que celui ci les eût donnés pour le repos de son ame, il eût ordonné quelques prieres, il eût chargé les Chanoines de S. Nazaire de quelque obit ou augmentation d'office : mais, ni la chartre de 933, ni aucun acte n'en fait mention, & en effet le Chapitre ne fait aucune priere particuliere pour le repos de l'ame de *Reginal*; les Consuls ne peuvent pas nier qu'il y ait eu de nécessité une division de mense entre l'Evêque & les Chanoines de Béfiers en quel tems que ce soit; qu'ils indiquent le tems ou la forme où il a été fait autrement que par des legs, des donations, & peu à peu, comme le Chapitre le prouve depuis 933 jusqu'au quinzieme siecle, & du propre mouvement de ses Evêques.

Dans les 11. 10 & 12e siecles, les Evêques employerent l'expression *propter remedium animæ* non seulement dans tous les actes, par lesquels ils se détachoient de quelques biens en faveur des Chanoines, mais encore dans tous les contrats d'échange : les uns ne leur étoient pas plus propres que les autres. *V.* les *Formules de Marculfe*, liv. 1. On trouve encore plusieurs exemples de ces actes rapportés par *Thomassin*, par. 3. & par *Rimer*.

(3) Suivant *Ducange*, les *Conciles* de Châlons, d'Aix la Chapelle & de Nantes, *stipendium*, signifie subsistance : *Quid quid vitæ sustentandæ est necessarium* Ce fut pour tenir lieu aux chanoines de la rétribution quotidienne que Reginal ordonna de leur délivrer la Paroisse de St Pierre & les biens en dépendans.

(4) Ce sont les premiers biens dont les chanoines ont joui en commun & à part de la direction de leur Evêque. Les M. & C. sont toujours défiés non pas de prouver, mais seulement d'indiquer un moyen de croire qu'ils en aient possédés d'autres en commun & séparément de leur Evêque avant l'an 933.

(5) La donation de l'Eglise de *Suci* & biens en dépendans, faite en 812 par le comte Etienne & sa femme au chapitre de Paris, contient une *clause de réversion* à leurs parens, *tunc ipsa res ad proximos hæredes vertere faciant*, au cas que les prieres par eux ordonnées ne fussent pas acquittées. M. M. de la Live opposoient au chapitre de Paris cette réversion, & l'amende prononcée dans la clause finale contre les usurpateurs. Ils ajoutoient de plus que cette donation n'étoit qu'une aumône, *pro salute animæ, propter animæ remedium* ; qu'elle ne transmettoit a l'Eglise de Paris ni seigneurie ni justice; qu'il étoit impossible que le comte Etienne eût pû transmettre alors ni l'une ni l'autre, puisqu'il n'avoit en propriété aucune seigneurie, & qu'enfin le chapitre ne rapportant ni hommage, ni aveu, ni dénombrement, ni acte d'homme vivant & mourant, il devoit être exclus de toute seigneurie. Le Parlement de Paris, sans avoir aucun égard à toutes ces objections, qui sont les mêmes que celles que les consuls de Béfiers opposent à leur chapitre, a décidé par arrêt du mois d'Août 1769, que la donation de l'*Eglise de Suci* exprimoit & comprenoit toute la *seigneurie de Suci.* La tradition du lieu & de l'Eglise de St Pierre souffre bien moins de difficulté pour être décidée tradition d'une vraie seigneurie par le détail & les droits seigneuriaux énoncés dans la chartre de 933 & dans les actes postérieurs. Mais la derniere clause n'a jamais été du fait, ni du mandat du Seigneur Reginal : elle est si obscure & si confuse, qu'elle se détruit par les contradictions qu'elle renferme? Toutes les chartres des X & XIe siécles, où il est question des biens d'Eglise, sont terminées par des clauses semblables, à cause des usurpateurs sans nombre qui se pré-

si nos aut ullus de hæredibus nostris, aut ullus Episcopus aut aliqua apposita personâ qui contra hanc donationem Deo & Canonicis Sancti Nasarii abstollere vo- lesd. Chanoines de S. Nasaire emploient à leur subsistance (3) le revenu desdits biens, & que leurs successeurs les jouissent, tiennent & possedent en commun

---

sentoient pour s'en emparer. C'étoit le style de ce tems d'ignorance. Il n'y a qu'à voir les formules de *Marculfe*, les preuves du *Gallia Christiana*, & de l'Hist. de Languedoc, la donation de Matfred, Evêque de Besiers, de l'an 1092. Le Maître *de Bonis & possess. ecclef.* lib. 2, cap. 7, p. 200, qui rapporte une chartre dont la clause finale est conçue dans les mêmes termes que celle de l'an 933; v. les *diplomes* de la Reine *Barthe*, de l'an 962, dont la clause finale est encore plus foudroyante. Elle est rapportée par Dom *Bouquet*, recueil de l'Hist. des Gaules & de la France tom. 9, p. 667; on trouve aux pages suivantes des actes qui contiennent des clauses semblables à celles de la chartre de 933.

Les Vicomtes de Besiers se croyoient propriétaires des *Evêchés, des Abbayes & des Prieurés* établis dans leurs terres: entr'autres preuves de ce fait v. le *traité* passé entre *Roger, Vicomte de Besiers* & le *Roi d'Arragon* l'an 1185, aux preuves de l'Hist. de Lang. p. 158, tom. 3, par lequel en reconnoissance du secours que lui avoit donné le Roi d'Arragon pour défendre ses domaines, le Vicomte donne au fils de ce Roi, *Alfonse*, toutes ses terres, côtes, villes, bourgs, châteaux, villages, hommes, femmes, *Evêchés*, *Abbayes*, *Prieurés*, &c. . . . *Dono filio tuo nomine Ildefunso omnes meas terras, videlicet civitates, burgos, castra, villas, homines & fœminas, Episcopatus, Abbatias, Prioratus, Dominationes . . .*

C'est pour raison de cette propriété que *les Vicomtes de Besiers* prétendoient avoir sur les biens des Evêchés, des Abbayes, Prieurés & autres Eglises de leurs domaines, que les Vicomtes Teudon & Odon, qui firent la chartre de 933, comme ils l'attestent à la fin en ces termes: *S. Teudonis Vicecomitis, s. Odonis Vicecomitis qui hanc traditionem vel donationem fecimus*, stipulerent en même tems cette clause de réversion pour conserver leur prétention sur les biens de leurs Eglises: clause qui, relativement au tems & aux circonstances, prouve plus l'ecclésiasticité des biens de St Pierre que la patrimonialité de Reginal. Mais, la patrimonialité fût-elle réelle, il est prouvé que l'Eglise & les biens de St Pierre auroient une source de nobilité aussi précieuse qu'incontestable.

A prendre le sens littéral de cette clause, il eût dépendu du premier venu d'attaquer cette chartre sans droit ni prétexte, & de faire revenir aux parens de Reginal l'Eglise & les biens de St Pierre. Cette personne, en attaquant cet acte sans fruit personnel, mais seulement pour l'utilité des parens de Reginal, qui lui eussent été étrangers ou inconnus, se seroit gratuitement exposé à encourir tous les anathêmes de l'Eglise, & l'amende prononcée par toutes les loix civiles & canoniques: cela tombe-t-il sous le sens commun? N'est il pas plus naturel de croire que cette clause ne contient qu'une charge pour les parens de Reginal, en cas d'usurpation de protéger l'Eglise & les Chanoines, de retirer ces biens d'entre les mains des usurpateurs, & de leur faire payer l'amende. Plusieurs faits se réunissent pour détruire toute idée de clause de réversion.

1°. La défense d'attaquer cette chartre ne porte pas nommément contre tel & tel parent de Reginal, mais contre les Vicomtes, les Aumôniers & leurs héritiers; il est remarquable que cette clause s'énonce en termes exprès contre les *Evêques*, successeurs à l'Episcopat de Besiers. Le troisieme *Concile d'Orléans*, canon 17, & le troisieme de *Tolède*, défendoient *aux Evêques d'attaquer les donations faites aux Chapitres par leurs prédécesseurs*, par la raison que les biens donnés faisoient partie de ceux de l'Eglise même; v. *Thomassin*, part. 3, p. 653, & Héricourt p. 209; les M. & C. s'obstinent bien inutilement.

Si ces biens eussent été propres à Reginal, les défenses expresses faites aux Evêques d'attaquer cette chartre, eussent été sans fondement; mais on voit qu'elles étoient uniquement nécessaires contre les Evêques; parce que c'étoient les seuls de qui les Chanoines eussent à craindre la réclamation: c'est ce que prouve la confirmation que fit de la chartre, de l'an 933, *Bernard*, Evêque de Besiers, successeur de Reginal en 954; voyez la premiere piece du premier dossier des M. C. qui, dans une requête du 15 Juillet 1761, ont dit en propres termes que l'acte de 954 est une simple confirmation de la chartre de 933; ils le répétent p. 43 de leur recueil, avec cette observation que la confirmation de Bernard étoit insuffisante; qu'il la falloit du Roi ou du Métropolitain. On leur répond que leur Métropolitain n'avoit pas plus d'autorité dans cette matiere en 933 que les Consuls même, si toutes les donations, détachemens de mense ou supplément de dots faits par les Evêques à leurs Chanoines étoient nuls, de cela seul qu'il ne conste pas qu'ils ont été confirmés par le Roi, ou autorisés par le Métropolitain dans le dixieme siécle, il n'y en auroit aucun qui pût subsister; & ils subsistent tous.

2°. Les Vicomtes de Besiers & de Narbonne n'auroient pas manqué de déclarer que l'Eglise & les biens de St Pierre étoient du patrimoine & de la famille de Reginal, s'ils l'eussent été en effet, ainsi que les Evêques de son tems, ou leurs exécuteurs testamentaires avoient accoutumé de l'exprimer, lorsqu'ils donnoient de leurs biens propres à l'Eglise: *v. les chartres* rapportées aux preuves du *Gall. Christ.*, tom. 3, p. 57 aux preuves de l'*Hist. de Lang.*, tom. 2, p. 180; une autre par *Miré*, ch. 64, p. 12 dans son recueil de donations pieuses. Au lieu de les délivrer aux Chanoines, les Vicomtes auroient suivi la forme des donations des biens profanes en les offrant à Dieu, en les consacrant à l'Eglise, en les donnant au St Titulaire: *v. les form. de Marculfe*, & non aux Chanoines qui ne pouvoient rien recevoir ni accepter que de leur Evêque: *v. la section* 2 du traité historique de cette affaire. Reginal lui-même eût ordonné quelques prieres pour lui;

luerit, quod repetit non vindicet, & qui hoc fecerit omnia superius scripta revertere faciat ad parentes Reginaldi Episcopi qui fuit quondam, & insuper, qui

à perpétuité (4). Mais si quelqu'un à présent (5) ou à l'avenir, ou si Nous (Vicomtes & Aumoniers) ou quelqu'un de nos héritiers ou quelque *Evêque* ou quel-

---

mais, l'Eglise, les Vases sacrés, la Sacristie, les Cimetieres pouvoient-ils être réputés des biens profanes & des fonds commerçables ?

3°. Soit comme parent de Reginal, si la donation de 933 le privoit de sa succession, comme le disent les Consuls, *p. 43 de leur recueil*, soit comme ayant le *droit de dépouille* sur la succession des Evêques, le *Vicomte de Besiers* auroit retenu & réuni à son Domaine les biens de St Pierre, s'ils eussent été de sa famille, s'ils n'eussent pas été Ecclésiastiques : ce droit de dépouille consistoit en ce que les grands vassaux de la couronne s'emparoient des biens propres des Evêques, après leur mort. En 1084 *Raymond de Saint Gilles*, comte de Rouergue & de Besiers, en fit cession & remise à Matfred & à ses chanoines : mais, de ce que le Vicomte de Besiers n'a usé ni de son droit de succession, ni de son droit de dépouille, & que l'Eglise & les biens de St Pierre sont passés par ses mains, la présomption de leur nobilité n'en a acquis que plus de force.

4°. L'amende & la restitution dont cette clause menace les usurpateurs, ne pouvoient pas tourner à l'avantage des parens de Reginal, puisqu'elles ne sont prononcées qu'au profit des Eglises ; v. la *formule* 4 du liv. 2 de *Marculfe*, *inferat juxta pœnam sæculi cum cogente fisco partibus ipsius ecclesiæ ac auri libras tantas, ac argenti pondo tant, & quod repetit nulla tenus valeat vindicare ; sed præsens cessio omni tempore illibata permaneat.* Les form. 6 & 24 *ibid*, portent la même clause. Si les parens de Reginal eussent entrepris de contester la donation aux Chanoines de St Nasaire, ils eussent donc été obligés de restituer le double : cette amende, ces dommages & intérêts équipolloient au double de la valeur des biens donnés, & étoient un obstacle invincible contre le prétendu retour.

5°. Si l'on supposoit que l'Eglise & les biens de St Pierre sont partis de la famille de Reginal en 933, il faudroit en conclure que ses parens les Vicomtes de Besiers & d'Agde s'en étoient emparés comme bien d'autres Seigneurs de Languedoc s'étoient approprié des bénéfices des Eglises & des Paroisses, & qu'ils y renonçoient en même tems. *Il y a eu* (dit M. l'Avocat Général, p. 36 de ses conclusions) *sans doute, & dans tous les tems des usurpations des Paroisses & même des Abbayes.* Dans le IXe siécle le *Duc Bernard* avoit envahi les biens Ecclésiastiques de la Septimanie, *Hist. de Lang.* tom. 1, p. 518, le Comte de Toulouse possédoit en 918 un grand nombre d'Eglises, *ibid*, tom. 2, p. 127, v. les preuves *ibid.* La *Comtesse Garsinde*, dans son testament de l'an 974 restitue plus de 20 *paroisses* avec les *dîmes.* Les Seigneurs faisoient ces *restitutions* par *testament* ou par *donation*, avec cette expression, *propter remedium animæ*, pour la décharge de leur conscience. *Guillaume, Vicomte de Besiers*, restitua aux Religieux de St Benoît, l'Eglise de St Tiberi, *quam* (disoit-il) *injustè, violenter & vi abstuli, & totum ejus dominium ex integro* ; cette *chartre* contient plusieurs autres restitutions de cette espece, ibid. p. 145.

Théodoric, Roi des Goths, ordonna de restituer à l'Eglise de Narbonne les biens dont elle avoit été dépouillée, *Cassiodor lib.* 4, *epist.* 17. *Othon*, Vicomte de Besiers, restitua en 867, à l'Abbaye de St Tiberi, le monastere de St Volusien, *Hist. de Lang.*

Les restitutions que l'Empereur *Constantin* fit faire à l'Eglise, eurent pour motif que les Princes Payens, ni les Laïques n'avoient pu priver les Eglises de leurs héritages ; par la raison que les Souverains ne sont pas propriétaires du monde pour donner, ou ôter à leur gré, & que leur souveraineté est bien plus éminente, losqu'ils font l'office d'adjuger les possessions & maintenir les droits & les privileges suivant les loix, les titres & la justice. *Thomassin*, part. 3, liv. 1, chap. 16, n. 2.

6°. Les biens dépendans de l'Eglise St Pierre étoient trop considérables en 933 pour ne pas être ecclésiastiques ou féodaux, eu égard aux diminutions qu'ils ont souffertes de leur premiere splendeur, soit quant à l'Eglise, soit par rapport aux droits anciens & seigneuriaux abrogés par l'étendue des coutumes, par la réunion des justices, la perte des titres, les guerres civiles & la domination de la roture. Il ne pouvoit point y avoir alors de *colon*, ou de roturier qui pût posséder une Eglise, des vases sacrés, des Cimetieres, des Isles, des dîmes & prémices & autres droits seigneuriaux & ecclésiastiques.

Lorsque les Gots, les Visigots & les Francs s'établirent dans les Gaules, le nombre des Esclaves étoit beaucoup plus grand dans tous les pays, & parmi toutes les nations, que le nombre des citoyens, ou des personnes libres, *Dubos*, tom. 4. l. 6. p. 166.

Suivant les *Hist. de Lang.*, tom. 1, p. 380, 382 & 386, les habitans de cette Province étoient divisés en *libres* & en *esclaves*, ou par les *biens* qu'ils possédoient. Les *serfs* ou *esclaves* étoient distingués entre eux en *fiscalins* ou serfs du Roi, & *serfs* des particuliers (Seigneurs laïques ou ecclésiastiques).

Les *Fiscalins* faisoient valoir les terres du domaine du Prince ; les *autres* travailloient également pour leurs maîtres, suivant *Montesquieu*, tom. 3, liv. 30, ch. 15, p. 342 : Le *Roi*, les *Ecclésiastiques* & les *Seigneurs* avoient des serfs dans leurs domaines dont ils tiroient les droits seigneuriaux ; & suivant les Historiens de Lang., *ubi supra*, il n'étoit permis qu'aux personnes *libres*, c'est-à-dire *nobles*, de posséder des terres & de les faire cultiver par leurs serfs.

Une loi des Visigots défendoit l'alliance des *nobles* avec des *esclaves*, les personnes *libres* ne devoient à personne ni hommage, ni cens, ni service ; ils ne devoient que le serment de fidélité à leurs Souverains, comme sujets : & dans le Xe siécle les gens de la campagne étoient censés tous

litem

litem intulerit dupla & meliorata restituat & sua repetitio nihil valeat; quod qui fecerit omnes maledictiones veteris & novi testamenti & omnia vincula ana- que personne qui lui fût attachée qui, contre la teneur de cette donation, entreprendra de l'enlever à Dieu & aux Chanoines de S. Nasaire, quoiqu'il les

---

serfs ou *esclaves* de quelque Seigneur ecclésiastique ou séculier, *Hist. de Lang.* Tom. II, page 111.

La servitude étoit une irrégularité, ou un empêchement à la réception des ordres de l'Eglise. Les serfs ne pouvoient y être admis sans le consentement positif de leur maître. La liberté devoit toujours précéder, ou du moins accompagner l'ordination : tout serf ou tout homme qui payoit cens ou droit seigneurial en devenoit exempt dès l'instant qu'il parvenoit au grade ecclésiastique, *Beaumanoir* c. 45, rapporté par *Mably*, tom. 2, p 240, observ.

Sous les premiers *Rois Capetiens*, les deux tiers des habitans du Royaume étoient du moins serfs des biens, *Dubos*, page 119, tome 4.

L'abolition de la servitude ne commença en France qu'au XIIIe siécle, *ibid*, tom. 1 p. 586, par l'Edit remarquable que rendit *Louis Hutin* le 13 Juillet 1315, rapporté par la *Hode* tom. 2, p. 109; voyez le *Concile de Rome* sous *Alexandre III*, les lettres-patentes de Philippe le Long de l'an 1318, par lesquelles il affranchit les serfs de ses domaines.

Les Evêques ne furent jamais choisis parmi les serfs, mais bien parmi les personnes libres, nobles & des plus hautes familles, *tunc enim non alii, quam nobiles Episcopi fiebant*, atteste *Bignon*.

Quand les preuves que Reginal étoit de la famille des Souverains de Béfiers ne seroient pas aussi évidentes qu'elles le sont (v. sup. note 5 sur cette chartre); l'on seroit forcé de convenir de sa haute noblesse, de cela seul qu'il étoit Evêque, & d'en conclure ultérieurement que l'Eglise & les biens de St Pierre dont il jouissoit, étoient nobles, soit qu'ils lui fussent patrimoniaux, soit qu'ils fissent partie de ceux de son Episcopat.

Le *principe* que les biens donnés à l'Eglise par les grands Seigneurs sont aussi privilégiés que ceux dont nos Rois l'ont dotée, n'a jamais été contesté : c'est pourquoi le Clergé, comme le premier ordre de l'Etat, milite avec le privilege des Seigneurs pour la nobilité de ses plus anciennes possessions; c'est pourquoi les déclarations de 1684, 1721 & 1741 confirment la nobilité ou immunité des biens ecclésiastiques, avant celle des possessions des Seigneurs; voyez la dissertation sur les tailles. Part. 4 de l'examen du recueil des Loix.

7°. Il n'est pas étonnant que l'original de la chartre de 933 n'existe pas; les dépradations des Eglises de Languedoc, de leurs biens & de leurs archives sont malheureusement assez connues dans l'histoire : il se peut que dans la copie qu'on a de cette chartre, il y ait quelque mot omis; mais, plus elle est ancienne & respectable, plus il faut se fixer sur son exécution, sur la décision qu'en ont porté différens tribunaux en 1281, en 1485, en 1486, en 1553, en 1556 & en 1610, & sur les actes passés entre les parties sur le vu de cette chartre entr'autres, en 1531, en 1608 & en 1609. *Optima legum interpres consuetudo*; il n'y a pas d'explication meilleure ni plus exacte de cette chartre que celle qui est fondée sur une possession constante de nobilité pendant plus de 8 siécles, & sur des titres confirmatifs de cette même nobilité : c'est l'interprétation la plus physique. Si on la réunit encore avec les titres, les présomptions, les principes & les indices les plus probables de la haute qualité de Reginal, tant par sa famille que par sa dignité, quelle regle d'interprétation peut-on établir plus parfaite? voyez *Grotius*, tom. 1, p. 412, *res sive quæstiones dubiæ vel ambiguæ plerumque præsumptionibus justis explicantur.* Cujas, in lib. 4, resp. papin. p. 112; un long usage imite la loi, & en a la force par les jugemens qui l'ont confirmé, *Ea quæ longa consuetudine comprobata sunt, ac per annos plurimos observata, veluti tacita civium conventio non minus quàm ea quæ scripta sunt jura servantur*, l. 35 ff. *de legibus.*

Avec cette même prétendue clause de réversion, la nobilité des biens de St Pierre, connue dès 933, a été confirmée, il y a cinq siécles : les Juges étoient sans doute alors tout au moins aussi à portée que les Financiers d'aujourd'hui de dévoiler les usages, la police, le style du Xe siécle, les droits & les privileges des deux premiers ordres de l'Etat, que les autres nations se font une gloire de fortifier.

S'il pouvoit y avoir quelque doute sur un droit aussi évident, la chartre de 1203, les jugemens respectables rendus depuis en 1281, 1485, 1486, 1556, 1610, & l'arrêt du 24 Avril 1758 qui casse ceux de Montpellier, en ce qu'ils ont soumis à la taille les biens de St Pierre sur le vu de la copie de la chartre de 933, tous ces jugemens & arrêts, anciens & modernes, forment des loix pour les parties, & doivent l'emporter sur un systême qui n'a pour base que les erreurs & la mauvaise foi. *In ambiguitatibus quæ ex contractibus proficiscuntur rerum perpetuò semel judicatarum autoritas vim legis obtinet*, l. 39, ff. *de legibus* : ces erreurs tiennent même de la fausseté, puisque les M. & C. les forment sur des prétendues pieces de 1295, 1296, 1297, 1298, 1328, 1350 qu'ils n'ont jamais osé produire en regle, parce qu'elles sont éclatantes de faux. Il est également faux que le chapitre ait été cotisé de toute ancienneté pour raison des biens de St Pierre, comme ils le disent, puisqu'ils n'ont jamais pu en rapporter aucune sorte de preuve, & que ses biens au contraire ont toujours été compris dans le rôle des biens nobles.

Revenons aux termes de cette clause; s'y arrêter sans en juger par l'entier contexte de l'acte, ce n'est pas les entendre : *Sensum non verba* (c'est-à-dire le style), *considerare debemus*, *cap.* 8, *ext. de verbor. signiff.* La rendre contradictoire avec le début, le détail & les dispositions essentielles de l'acte, c'est aller contre l'esprit du Seigneur Reginal, & de ses mandataires les Vicomtes de Béfiers & de Narbonne : *Qui facit aliter quàm debet facere non dicitur c.* 8, *ext. de reg. j. l.* 5 *t. xx. d.* enfin *contester sur une clause de style*, c'est attaquer de front les principes & les décisions des plus

timatis & omnis gladius diaboli, & omnis pœna inferni, & omnia tormenta & potestas tenebrarum maneant super illum & numquam sit solutus in die judicii & sit damnatus ante faciem Domini. Sancta Chartra (1) *donationis 14 Kal. Aprilis, regnante Radulpho Bege post obitum Caroli Regis. S. Teudonis, Vice comitis, S. Odonis, Vice comitis, qui hanc traditionem vel donationem fecimus & testes firmari rogavimus signum Leutenardus, sign. Gaurnicius, Ildegarius, Præsbyter, Wualearius, Poncius, Præsbyter, ego Dido.*

réclame, qu'il ne puisse pas se les approprier, & que celui qui l'aura fait fasse revenir tout ce qui est ci-dessus écrit aux parens du feu Evêque Reginal, & au surplus que celui qui aura intenté le procès soit condamné à la restitution du double & des améliorations, & que la prétention soit déclarée nulle; que celui qui aura entrepris une telle dépossession encoure toutes les malédictions du vieux & nouveau testament, que tous les foudres de l'anathême, le glaive du démon, tous les tourmens & puissances des ténèbres fondent sur lui, & qu'il n'en soit jamais délivré, pas même au jour du

---

célèbres Jurisconsultes pour abolir un monument rare & précieux du commencement du Xe siécle. *Clausulæ quæ apponuntur de stylo, nihil operantur de novo & restringi debent ad limites materiæ subjectæ.* Dumoulin dans son commentaire sur la *loi I[e] ff. de verbor. sign. § si quæsita n°.* 86.

(37) La qualité de ce titre n'est pas équivoque; cette *chartre* a été faite par les *Vicomtes de Bésiers*, en forme de lettres-patentes, en l'adressant *à tous les fideles de l'Eglise présens & à venir.* Ces Vicomtes étoient presque souverains: leur chartre a dûe être revêtue de leur sceau, & exécutée sous leur autorité. Sa forme, son titre, son adresse, & les qualités des parties écartent toute sorte d'idée de roture de l'Eglise & des biens y énoncés.

CONCLUSION.

Suivant les titres, les faits & les autorités les plus respectables, il est donc établi que la chartre de 933 est un véritable titre de nobilité; qu'auparavant les Chanoines de Bésiers n'avoient joui d'aucuns biens fonds en particulier, & qu'ils ne tiroient leur subsistance que de la mense commune composée des biens, dîmes & Paroisses: cette mense existoit avant 933; & c'est du détachement de cette mense qu'a été depuis formée celle du Chapitre, dirigée & administrée par leur seul Evêque: dût-elle passer pour une donation des biens propres de Reginal, cela seroit indifférent, parce que ces biens auroient une source également privilégiée.

Cette chartre ne peut être regardée ni comme un legs, ni comme une donation, mais comme un simple assignat de mense détaché de la commune pour faire vivre en commun les Chanoines de Bésiers.

Les menses des Cathédrales, telles qu'elles existoient sous la seconde race de nos Rois, sont tout au moins réputées fondations ou dotations. Si ces biens, dont la propriété va se perdre dans les premiers âges de l'Eglise, & qui doivent être le plus respectés par la roture, n'étoient pas privilégiés, comme on le fait dire aux M. & C., il n'y en auroit presque point; il faudroit renverser toutes les Ordonnances & Déclarations de nos Rois qui les déclarent nobles.

L'Eglise & les biens de St Pierre sont les premiers fonds qui ont commencé à former la mense particuliere des Chanoines, séparée de celle de l'Evêque: ce sont donc les plus anciens de leur dotation primitive; il sont par conséquent purement ecclésiastiques.

Quand l'Eglise & les biens de St Pierre auroient été propres à Reginal & à sa famille (les Vicomtes de Bésiers, d'Agde & de Narbonne), la nobilité en seroit également incontestable, puisque ces presque Souverains ne sont pas présumés avoir possédé aucuns biens roturiers. L'ancienne immunité ou féodalité de ces biens est assez prouvée d'ailleurs par les attributs ecclésiastiques & seigneuriaux dont le Chapitre rapporte les preuves, & par les dîmes & prémices qu'il perçoit encore depuis plus de 8 siécles.

C'est contre la vérité qu'on fait encore dire aux Consuls, 1°, que la confirmation que fit Bernard de sa chartre de 933 en 954 n'a rapport qu'à un bail emphithéotique consenti à Gislemont: l'acte de confirmation de 954 est exprès; il est non-seulement étranger au prétendu bail, puisque ce bail n'existe que dans l'idée des Consuls; mais cette confirmation a été faite 6 ans avant ce précaire ou la donation que fit Bernard & ses Chanoines de l'usufruit des dîmes & prémices de l'Eglise & biens de St Pierre, le 13 Septembre 959, à Gislemont un vieux Prêtre, sous tel pacte & condition qu'il ne pourroit les vendre, aliéner ni échanger, & qu'immédiatement après sa mort, ils reviendroient à l'Eglise St Nasaire; v. le n. 5 de ce recueil.

2°. Que la chartre de 1203 ne prouve que l'allodialité des biens de St Pierre & non la féodalité; tandis que les titres antérieurs & postérieurs en justifient l'ecclésiasticité & la nobilité. 3°. Que la sentence de 1281 assujettit le domaine de Saint Pierre à la taille, tandis qu'il n'étoit pas alors question de taille & qu'elle l'exempte en termes exprès du droit de dépaissance, *eo quod conqua Sancti Petri sit devesa.* 4°. Que la sentence de 1485 n'a pas prononcée sur la nobilité; tandis qu'elle fait l'énumération des biens roturiers appartenans au Chapitre, & que ceux de Saint Pierre n'y sont pas compris, parce qu'ils sont reconnus nobles. 5°. Que les arrêts

jugement, qu'il ſoit damné devant la face du Seigneur. Cette chartre de donation & d'abandon a été faite le 14 des Kalendes d'Avril, regnant le Roi Raoul, après la mort du Roi Charles. Signé Teudon & Odon, Vicomtes, qui avons fait cette tradition ou donation, & avons priés d'en être témoins M. Leutenard Gaurniculus, Ildeguier Prêtre, Wuardeguier, Pons Prêtre, & moi Didon.

N°. IV.

Confirmation de la Chartre *de 933 énoncée dans le* Gallia Chriſtiana, vol. 12. p. 411. col. 1. ſect. 19, tit. Epiſcopi Bitterenſis, *par* Bernard, *Evêque de Béſiers.*

19. *Bernardus* cujus frequens in archivis habetur memoria, anno 3. regni Lotharii, ei concedunt Abbo, uxorque ſervanda allodia in territorio Badonis. *Confirmat donationem Reginaldi deceſſoris factam divo Naſario de Sancto Petro de Appullo vice comitem Reginaldum* tumulo mandari in Eccleſia Sancti Jacobi curavit ejus teſtamenti executioni præpoſitus. Année 954. Produite par les C. dans leur 1re. Req.

N°. V.

Precaria (1) *conceſſa ab Epiſcopo & Canonicis Eccleſiæ Bitterris Giſlemundo, de decimis & primitiis Sancti Petri Appullo.*

In nomine Domini, ego *Bernardus* Epiſcopus ſedis Bitterenſis & omnes Canonici Sancti Naſarii, nos ſimul in unum, donatores ſumus tibi *Giſlemundo* (2), dona- 13 Sept. Ann. 959. Rapporté par le Chapitre.

---

de 1556, quoique contradictoires, recueillis par Philippi dans ſes arrêts de conſéquence, & exécutés pendant 200 ans, ont été légalement anéantis; enfin que les tranſactions en matieres de nobilité ſont proſcrites par l'article 18 de la déclaration de 1684; tandis que celle de 1608, confirmée par une délibération générale de 1609, & par un arrêt contradictoire du Conſeil en 1610, n'a été paſſée que ſur les anciens titres, & en exécution des jugemens rendus à ce ſujet. L'art. 18 n'annulle point des tranſactions de cette matiere; il abolit les abonnemens faits des tailles pour raiſon des héritages roturiers; ces compoſitions faites par tranſactions ſont proſcrites, parce qu'un héritage roturier ne peut être exempt des impoſitions; mais les tranſactions ſur procès en exécution des arrêts qui ont maintenu des biens nobles dans leur qualité privilégiée ne ſont jamais dans le cas de l'art. 18. 6°. Enfin les M. & C. terminent leurs ſarcaſmes par une fauſſeté marquée, en diſant que les biens de St Pierre ont été cotiſés dans tous les tems, & que la poſſeſſion du Chapitre eſt vicieuſe dans ſon principe & dans ſes progrès, p. 49 & 50 de leur recueil. On leur répéte que juſqu'ici ils n'ont pu rapporter aucun cadaſtre ancien qui prouve cette cotiſation, ni aucun compoix moderne qui n'ait été caſſé, annullé & rayé, & que ces biens, au contraire, ont toujours été compris dans les rôles des biens nobles. A l'égard du vice de la poſſeſſion, ils mettent en queſtion de ſçavoir, ſi un Evêque a pu former la menſe particuliere de ſes chanoines. Il ſemble que les M. & C. veulent faire entendre que c'eſt au détriment de quelqu'un & après en avoir privé ou dépouillé un tiers que Reginal a donné ces biens à ſes Chanoines, que de-là le vice de l'origine de leur poſſeſſion & de ſes progrès; il faut être auſſi paſſionné que les M. & C. pour déraiſonner juſqu'à ce point.

La ſource de biens & de l'Egliſe St Pierre eſt trop pure & reſpectable pour qu'il y ait l'apparence d'aucune ſorte de vice dans l'origine & dans les progrès de la poſſeſſion du Chapitre libres: & immunes entre les mains de leur Evêque; ils ont paſſé tels entre celles des Chanoines; aucun tiers ni qui que ce ſoit, ne fut jamais léſé par une pareille tranſlation d'uſufruit: la nobilité de ces biens eſt ſi ancienne, elle eſt ſoutenue par tant de titres, confirmée par tant de jugemens, & appuyée de tant d'autorités, qu'une pareille poſſeſſion doit être conſtamment la loi tutelaire des propriétaires & des nations, l'abolition des équivoques ſur les termes, la correction du pyrrhoniſme, & le titre le plus reſpectable aux yeux des hommes.

(1) Il y avoit deux eſpèces de précaire, l'un par lequel l'Egliſe donnoit à vie de ſes biens propres, & l'autre lorſqu'après avoir accepté une donation de biens, elle les rendoit aux donateurs, pour leur en laiſſer la jouiſſance pendant leur vie.

Precaria eſt libellus quo Eccleſia fevum, alodium ſivè prædium concedit ad vitam recipientis ſub annuo cenſu; c'eſt dans la premiere eſpèce. *Precaria eſt cartha quâquis ad vitam, uſumfructum earum, poſſeſſionum quas alicui Eccleſiæ conceſſit retinet; vel illi concedunt recipientes. Voy.* les Formules de Marculfe dans Baluſe, Tom. II.

(2) Giſſemont étoit un vieux Prêtre dont les ſervices lui avoient mérité un bénéfice, une

mus tibi in territorio Bitterensi *de rebus Sancti Nasarii*, certum quidem & manifestum est, quia placuit animis nostris, & placet nullius cogentis impero, sed propria & spontanea nostra hoc elegit voluntas ut *tibi aliquid de rebus Sancti Nasarii donassemus*, quod ita & facimus; *donamus* tibi *in territorio Bitterense S. Petro Appullo cum suo terminio & ipsos campos de Arignano*, *& cum decimis de Sancto Petro cum primitiis*, cum masis & curtis, cum ortis & ortalibus, terris cultis & incultis, cum boscis & insulis, cum molinis & molinariis, cum piscatorias & re clausas, & cum ipsa ribaria usque in medio alveo orbis totum & ab integrum *donamus* tibi, in *tale pactum* deliberatione, ut dum *tu vivis, teneas & possideas*, *& licentiam non habeas*, *vendere*, *nec alienare*, *nec donare*, *nec commutare supra scripta*, & per singulos annos Domino Deo & S. Nasario Sedis Bitterensis investituræ modio uno de annonâ, *propter ipsum alodem*, *quæ* superiùs resonat. *Post obitum vero tuum*, *sine aliqua morâ*, *revertat ad S. Nasarium Sedis Bitterensis* (1). Si quis contra hanc donationem per irrumpendum venerit, aut nos venissemus, aut successores nostri componamus tibi ista omnia supra scripta dupla & meliorata, & in antea ista firma & stabilis permaneat. Facta donatione ista XIII... Septembris anno V. regnante Lothario Rege, Do. Bernardus Episcopus, Do. Raolinis Presbyter, Ermenaidus Presbyter, Espanesindus Presbyter, Poncius Presbyter, Trascarius Presbyter, Poncius Presbyter in Episcopi nomine, Poncius Presbyter scripsit sub die & anno quod supra.

N°. V I.

Supplementum dotis, à Matfredo Episcopo Bitterensi, ad Canonicos Sancti Nasarii.

4. des Ides de Fév. 1092.
Produit par le Chap. & par les Consuls.

In nomine Sanctæ & individuæ Trinitatis Patris & Filii & Spiritus Sancti. Ego *Matfredus* etsi indignus Sancti Nasarii sedis Bitterensis *Episcopus*, animadvertens, & *in corde meo*, *considerans destructionem Canonicorum* S. Nasarii, olim factam ab antecessoribus meis Episcopis, & *detrimentum* ipsius Ecclesiæ, qualiter ipsi Canonici circumvagantes per propria, non frequentantur, ut decet, divina mysteria, nec curant Ecclesiastica negotia; *quia non habent unde communiter vivant in Canonica*, ad honorem Dei omnipotentis & Sanctæ Ecclesiæ matris ejus, atque Sanctorum martyrum Nasarii & Celsi, & omnium Sanctorum Dei; *dono ipsum prepositatum* Sancti Nasarii, hoc est, ipsum *honorem* totum, & ab integrum qui dicitur *prepositatus & sacristia* qui fuit de Guillelmo preposito, & antecessoribus suis prepositis, sicuti ipse Guillelmus umquam melius habuit, & habere debuit, & habere visus est, vel antecessores sui totum & ab integrum, *cum decimis & primitiis*, *cum omnibus Ecclesiis & ecclesiasticis & cimeteriis*, mansis, &

---

récompense telle que celle qui fut accordée à ceux qui possédoient les terres de la prevôté & de la sacristie lorsque Matfred les unit à la mense du Chapitre en 1092. *V.* la piece VI. qui suit. Les qualités n'étoient pas encore en usage dans les actes.

(1) Ces donations à vie étoient fort en usage dans le Xe siécle. *Præcipimus* (porte l'art. 1. du capit. 3. de l'an 814.) *ut nullus res Ecclesiæ nisi precariò possideat*, *& postquam ipsæ precatiæ finitæ fuerint faciant potestative speculatores Ecclesiæ utrum elegerint*, *ut aut ipsas res recipiant*, *aut posteris eorum sub precario habere permitant.*

Ces précaires étoient de deux sortes, l'un étoit fait par le Prince & l'autre par l'Eglise, suivant l'art. 2. *du capit.* 2. *de l'an* 745, le Prince le faisoit pour l'entretien de l'armée, lorsque la défense de l'Etat l'exigeoit, sous cette réserve : *ut annis singulis de una quaque casata solidus*, *id est duodecim denarii ad Ecclesiam*, *vel monasterium reddentur*, *eo modo ut si moriatur ille cui pecunia commodata fuit*, *Ecclesia cum propria pecunia revestita sit & iterum si necessitas cogat precarium renovetur & rescribatur novum*, *& omnibus observetur ut Ecclesia penuriam vel paupertatem non patiatur quorum pecunia in precario prestita sit; sed si paupertas cogat*, *Ecclesiæ vel Domini Dei reddatur integra possessio.*

Suivant Marculfe, lorsque l'Eglise donnoit de ses biens à vie ou à titre de précaire, elle se réservoit également une redevance pour marquer sa propriété & son droit de les reprendre après la mort de l'usufruitier. Ces donations étoient imprescriptibles; l'Eglise ne les faisoit qu'à ses vieux clercs pour les récompenser de leurs services. C'est pourquoi la réserve étoit toujours très-modique. *V.* Baluse & Marculfe. *V.* la piece suivante N°. VI. qui fait mention de cinq semblables donations à vie faites par l'Evêque Malfred des biens de son Eglise.

vineis

vineis & usaticis & cunicis, & cum omnibus mansis; hoc est, ipsum mansum qui fuit præposito Guill lmo prope de Sancto Felice, ubi, & puteus & ulmus, *quem ego Matfredus Episcopus dedi ad Raymundum Sigarium in vitâ suâ tantùm, ut post mortem suam deliberè revertat in Dominio, ad illum qui habebit ipsum honorem qui dicitur prepositatus & sacristia* (1) & ipsum mansum qui est juxta ipsum de Hugone Archidiacono, *quem ego similiter dedi ad ipsum Hugonem in vitâ suâ tantùm* (2) qui est similiter juxta ipsum præscriptum mansum quem Ademarus de Durano, & Sigarius fratrer suus interpellunt, & ipsum mansum qui est juxta istum qui fuit de Petro Ricardo Clerico, cum ipso amajoramento quod factum est retro, usque in ipso cimeterio, *quod ego dedi ad Guitardum clericum in vitâ suâ tantùm* (3) per eamdem convenientiam sicut ad Archidiaconum & ad Raymundum, & ipsum mansum ubi habitat Rogerius Charisterius qui est juxta ipsum supra scriptum mansum de Raymundo Sigario, & ipsos duos campos qui sunt de hoc ipso *honore* præpositatûs *quos ego dedi ad Guitardum Nechaverini in vitâ suâ tantum* (4) per supra scriptam convenientiam de Archidiacono, & Raymundo & Guitardo & unus de istis campis est juxta Villam de Pelignano, & alius campus est ad locum quem vocant Aran cum omnibus istis & aliis mansis, & cum istis & aliis campis, cum omnibus terris & vineis cultis & incultis, cum omnibus hermis & condrictis, & cum omnibus quæ ad ipsum *honorem*, qui dicitur præpositatûs & sacristia, pertinent, & pertinere videntur, & cum ipso honore toto dicti sacristati minori, sicut Petrus Rodgerius melius habet, habere debet & habere videtur. Tali convenientiâ quòd ipse Petrus Rodgerius habeat, & teneat ipsam sacristiam in vitâ suâ quandiù tenere voluerit optimè & honoratè sicut nunc habet totam & abintegram *cum omnibus Ecclesiis quas ego dedi ei* (5); hoc est *de Sancto Felice, & Sanctâ Mariâ Magdalena & Sancto Andreo, & Sancto Guillelmo*; excepto ipso *feudo* de Raynaldo clerico; & post mortem deliberè *revertat* ad ipsos Canonicos, vel Clericos Sancti Nasarii communiter in Dominio. Hoc enim superiùs scripta *dono, laudo, transfundo & trado*, ego Matfredus Episcopus, sicut supra scriptum est *ad Clericos vocatos Sancti Nasarii* qui hodie ibi sunt, & in antea erunt *ut habeant communiter in stipendia Clericorum, & eleemosinas pauperum* ut semper habeant ipsi Clerici Sancti Nasarii præsentes & futuri *in communia ad augmentum victûs sui* ut per totum annum *communiter vivant*, & pauperes inde gaudeant, & ad Ecclesiam pleniùs, & devotiùs quàm solent, occurant, & pro vivis & defunctis, sicuti mos postulat, Ecclesiasticè exorent; & ipsi qui se, ob rationem victûs sui, se excusant, coram Deo & hominibus inexcusabiles fiant; & in toto isto honore supra scripto, non possit aliquis Canonicus, vel Clericus Sancti Nasarii aliquod incombrium mittere ad damnum de ipsâ communiâ. Dono etiam ad Canonicos Sancti Nasarii præsentes & futuros in communiâ ipsum mansum qui fuit de Pontio Bernardo Canonico, qui tenet se cum ipsâ Canonicâ, cum exeo, & regresso suo, & cum ipsâ portâ novâ quæ exit ad murum ad faciendum coquinam aut quod eis placuerit. Quod si aliquis, successor meus, Episcopus, aut ullus Clericus, aut ullus potestas, aut ullus homo, vel femina voluerit tollere de ipsâ communiâ istum *honorem* supra scriptum, aut aliquod de toto isto honore supra scripto, quem ego *Matfredus Episcopus, dono & laudo Clericis Sancti Nasarii in communia ad augmentum victûs sui*, non liceat eis facere, sed dupla & meliorata ad ipsos Clericos supra scriptos Sancti Nasarii restituat, & in antea, ista carta & hoc donum firmum & stabile permaneat omi tempore & ille præsumptuosus, invasor qui hoc transgressus fuerit, aut hujus rei quod Deus avertat, sacrilegus violator extiterit, iram Dei omnipotentis incurrat, & omnes maledictiones veteris, & novi testamenti super eum veniant, absorbeat eum ira sicut absorbuit Datan & Abiron, & de potestate mihi peccatori a Deo collatâ excommunicatus, & anemath satus irrecuperabiliter permaneat, & in inferno Judæ traditoris particeps fiat, sitque anathema mara-

(1) Ces biens avoient été donnés à vie à titre de précaire de même que ceux de Saint Pierre.

(2) Même donation à vie comme celle de S. Pierre.

(3) De même.

(4) *Idem.*

(5) *Idem.*

nata donec de tantâ præſumptione Deo & Sanctis ſuis ſupra ſcriptis, Naſario, & Celſo, & Clericis ſuis ſupra ſcriptis ſatisfaciat. *Facta eſt autem cartha* doni iſtius feriâ tertiâ quæ eſt 4°. idus Februarii anno Incarnationis Domini Noſtri Jeſu-Chriſti 1092, regnante Philippo Rege in Francis Sigillum. † Matfredi Epiſcopi qui *hoc donum* ſupra ſcriptum feci, & iſtam ſcripturam fieri feci, & iſtam cartham laudari & firmari juſſi in manu Clericorum S. Naſarii, videlicet Hugonis Archidiaconi, Bernardi Cantoris, Petri Abbatis Sancti Affrodiſi, Stephani Prioris Sancti Jacobi; & ego Matfredus Epiſcopus † firmavi & teſtes firmare rogavi........ & Geraldi Epiſcopi Bitterenſis qui hoc donum & hanc cartham laudo & firmo. (1)

N°. VII.

Guerpitio de Sancto Petro de Boſco.

5 Juin 1097. Cet acte eſt rapporté par le Chapitre. Il eſt viſé dans l'arrêt contradictoire du 26 Fev. 1556. M. Tremoulet, Conſeiller-Commiſſaire à la Cour des Aides, le fit compulſer dans les archives du Chapitre.

In nomine ſanctæ & individuæ Trinitatis, patris & filii & ſpiritûs ſancti, hæc eſt cartha de convenientiâ, quam facit *Guillelmus Arnalli de Bitterris*, Domino Deo & ſanctis ſuis Naſario & Celſo Sedis Bitterenſis & canonicis ejuſdem *loci*, præſentibus & futuris de toto ipſo *honore*, quem *vocant de Sancto Petro de Boſco*..... ego *Guillelmus Arnaldus* ſuprà ſcriptus, recogitans animo & mente pertractans de iſto *honore* (2) ſuprà ſcripto quòd *Sanctuarium* (3) *eſſet Domini & Alodium* ſanctorum Naſarii & Celſi, ſcilicet, de ipſâ communiâ, & quòd *multo tempore* INJUSTE DETINUIMUS, & EGO ET PATRES MEI (4) pro remedio animæ meæ & parentum meorum, ut Deus omnipotens dimittat nobis peccata noſtra, & mihi, & illis impetret beatitudinem ſempiternam.... *dono*,

---

(1) On a vu par la chartre de 933, N°. 3. *Supra*, que le Seigneur Evêque *Reginal*, de la famille des Vicomtes de Béſiers, a *donné à ſes Chanoines l'Egliſe de S. Pierre* avec les biens en dépendans *pour les faire vivre en commun*. Ce ſont les premiers fonds dont ces Chanoines aient joui en particulier, ſéparement de la menſe de l'Evêque. *Bernard*, ſucceſſeur médiat de *Réginal*, confirma cette donation, cette premiere aſſignation de menſe en 954, N°. 4. *ibid. Matfred*, autre Evêque de Béſiers en 1092, N°. 6. *ibid*, augmenta la menſe de ſes Chanoines par la raiſon, porte l'acte de ſupplément, que *les fonds que leur avoient délaiſſé ſes prédéceſſeurs n'étoient pas ſuffiſans pour leur ſubſiſtance*: motif remarquable. *Guillaume de Cervies*, Evêque de Béſiers, confirma, le 11 Juin 1130, la ceſſion qui avoit été faite à ſes Chanoines de l'Abbaye S. Geneſt. *Gal.Ch. de Eccleſ. Bitter.* Tom. VI. p. 314. *Guillaume III*, autre Evêque de Béſiers, unit à ſon Chapitre, au mois de Septembre 1177, les Egliſes ou Paroiſſes de Ledignan, de S. Etienne, de Bojan & autres, avec le droit de patronage, *ibid* p. 320. *Raymond IV*, Evêque de Béſiers, détacha, en 1249, de ſa menſe Epiſcopale, des fonds pour completer celle de ſon Chapitre, *ibid* p. 335. *Pontius*, autre Evêque, unit à ſon même Chapitre, en 1262, l'Egliſe de S. Simphorien de Mauſſan, dépendante de ſa menſe, & donna en outre des dîmes au Chapitre pour augmenter le luminaire, *ibid* p. 337 & 338. *Guillaume de Montjoye*, en 1451, fit pluſieurs dons à ſon Chapitre pour rétablir ſon Egliſe. *Raymond V*, autre Evêque de Béſiers, augmenta ſa menſe d'un fonds de 5000 l. *ib.* p. 341. *Jean I*, ſon ſucceſſeur, pour completer définitivement la menſe du Chapitre, lui donna quatre dîmeries & trois Prieurés, *ib* p. 367. Toutes ces gradations de complément de menſe, tous ces ſupplémens de dot prouvent que l'Egliſe & les biens de S. Pierre, qui ont commencé la menſe particuliere du Chapitre, diſtincte de celle de l'Evêque, n'étoient pas ſuffiſans pour la ſubſiſtance de ſoixante-treize Titulaires & vingt Gagiſtes qui le compoſent. La dot des Egliſes principales ne leur a été jamais aſſignée par une ſeule donation; il n'y en a point qui n'ait été completée par des ſupplémens.

(2) On fait dire aux Conſuls, *p. 15 de leur recueil*, » que *honor* en Languedoc ne ſignifie qu'une » poſſeſſion ou héritage, & qu'il ne s'enſuit pas que ce bien ſoit un fief » : mais l'honneur de Saint Pierre, dont cet acte exprime les attributs, ne peut être pris que pour un Fief, 1° parce que Arnald dit qu'il le tient de l'Egliſe S. Naſaire, *per fevum*, à titre de fief. 2°. Parce que les dîmes, les prémices, les hommes & les femmes dépendans de l'Egliſe S. Pierre, de la maniere que cet acte le porte, prouvent la féodalité, & que *honor* ſignifioit, dans les 10. 11. 12 & 13ᵉ ſiecle, un homme, un bien privilégié & un véritable fief. *V. Carpentier in v. honor.*

(3) Les biens de S. Pierre n'appartenoient pas originairement à la famille de Reginal, mais au ſanctuaire de l'Egliſe; ils avoient été détachés de la menſe commune par l'Evêque Reginal, c'eſt pourquoi ils étoient un fief, un alleu, une propriété de l'Egliſe Saint Naſaire & de ſa communauté.

(4) Preuve que ces biens avoient été enlevés au Chapitre S. Naſaire dans les troubles du xᵉ ſiecle, & que ce n'eſt ici qu'une reſtitution en forme de donation comme on les faiſoit dans le xıᵉ ſiecle.

trado, *laxo & guerpio* (1) *Domino Deo & ſanctis ſuis Naſario & Celſo*, Sedis Bitterenſis, cujus *Allodium* eſt & canonicis & clericis ejuſdem loci præſentibus & futuris, in communiâ, ſine ullo inganno, vel reſervo, & ſine ullo retinemento totum iſtum *honorem* ſuprà ſcriptum : id eſt ECCLESIAM (2) *SANCTI PETRI DE BOSCO*, *cum* DECIMIS, *& primitiis*, *& cum* SUO TOTO ECCLESIASTICO, *& cum quantum ad ipſam* ECCLESIAM *pertinet*, *& pertinere debet*, & ipſam *villam* (3) totam, cum exeis & regreſſis ſuis, & cum ſuo toto *terminio*, cum ortis, ortalibus, pratis, paſcuis, vineis, terris cultis & incultis, *aquis aquarumve decurſibus earum*, molinis, molinariis, paxeriis, piſcatoriis, ribaticis, boſchis, arboribus, pomiferis & impomiferis, *HOMINIBUS* & *FŒMINIS* (4) omnia & in omnibus, & totum quod ibi habeo & poſſidere debeo, & habere videor, & poſſidere viſus ſum, & aliquis homo vel fœmina per me totum, ſine ullo inganno, vel reſervo, *dono*, *reddo*, *laxo & guerpio* Domino Deo & ſanctis ſuis Naſario & Celſo Sedis Bitterenſis *cujus Alodium eſt;* ut habeant ipſi clerici ſancti Naſarii, in communia, *in ſtipendia clericorum & eleemoſinas pauperum*, & non poſſit *ullus Epiſcopus*, aut ullus Canonicus, nec ullus homo, vel fœmina tollere ipſum *honorem* ſuprà ſcriptum, aut aliquid de toto iſto *honore* ſuprà ſcripto, non poſſit tollere de ipſâ communiâ, ad damnum de ipſâ communiâ, & de *illas eccleſias* quas ego Guillelmus ſuprà ſcriptus *habeo de ſancto Nazario* PER FEVUM (5) quæ ſunt de communiâ, hoc eſt, illam de Badonas, & illam de Palhers, & illam de villare debelâ, ſi potueritis eas recuperare vos clerici ſancti Naſarii ad opus de ipſâ communiâ, aut illas, aut aliquid de illas *de* DECIMIS, *aut de* ECCLESIASTICIS *earum* per ambe aut alio quolibet modo, ego Guillelmus ſupra ſcriptus, dono illud, & REDDO, & GUERPIO, & LAXO Domino Deo, & ſanctis ejus Naſario & Celſo ſuprà ſcriptis & canonicis ejuſdem loci præſentibus & futuris in communiâ, & ego ſupra ſcriptus Pliviſco per fidem meam ſine inganno quòd de iſto placito ſupra ſcripto non ingannum, nec habeam ingannatum, nec ſciente Dominum Deum, nec ſanctos ejus Naſarium & Celſum ſupra ſcriptos, neque vos clericos, & canonicos ejuſdem loci præſentes & futuros, & ſi aliquis de propinquis vel parentibus meis ampararet, aut contrarium faceret, aut tolleret iſtum *honorem* ſupra ſcriptum, aut aliquid de toto iſto *honore* ſupra ſcripto per malum ingenium Domino Deo & ſanctis ejus Naſario & Celſo Sedis Bitterenſis, & clericis ejuſdem loci, ſicut ſupra ſcriptum eſt : Ego Guillelmus ſupra ſcriptus exhæredo illum, vel illam, illos & illas qui hoc facerent exhæredo de toto *honore* meo, & devido & mando quòd non habeant ullam rem, nec etiam unum palmum de toto *honore* meo *alode vel fevo* pignora ſeu Bajulia, vel de aliquo *honore* meo; & inſuper dono, & laxo, & guerpio, & REDDO totum quod ego laxarem, vel dividerem ad illum, vel ad illam, illos vel ad illas, dono & laxo, guerpio, & reddo & divido ad illos de quibus habeo ipſos fevos meos, ſcilicet, ad Vice-

---

(1) Ces termes, *trado*, *laxo & guerpio* ſont conſacrés à la reſtitution.

(2) Le mot *Eccleſiam* n'eſt pas ici équivoque. Les dîmes, les prémices & tous les droits Eccléſiaſtique que cet acte exprime, & qui y ſont attachés, ne dénotent ni une Chapelle, ni une roture, mais bien une vraie Paroiſſe, *cum decimis & premitiis & cum ſuo toto Eccleſiaſtico* & des biens immunes, féodaux, nobles & Eccléſiaſtiques, *& cum quantum ad ipſam Eccleſiam pertinet*; ici l'Egliſe n'eſt pas une dépendance ni appartenance des biens, mais les biens ſont une appartenance de l'Egliſe.

(3) Les Maire & Conſuls veulent que *villa* ſoit une métairie, & le Chapitre prouve par les actes que c'étoit un lieu, un bourg ou un village conſidérable. Par les Lettres-Patentes de 1295 & 1296, & par l'enquête de la même année produite par les Conſuls, où la ville de Béſiers eſt déſignée ſous le nom de *villa Bitteris*. *V.* les 10, 12 & 13e pieces du recueil des Conſuls.

(4) *Hominibus & fæminis.* Sans faire tort à la ſcience particuliere des Maire & Conſuls, dans l'interpretation qu'ils donnent, ſuivant leurs intérêts, aux termes de la chartre de 933, on peut bien les prier de faire attention que lorſque le Chapitre a dit que *atractus* ſignifioit le parcours d'hommes, il étoit certain que S. Pierre avoit été anciennement une Seigneurie & que cet acte prouve, par la vaſſalité des hommes & des femmes, que le droit éminent de parcours y avoit lieu.

(5) Le terme *fevum*, fief, n'eſt pas équivoque. Arnald avoit encore occupé d'autres Egliſes appartenantes à S. Naſaire, à titre de fief *per fevum* avec les dîmes : il les leur abandonne & reſtitue *reddo* également, ſauf à eux à les retirer, s'ils le peuvent, d'entre les mains de ceux qui les occupoient alors.

comitiſſam de Bitteris, & *Epiſcopum de Bitterris*, & ad Guillelmum feodolonem de verunâ, & ad patrem de Cunatis, & ad abbatum ſancti Tiberii, ut jam diù haberent iſti ſeniores ſupra ſcripti, aut poſteritates, aut ſucceſſores eorum ſuos fevos deliberè, & in dominio quos ego haberem dimiſſos vel diviſós ad illum malefactorem, donec illè malefactor & ſacrilegus violator reſipiſceret, & de tanta præſumptione ſatisfaceret Domino Deo, & ſanctis ejus ſupra ſcriptis, Naſario & Celſo, & epiſcopo, & canonicis ejuſdem loci præſentibus & futuris, & in omnibus ſit manifeſtum quòd ego Guillelmus ſupra ſcriptus poteſtatem habeo donare, laxare & reddere Domino Deo, & ſanctis ſuis, aut cujuſcumque voluero de honore meo, ſciant omnes homines quòd pater meus ad diem obitûs ſui benè memoratus diviſit, & laxavit mihi honorem ſuum totum ; quod mihi laxavit ad faciendum quodcumque voluero abſque convenientiâ & blandimento parentum meorum, & ideò ego Guillelmus ſupra ſcriptus pro remedio animæ & parentum meorum *dono* & *laxo*, *guerpio* & REDDO ſupra dictum honorem, ſicut ſuperiùs ſcriptum eſt Domino Deo, & ſanctis ſuis Naſario, & Celſo ſupra ſcriptis, & canonicis ejuſdem loci in communiâ preſentibus & futuris. Si quis autem contra iſtam cartham per inrumpendum venerit, non hoc liceat & facere, ſed dupla & meliorata, iſtum honorem ſupra ſcriptum, Domino Deo & ſanctis ſuis ſupra ſcriptis reſtituat, & in antea iſta carta, & hoc donum, aut placitum firmum & ſtabile permaneat omni tempore, & inſuper iram omnipotentis Dei incurrat, & omnes maledictiones veteris & novi teſtamenti veniant ſuper eum, abſorbeat eum terra, ſicut abſorbuit Datan & Abiron, & in inferno ſuo traditoris particeps fiat, ſit que anathema maranata, donec de tantâ præſumptione ſatisfaciat Domino Deo & ſanctis ſuis ſupra ſcriptis Naſario & Celſo, & epiſcopo & canonicis ejuſdem loci *facta carta V. Idus Junii anno Incarnationis Domini milleſimo XC. VII. Regnante Philippo Rege*, ſig. Guillelmi Arnaldi ſupra ſcripti qui hoc placitum feci, & iſtam cartam fieri juſſi, manu propriâ firmavi, & teſtes firmare rogavi in manu *Arnaldi Bitterenſis epiſcopi*, *& Ermengardis vice-comitiſſæ*, & canonicorum ejuſdem loci, ſcilicet J. Menoius, Bernardi Moriceni, Petri Rodgerii ſacriſtæ, Raimundi Sigarri, Helie, Raimundi Fulconis, Ermengaudi Deo Dati caput ſcolæ, ſig., Guillelmi Ermengaudi ſig., Guitardi Mancipii ſig., Bernardi Arnulfi ſig., Virgilii ſig., Pelagurii ſig., Guitardi Alboini ſig., Petri Raimundi de Colombiés ſig., Raimundi Bernardi de Corneliani ſig., Ermengaudi de Feragine ſig., Guillelmi Roberti ſig., Gaircendi Gauy Fredi ſig., Berthoni & aliorum multorum ſig. Joannis Raimundi qui hoc rogatus ſcripſit; & in iſto honore habet Raimundus de Bitterris ſuper ipſos mulinos ſolidos D. Melgorienſes, Guillermus Ermengaudus Sol. CC. de Melgorio & Sol. CC. de Bitterris, Virgilius Sol. CLX. de Melgorio Pettus Reinardus Sol. CCC. de Melgorio.

Nº. VIII.

De confirmatione reſtitutionis Arnaldi de Bitterris, & de portâ canonicâ conſtructâ intra muros civitatis.

9 Kal. Juillet 1148.

Il eſt rapporté par le Chapitre & viſé, comme le précédent, dans l'arrêt contradictoire de la Cour des Aides de Montpellier du 26 Février 1556.

Anno ab Incarnatione Domini milleſimo CX. L. VIII. ix K. Julii die ſabbati, regnante *Rege Ludovico* & contra paganos extra mare dimicante. Factum fuit inſtrumentum diffinitionis quam facimus, ego *Agnes & Gaucelinus de Clareto*, *maritus Agnetis*, vobis omnibus canonicis ſancti Naſarii preſentibus atque futuris preſente Bermundo Bitterrenſi epiſcopo, de quibusdam querimoniis quas vobis *injuſtè* faciebamus, que tales ſunt, movebamus utique vobis controverſiam *de honore ſancti Petri de Boſco*, *quem juſtè poſſidebatis*, & legitimè, & de portali quod noviter feceratis in muro Bitterrenſis civitatis. Vos autem auditis querimoniis noſtris exhibuiſtis nobis inſtrumenta veſtra, & jura veſtra, quibus inſpectis & cognitis, agnovimus jus veſtrum & juſtitiam noſtram, pro remedio itaque animarum noſtrarum, & parentum noſtrorum jam dictis querimoniis, omnino abrenuntiamus, & eaſdem vobis in univerſum remittimus, *& illam*

cartam

cartam quam fecit Guillielmus Arnaldus, & vos habetis quæ sic incipit *in nomine sanctæ & individuæ Trinitatis, patris, & filii, & spiritûs sancti, hæc est carta de convenientia quam facit Guillielmus Arnaldus de Bitterris.* Confirmantes, & laudantes, & juramus per hæc quatuor Evangelia, quod deinceps nos de prædictis, nec de illis quæ scripta sunt in carta quam fecit Guillelmus Arnaldus, ullam omnino querimoniam faciemus. Nec nos aut alius, nobis consentientibus & machinantibus. Hujus rei sunt testes, Bernardus Bonifacti, & Bertus Raimundus Bonifacti, Petrus Lupus, Arnaldus de Salviano, Raimundus de Montepahono & Ugo archidiaconus. Ego Bernardus Soffredi mandato Domini Bermundi Bitterrensis episcopi & canonicorum prædictorum & Dominæ prædictæ Agnetis, & mariti sui Gauscelini à mutatione litterarum, infrà hæc scripsit, quoniam Petrus Vitalis ab eisdem rogatus infirmitate perventus, ex qua etiam mortuus hanc cartam quâ illuc usque scripserat perficere non potuit, mandati hujus scripturæ quam ego Bernardus Siffredi feci. Sunt testes Poncius de Montemirato, Raimundus Salvianus, Guillelmus Beg, Guilelmus de Villenova, Bernardus Bonifacti Mancipus, Bernardus Duranti, & Petrus Duranti.

N°. IX.

De concessione Raymundi Rogerii Vicecomitis Bitterensis, & de immunitate Ecclesiarum Sancti Petri de Bosco, Sanctæ Mariæ de Trobada, Sancti Stephani de Palenriis & Sancti Martini de Divisano.

In nomine Domini à Nativitate ejusdem millesimò, ducentesimo-tertio, regnante Rege *Philippo*, mense *Octobris.* Ego *Raimundus Rogerius vice comes Bitterris*, spontaneâ voluntate & non fraude vel dolo alicujus inductus, *consilio* & voluntate *procerum curiæ meæ* (1) : scilicet Jordani de sancto Felice, & Bernardi Pelapuli vicarii Bitterrensis & Ermengaudi Pelapuli, & Samuellis Bajuli, & secretarii mei & *aliorum plurium curiæ meæ Baronum*, bonâ fide, & sinè dolò, cum hac presenti, & publica scriptura, *laudo, aprobo & confirmo* vobis canonicis Bitterrensis ecclesiæ infrà scriptis, videlicet Petro Raimundi & Guillelmo de Boujano archidiaconis & Raimundo de Votria camerario, & Bernardo Coté, sacristæ, & Raimundo Nigro, Pascali, & Berengario de Caussio, & Bernardò de muro veteri, Petro Amelio ejusdem ecclesiæ canonicis, & omnibus aliis canonicis ejusdem Ecclesiæ presentibus & futuris, & ipsi Ecclesiæ sanctorum martyrum Nazarii & Celsi & communitati ejus, *totas*; scilicet, & *integras illas munitiones, fortias, & ædificationes* (2) *cum omnibus suis adjacentiis*, & pertinentiis quas fecistis vel imposterum facietis, in *Ecclesia vel super Ecclesiam sancti Petri de Bosco*, vel in toto ejus circuitu, quàm latè vel quàm strictè volueritis eas facere, pro arbitrio & voluntate vestra, pro ut melius & utilius fuerit vobis & *Ecclesiæ vestræ*, & communitati; ut videlicet totas illas forcias, & municiones, & ædificationes, & refectiones (3) cujuscumque generis, vel modi, vel muneri factas à vobis in præfato loco, vel in futuro tempo- Octobre l'an 1203. Produit par le Chapitre.

---

(1) C'est de l'*avis des Barons de sa Cour* que *Roger, Vicomte de Besiers* a fait cette chartre de reconnoissance de l'immunité de l'Eglise & biens de St Pierre.

Si en 1203 le Vicomte de Besiers avoit *un conseil ou une cour*, & s'il tranchoit du Souverain, il est vraisemblable qu'en 933 ses prédécesseurs n'étoient ni moins puissans, ni moins autorisés à établir la nobilité des biens qu'ils délivroient aux Eglises pour la subsistance des Clercs.

(2) Les remparts, les forts, & les bâtimens nécessaires pour défendre l'*Eglise de St Pierre* du pillage des ennemis, n'auroient pas eu lieu, si ce n'eût été qu'une simple Chapelle, si ce n'eût été alors une Paroisse & un lieu qui méritât ou exigeât de si grandes précautions pour le garantir de sa ruine.

(3) Ces fortifications étoient anciennes, puisque le Vicomte de Besiers approuvoit & confirmoit celles qui *seroient refaites* de quelque maniere que ce fût. Il usoit de sa souveraineté dans cette partie.

re faciendas *habeatis*, *teneatis & possideatis liberè & absolutè & finè omni retentione, & inquietatione mea, & omnium successorum meorum & finè omni onere & gravamine* (1) *ficut libero & proprio allodio vestro* (2), præterea *laudo & permitto* vobis, jam dictis canonicis, & omnibus successoribus vestris, & Ecclesiæ atque universitati vestræ, ædificare & reficere forcias, & munitiones, & ædificationes quascumque, quotcumque, & qualescumque volueritis, *in Ecclesiâ vel super Ecclesiam sanctæ Mariæ de Trobada*, & *in Ecclesiâ* vel *super Ecclesiam* sancti Stephani de Paleariis, *in Ecclesiâ vel super Ecclesiam sancti Martini de Divisano* (3), in toto circuitu earum usque ad illa loca quæ ab omni vento occupabitis ædificando. Similiter *laudo & concedo* vobis quod *in molendinis* vel supra molendina vestra *sancti Petri de Bosco*, liceat vobis ædificare vel & *reficere*, atque *habere omni tempore* quascumque, & quotcumque *forcias & munitiones* volueritis *ad deffendendum ipsa molendina*; ut scilicet totas illas *forcias*, & munitiones, & ædificationes quæ in præfatis *Ecclesiis*, vel *circa eas* factæ sunt, vel imposterum factæ fuerint; & omnes forcias similiter quæ in prædictis molendinis sunt vel erunt, *habeatis*, *teneatis & possideatis*, *liberè & absolutè & finè omni retentione & inquietatione mea & omnium successorum meorum & finè omni onere & gravamine ficut libero pròpriò allodiò vestro. Omnes* enim *supra dictas Ecclesias*, *cum omnibus pertinentiis & adjacentiis suis & soluni* in quo ædificatæ sunt, & *loca* (4) *quæ circumquaque sunt* & *molendina cognosco esse libera allodia supra dictæ Ecclesiæ*, & communitatis vestræ ita quòd *nec à me*, *nec ab aliquo successorum meorum*, *aliquid in illis vel de illis aliquo modo tenere debetis*; & *promitto* vobis canonicis præscriptis per firmam & validam stipulationem, quòd contra hæc prædicta vel aliquid eorum, numquam veniam vel venire faciam, occasione minoris ætatis, nec suggestione alicujus personæ, nec aliquo Jure scripto vel non scripto, nec aliquâ ratione, lege, vel consuetudine, nec aliquo modo qui dici, vel excogitari possit; sed omni juri, legi, & consuetudini quibus contrà venire possent & specialiter omni ætatis beneficio, ex certa industria renuntio, & numquam feci vel faciam, vel fieri, vel dici consentiam quominus hæc prædicta, vel aliquid horum firma permaneant. Sic juro corporaliter super hæc sancta quatuor evangelia, & causâ majoris autoritatis & ad perennem rei memoriam hanc *cartam impressione sigilli mei confirmo.* Hujus rei sunt testes, Raimundus Agathensis episcopus, Esquinus de Minerba, Calvetus sancti Affrodisii, Bernardus Guillelmi de Mossiano, Arnaudus de Guindra, Poncius de Cocono, Alguerius de Fesiliono, Ermengardus de Poulevrio, Guillelmus de Viridario, Petrus de Castronovo, Magister Radulfus, Bernardus Escoa, Lupos, mandato Domini vice-comitis, & testium prædictorum Bernardus Martini publicus Bitterrensis notarius, hoc scripsit & sigillavit.

---

(1) Si les Maire & Consuls vouloient faire attention à ces termes, leur entêtement s'affoibliroit bien-tôt.

(2) Cet aleu étoit alors un véritable fief; voyez la sixieme piece de ce recueil, & la note de la section 3 du traité historique de cette affaire.

(3) On remarque que des quatre Eglises paroissiales mentionnées dans cette chartre, le conseil ou la cour du Vicomte de Béfiers traite premierement de celle de St Pierre comme la plus importante : celle-ci fut ravagée; les autres alors moins considérables existent & ont gagné autant que l'autre a perdu.

(4) La reconnoissance de l'immunité est on ne peut pas plus formelle; non-seulement celle de l'Eglise & des fortifications, mais encore celle des moulins, des lieux, de leurs appartenances & dépendances y est également exprimée.

N°. X.

Transaction & Sentence rendue entre le Clergé de Bésiers & les Consuls de la même Ville, qui déclare les biens de Saint Pierre exempts du droit de tale, de pignore, de ban & de dépaissance.

Noverint universi quod inter Dominum *Poncium* Dei gratiâ *episcopum*, & capitulum Ecclesiæ Bitterrensis & Dominum Bernardum de Fisco precentorem ejusdem Ecclesiæ ex una parte, & Petrum Veirati, Arnaudum de Alsóna juniorem, Berengarium Pauli, Jacobum Trenquelli, Benedictum Bosserii, Arnaudum Balbi & Raimundum Calcelerii consules Bitterris, nomine consulatûs & consilii ejusdem ac universitatis Bitterrensis, & singulorum ex eâ, ex alterâ: *super jure Banderandi & constituendi Banderios* in prædiis & possessionibus domini Episcopi, capituli & precentoris Ecclesiæ supradictæ, in tenemento Bitterensi, & *super jure deputandi custodes prò talis non faciendis* in possessionibus ipsis, & *jure pignorandi, vel emendandi talas ipsas*, & super *jure faciendi cultivos, vel devesas* in possessionibus ipsis, & jure colligendi herbas vel stipulas. Ibidem quæstionum diversa capitula vertebantur, super quibus, controversiis seu quæstionibus omnibus, & aliis hac occasione emergentibus vel incidentibus, post multa litigiorum labores & expensas, præfatus dominus Episcopus suo nomine, & dominus Petrus de Mesna sacrista, & dominus Raimundus de Colombariis canonici Ecclesiæ Bitterrensis, nomine capituli ejusdem, habentes de hoc speciale mandatum ab ipso capitulo, cujus tenor inferiùs continetur. Nec non & prædictus dominus Bernardus de Fisco precentor suo nomine & precentorii ipsius, ac memorati consules nomine quo supra, habentes speciale concilium & autoritatem concilii consulatûs Bitterris, cujus tenor similiter inferiùs continetur. Gratis & amicabiliter *compromiserunt* in reverendos viros, dominum Berengarium Dei gratiâ Episcopum Lodovensem & dominum Philippum de montibus militem, domini Regis Senescallum Carcassonæ & Bitterris, tamquam in arbitros seu arbitratores aut amicabiles compositores, promittentes ad invicem sub pœna ducentarum marcharum argenti ab ipsis partibus similiter stipulata, quod quidquid prædicti Domini arbitratores seu arbitri, aut compositores amicabiles, de prædictis quæstionibus simul de omnibus vel separatim de aliquibus dixerunt vel statuerunt, aut præcipiendo mandaverunt per se vel alium, jure, vel amicabili compositione, aut quomodo voluerint de plano, sine strepitu judicii cognitâ veritate plenariè vel summariè, vel nullâ cognitione factâ in scriptis, vel sine scriptis, omni horâ, in omni loco, sedendo vel stando, utrâque parte præsente, vel alterâ absente, illud prædictæ partes fideliter semper & inviolabiliter observabunt; & fuit actum nominatim & specialiter inter dictas partes quòd si Domini arbitratores vellent ut arbitratores cognoscere de prædicto negotio, possint nihilominus definire ut arbitri, si velint cognoscere ut arbitri possint determinare ut arbitratores, aut compositores amicabiles, & quòd pœna commissa vel non commissa in omnibus capitulis, vel altero ipsorum exacta vel non exacta ipsorum dictorum, voluntas seu arbitrium nihilominus perpetuam habeat firmitatem & inter prædictas partes jus faciat & ex eo detur actio & exceptio, & vim rei semper habeat judicati pascíscentes ad invicem quod ab eorum dicto præcepto vel arbitrio non reclamabunt nec verbo, vel viâ, vel facto recurrent ad arbitrium boni viri, & omni jure canonico & civili & consuetudini scriptæ vel non scriptæ, & omni privilegio concesso vel concedendo, & litteris impetratis vel impetrandis, & expressæ beneficio restitutionis in integrum & omnis alii legitimo auxilio, per quod possent prædictum compromissum vel dictorum dominorum voluntatem, vel arbitrium revocare, vel irritum dicere, vel in aliquo contravenire, & ipsorum dictum promiserunt recipere & emologare & sine contradictione quacumque in perpetuum observare. Fuit actum similiter inter partes quòd prædicti Domini arbitri, seu arbitratores possint dictum aut

7 Kal. Sept. 1281. Produit par le Chapitre.

præceptum, aut pronunciationem suam infrà annum interpretare & corrigere & emendare, si eis visum fuerit expedire & partibus præcipere, ne super quæstionibus aliis de quibus non est in præsenti compromisso, in præfatos Dominos compromissum infrà tempus ad interpretandum & declarandum concessum eisdem Dominis arbitratoribus, seu arbitris prædictæ partes non procedant coram quocumque judice, ut quòd ad agendum superiùs sedeant in eisdem cujus occasione compromissi præfati Domini arbitratores seu arbitri desiderantes prædictæ partes, ad bonam pacem & concordiam, amicabiliter renovare, habito diligenti tractatu sollicitè & amicabiliter cum quibusdam tractatoribus in præsenti negotio à partibus deputatis, quæstiones ipsas determinaverunt ut sequitur.

Dispositif de la Sentence du 7 Mai 1281.

» Quia nos prædicti arbitratores, seu arbitri aut compositores amicabiles didiscimus & intelleximus quod consules Bitterenses consueverunt olim banderios deputare, & banderare in territorio Bitterensi. Ideò *statuimus* & decernimus, & præcipiendo volumus & mandamus quòd consules Bitterris, & eorum successores possint & debeant banderios constituere & banderare in prædiis & possessionibus Domini Episcopi, Capituli & Præcentoris Ecclesiæ Bitterris (1), & Bannum sit Consulum prædictorum, & quod alius in illis possessionibus sicut, nec in aliis totius territorii Bitterris non possit vel debeat banderare.

» Præter hoc, præcipimus & mandamus quòd Dominus Episcopus, Capitulum & Præcentor Ecclesiæ Bitterensis, nonobstantibus deputatis Banderiis ad banderandum, præter Consules suprà dictos, *possint, si voluerint, ad custodiendum* possessiones suas, & fructus ipsarum, ne tale fiat; ibidem *suos speciales deputare custodes* : ita tamen quòd prædicti custodes à prædicto Domino Episcopo, Capitulo, vel Præcentore Ecclesiæ Bitterensis, pro custodiâ damni, vel tale taliter deputati, nullum civem, vel habitatorem Bitterris, vel locorum vicinorum, per duas leucas, aut eorum animalia, vel custodes ipsorum, nec pro talâ, nec pro banno in ipsis possessionibus, vel alibi possint vel debeant pignorare, nec ab eisdem Bannum accipere, etiamsi à committentibus Bannum illud offerretur eisdem; sed talam factam in fructibus possessionum ipsarum, vel possessionibus ipsis custodes, vel alius pro Domino Episcopo, Capitulo, vel Præcentore, prædictis Consulibus Bitterris, debeant nunciare, & quòd Consules statim ad requisitionem ipsorum, talam ipsam, sine difficultate quâcumque, per æstimatores juratos, ut moris est, faciant æstimari, & credatur cuilibet denunciatori talam esse factam suo proprio juramento, nisi contrarium inveniatur, & talam æstimatam petant, & requirant ipsi Consules, suis sumptibus, per justitiam Curiarum, Bitterris locorum, unde erunt talatores, legitimè emendari, extraneos tamen & forenses, ultra duas leucas à Civitate Bitterris, si transeuntes talam fecerint, in possessionibus suprà dictis, prædicti Custodes à dicto Domino, Capitulo & Præcentore Ecclesiæ Bitterensis, pro tali custodiâ deputati, illos possint pro talâ licitè pignorare, & emendam pro talâ exigere ab eisdem, vel oblatam recipere, aut remittere, si voluerint.

» Nonobstante contradictione Consulum prædictorum, statuimus etiam, & præcipiendo mandamus, ut nullus Civis Bitterensis, vel alius, possessiones habens in territorio ejusdem, in suis possessionibus, pro talâ vel banno, aliquem Civem Bitterris, vel alium vicinum locorum vicinorum, per duas leucas, pro talâ vel banno, amodo, audeat pignorare, sed nuntiatâ talâ, per ipsos, prædictis Consulibus, & eâ æstimatâ, per æstimatores juratos, ut moris est, Consules prædictam talam curent, & requirant suis sumptibus per Curias Bitterris, & earum justitias pignorari, extraneos tamen & forenses, extrà duas leucas, sicut suprà de custodibus Domini Episcopi, Capituli & Præcentoris Ecclesiæ Bitterensis diximus, licitè pro talâ poterunt pignorare.

» Et sic volumus & mandamus quod nullus de populo, vel custodes prædicto-

(1) Dans la copie informe, que les Maire & Consuls ont produite, on y trouve deux lignes de plus, fort déplacées, & toutes nouvelles, après le mot *Bitterris*.

rum

» rum Domini Episcopi, Capituli & Præcentoris pro talâ aliquem audeant pignorare, sed per Curias eos pignorare curent, & faciant, sicut superiùs continetur: soli autem Consules, vel eorum Banderii, pro banno possint quæcumque, & ejus animalia vel custodes ipsorum extrà *Villam* Bitterris ubicumque, tam in cultivos quàm devesas licitè pignorari, vel facere pignorari, sicut est eis antiquitus & hactenus consuetum. Si verò Bannerii deputati per dictos Consules ad custodiendum vel banderandum specialiter in possessionibus dicti Domini Episcopi, Capituli & Præcentoris Ecclesiæ suprà dictæ de malâ custodia vel fraude suspecti fiunt, postquàm Consulibus denunciatum fuerit per aliquos vel aliquem bonum virum fide dignum, illum vel illos Banderios prædicti Consules debeant amovere sinè aliâ difficultate quâcumque, & alium vel alios substituere non suspectos.

» Statuimus quoque & præcipiendo mandamus quatenus liceat cuilibet de populo Bitterensi colligere & portare stipulas & herbas de campis & possessionibus dictorum Dominorum Episcopi, Capituli & Præcentoris Ecclesiæ Bitterensis, sicut de aliis honoribus & possessionibus civium territorii de Bitterris & animalia ipsorum cujusvis generis fuerint, immittere ad pascendum, sine contradictione Domini Episcopi, Capituli & Præcentoris Ecclesiæ suprà dictæ; *EXCEPTIS dumtaxat locis & possessionibus infrà scriptis*, videlicet;

» *Conqua sancti Petri* (1), *sicut est inferiùs limitata, quæ est Ecclesiæ Capituli Bitterensis, quòd ipsius Capituli perpetuò sit devesa.* Et nullus de populo Bitterris ibi bestias ad pascendum audeat immittere in eâdem, nec usum aliquem vindicare, nisì solas stipulas, sicut inferiùs continetur. Immunité des biens de S. Pierre.

» Statuimus quoque quòd Costæ subter domos Domini Episcopi, Capituli, Præcentoris & Canonicorum & Ecclesiæ suprà dictæ *perpetuò sint omninò devesæ.*

» Item decernimus & mandamus quòd dictus Dominus & Præcentor Ecclesiæ suprà dictæ medietatem terrarum suarum, seu possessionum non abladatarum, ubicumque sint in dicto territorio Bitterensi, quas dictus Dominus Episcopus & Præcentor, si, singulis collectis, fructibus certis, limitibus designabunt, habeant pro cultivo, & eorum usui proprio, quamdiu in cultivo fuerint, deputentur, ita quòd nullus de populo Bitterensi vel alius ibidem audeat immittere animalia ad pascendum, nec herbam colligere; solas autem stipulas colligere poterunt, ut inferiùs continetur.

» Item statuimus quod pratum Capituli Ecclesiæ Bittterensis ultra flumen Orbis versùs Ecclesiam de Divisano & Pasturale dicto prato contiguum, in perpetuum & omni tempore sit *devesum*, & usui proprio Capituli Bitterensi Ecclesiæ pro suâ voluntate perpetuò deputatum.

» Statuimus quoque ut *in possessionibus* dictorum Dominorum Episcopi, *Capituli* & Præcentoris Ecclesiæ suprà dictæ, *vicinis & adhærentibus fluvii Orbis*, quatenus fluctus hibernus excurrit, cùm flumen inundatione aquarum excressit, ad vitandum, quantùm possibile fuerit, annuò raptum vel impetus à ripâ fluminis usque ad limites per nos designandos, nullus de populo Bitteris, vel alius quicumque, fructibus collectis, usque post festum Beatæ Mariæ mensis Februarii, audeat stipulas colligere, nec inde contrahere, sinè ipsius Domini Episcopi, Capituli, & Præcentoris ejusdem consensu, & licentiâ speciali, & si contrà prædicta ab aliquo factum fuerit immittendo animalia, vel colligendo stipulas, vel aliter aliquid explectando in possessionibus & pratis dictorum Episcoporum, Capituli & Præcentoris Ecclesiæ suprà dictæ, Consules Bitterris & eorum Bannerii bonâ fide custodiant & defendant, & bannum exigant, & talam vel damnum curent, & faciant emendari, sicut de talis & damnis emendandi superiùs est expressum.

» Insuper volumus & mandamus quatenus animalia, cujuscumque generis sint, dictorum Dominorum Episcopi, Capituli & Præcentoris Ecclesiæ Bitterensis,

(1) On fait dire aux Consuls de Béziers, *p. 33 de leur recueil*, que le domaine de S. Pierre est assujetti par cette Sentence au droit de banderage & de pignore, de tale, ban & herbage, tandis que cette Sentence l'en affranchit en termes exprès.

» ficut animalia aliorum civium ejufdem , *exceptis locis defenfis & ad cultivum* ; » juxtà menfuram prædictorum cujuflibet & confuetudinis civium Bitterris liberè » poffint uti , fine contradictione cujufquam.

» Volumus quoque & præcipiendo mandamus ut utraque pars fuperfedeat » quæftionibus motis aliis inter partes, tam in Curiâ Domini Regis quàm in Curiâ » Domini Archiepifcopi Narbonenfis, & quòd fint de eo ftatu in quo erant tempore » hujus motæ difcordiæ, quamdiu poffumus per dictam noftram pronunciationem, » vel dictum interpretare , vel declarare ex eis fuperiùs nobis traditâ poteftate ; & » fic prædictum noftrum arbitrium feu voluntatem , præceptum, vel dictum à » dictis partibus in perpetuum obfervari volumus & mandamus , retentâ nobis » traditâ poteftate; & fic prædictum noftrum arbitrium feu voluntatem, præcep- » tum, vel dictum a dictis partibus in perpetuum obfervari volumus & manda- » mus, retentâ nobis omnimodâ poteftate interpretandi, corrigendi & declarandi » fuper noftris pronunciationibus fuprà dictis ex nobis fuperiùs traditâ poteftate » quod dictum, pronunciationem, præceptum vel arbitrium incontinenti prædictæ » partes gratis & bonâ voluntate receperint & approbaverint & homologaverint, » & promiferint fe in perpetuum obfervare & gratìs & bonâ voluntate utraque » pars remifit alteri omnem injuriam vel offenfam, expenfas, vel damna facta » hactenus occafione prædictorum, & etiam fi quid calumniofè causâ fubterfu- » giendi judicium ab aliquâ partium vel procuratorum ipfarum injuftè factum » fuerit, five dictum. Prædicta *autem conqua quæ pro Devefa remanet capitulo* » *fuprà dicto* afruntat ex parte circii in honore filii quondam Petri fancti & uxoris » fuæ, & in honorem infantium quondam Petri Ermengaudi, & in honorem dicti » Domini præcentoris, & in honorem infantium quondam Stephani Egidii, & » in honore infantium Bernardi Fabri; à parte Altari confruntatur dicta conqua » in honorem Canonicorum S. Nafarii, ex meridie confruntatur in fluvium Orbis, » ex aquilone confruntatur dicta contra in honore Petri Campagnardi, & Guirandi » Campagnardi fratrum, & in honore Guillelmi Bonifaci de Campaniano , & in » honore S. Jacobi, & in honore dicto Domini præcentoris S. Nafarii, & in » honore Bernardi Pene ».

Enfuite font les compromis refpectivement paffés par le Clergé & les Confuls de Béfiers le 7 des Kalendes de Mai 1281 , celui du Clergé devant Auger de Affan, Notaire de Béfiers, & celui des Confuls devant Guillaume Raffe, Notaire de la même Ville.

N°. X I.

Lettre de Philippe le Bel au Sénéchal de Carcaffonne. (1)

13 Fevrier 1293.

N. Ces lettres font datées dans le recueil des M. & C. de l'an 1297 & dans la copie informe qu'ils en ont jointe à la 1re requête du 9e de l'an 1293; c'eft la 4e de leur recueil.

Sur les prétendues plaintes des Confuls de Béfiers, de ce que quelques perfonnes Laïques & Eccléfiaftiques, habitans de la même Ville, qui avoient accoutumé de fournir aux contributions & collectes, pour raifon des héritages qu'ils tiennent & poffedent dans ladite Ville & fon diftrict, refufent de les payer comme les anciens propriétaires de ces mêmes héritages étoient obligés de le faire, pour les dépen- fes communes & indifpenfables de ladite Ville; le Roi mande au Sénéchal de con- traindre lefdites perfonnes de quelque condition qu'elle foient, à payer les collectes & contributions fufdites, d'éloigner tous ceux qui s'y oppoferont, & de

(1) Quelque étrangere que puiffe être cette commiffion à la queftion fur la nobilité des biens de l'Eglife St Pierre, les Maire & Confuls permettront de douter de la vérité de ces lettres. Qu'ils les produifent en bonne forme fans rature, fans interligne & fans addition; alors on leur expliquera l'autorité, l'objet & l'effet qu'elles pouvoient avoir. Ils fçavent bien que le Chapitre en a conf- tamment demandé la réjection à la Cour des Aydes; qu'il leur a répété & répete encore au Confeil que ces Lettres font plus qu'altérées ainfi que celles de 1296, 1297, 1298, & que l'enquête de 1296: leur réfiftance de les produire en bonne forme, ou d'en faire voir les originaux, confirme le Cha- pitre de Béfiers dans fon premier fentiment; & c'eft le même motif qui a empêché le Syndic de la Province d'adopter aucune de ces lettres, & de permettre qu'elles fuffent inférées dans le recueil des loix qui en contient d'auffi inutiles à la queftion.

faire cesser tout trouble pour la conservation & la défense commune. — *Datum apud Vendolium die 23 Januarii 1293.*

N°. XII.

Lettre de Philippe le Bel au Sénéchal de Carcassonne. (1)

Décembre 1295. C'est la 6e piece informe du 1er dossier des M & C. & la 1re de leur recueil.

A qui il » mande de faire contribuer aux collectes & *dépenses communes* de la » Ville de Bésiers toutes les possessions chargées & sujettes, *ab antiquo*, à ces » tailles & dépenses *dictæ* Villæ *Bitterris* (2).

N°. XIII.

Bulle ou Décrétale de Boniface VIII, *connue sous ces mots* Clericis Laïcos. (3)

Année 1296. C'est la 7e piéce du 1er dossier des M. & C. de Bésiers.

» Cette Bulle menaçoit également ceux qui exigeoient des impositions, & » ceux qui les payoient. Après quelques plaintes générales contre les Rois, sous » le nom & l'autorité desquels, elles se faisoient, *Boniface* défendit à tout Clerc, » Prélat ou Religieux, de payer aux Puissances laïques, pour quelque raison que » ce fût, ni décimes, ni vingtieme, ni centieme, ni aucune portion de leurs » revenus, sous les noms d'aides ; de prêts, de don gratuit, de subvention, » d'octroi, de subside, ou sous tel autre titre spécieux, ajoutant que ceux qui » le feroient sans la permission du saint Siege, encoureroient les Censures de » l'Eglise, en quelque rang & en quelque dignité qu'ils fussent ; aussi-bien que » les Rois & les Princes qui l'exigeroient, leurs Ministres, leurs Officiers, leurs » Commis, & généralement tous ceux qui auroient part, directement ou indi-

---

(1) Voyez la note sur le n° précédent.

(2) Les Consuls veulent que *villa* ne signifie taxativement que métairie, ferme, & que *locus* ne désigne non plus qu'une maison. Outre qu'on prouve le contraire par les meilleurs glossateurs, on remarque que dans ces lettres & dans le n° 12 qui suit, & qui est une enquête uniquement composée des anciens Consuls de Bésiers & de leurs suppots en charge, la ville de Bésiers est constamment désignée par ses propres Officiers sous le nom de *Villa Bitteris*, comme le principal manoir de St Pierre dans le XIe siécle l'étoit sous le même nom. Le terme *locus*, en parlant d'une Eglise, de plusieurs maisons, fermes, héritages, a toujours désigné un bourg ; comment en 933 n'auroit-il pas exprimé un assemblage de plusieurs feux, puisqu'en 1097, la ville de Bésiers l'est sous le même nom en parlant des Chanoines de ladite ville, *canonicis ejusdem loci.*

(3) Quoique cette bulle parut générale pour toutes les puissances laïques de la chrétienté, elle regardoit plus particulierement l'Angleterre que les autres Etats. *Baillet, hist. des démêlés du Pape Boniface VIII avec Philippe le Bel.* Le Roi *Edouard* accabloit les Ecclésiastiques : ses Préposés commettoient toute sorte de violences contre eux. La vigueur de *Philippe le Bel* força le Pape à donner une interprétation à sa bulle par un *Bref du 9 Février* 1297, portant, qu'*il ne trouvoit pas mauvais que les Ecclésiastiques de son Royaume lui payassent des contributions, quoique exempts & privilegiés.* Au mois d'*Août*, il donne une autre *Bulle* qui va bien plus loin ; elle porte que » la bulle *Clericis Laïcos* ne regarde point la *France* ; que le Roi & ses successeurs peuvent, dans » un cas de nécessité, recevoir des subsides des Ecclésiastiques pour la défense de l'Etat, sans de- » mander ni la permission, ni le consentement du Pape : *inconsulto etiam Romano Pontifice* ; que » pour juger de cette nécessité, le Roi & ses successeurs s'en rapportent à leur propre conscience ; » qu'au reste, il n'avoit jamais prétendu, par la défense contenue dans la bulle *Clericis Laïcos*, » donner aucune *atteinte* aux coutumes de la France, ni aux libertés, franchises, ou usages du » Roi, ou des Grands du Royaume. » Le 11 Août de la même année Boniface publia la canonisation de S. Louis.

La note qu'on trouve sur cette *bulle*, aux *preuves des libertés de l'Eglise Gallicanne, tom.* 2, *ch.* 19, *n°* 10, *p.* 229, porte que par une autre bulle, *Boniface* voulut que le Roi prît tous les legs faits à l'Eglise depuis dix ans pour subvenir aux frais de la guerre, & la moitié des dettes appartenant à l'Archevêque de Toulouse.

Boniface & Philippe étoient l'un & l'autre très-disposés à rompre des lances. Philippe fut jaloux avec raison de ce que Boniface voulut s'ériger en juge de ses différens avec ses voisins. Boniface de son côté eut le plus vif ressentiment des retraites que le Roi affecta de donner aux *Colonnes* ses ennemis. Il est certain que Philippe le Bel ne pouvoit faire mieux sentir son mécontentement au Pape que par cet endroit. *Hist. de France, tom.* 5, *p.* 51 ; mais le *Clergé de France*, bien loin

» rectement à ces exactions. Il mit sous l'interdit les Universités qui y avoient » consenti, & qui y consentiroient; & il ordonna la peine de déposition pour tous » les Prélats & autres Ecclésiastiques qui y acquiesceroient, ou qui ne s'y oppo- » seroient pas ouvertement. En un mot, il traita d'attentat illicite & d'abus hor- » rible le pouvoir que les Princes Séculiers s'attribuent de lever des impôts » sur les biens temporels de l'Eglise dans les nécessités publiques de leurs » Etats.

---

d'adopter la bulle *Clericos Laïcis*, ni les idées de Boniface, ni de *donner atteinte à l'autorité souveraine*, comme le disent le Syndic de Languedoc, *p.* 44 & les Maire & Consuls de Bésiers *p.* 2 de leur requête imprimée, les Evêques écrivirent une lettre à ce Pape, en forme de requête, par laquelle » ils lui représenterent l'impossibilité où étoient tous les Ecclésiastiques du Royaume de » subsister sans la protection & l'assistance du Roi; ils le supplierent d'avoir égard à leurs engage- » mens, & de considérer combien il étoit important de conserver l'Eglise Gallicane dans ses » libertés & dans le repos qui lui étoit si nécessaire, & qu'elle seroit néanmoins toujours troublée, » si elle ne demeuroit parfaitement unie avec le Roi, les Princes & tous les Seigneurs temporels du » Royaume ». *Baillet ubi supra.* Ils lui députerent en même tems les Evêques de *Bésiers*, de *Coutance* & de *Noyon* pour lui représenter de vive voix la désolation & les désordres que ses prétentions occasionnoient dans le Royaume de France, la nécessité d'y mettre une fin, l'assurance même que le Clergé ne se sépareroit jamais des intérêts de son Roi, & qu'il se conformeroit toujours aux libertés de l'Eglise Gallicane.

En 1203, précisément dans le tems de la violence des démêlés qui s'étoient élevés entre Boniface & Philippe le Bel, le Clergé donna au Roi une *décime. Preuves des libertés de l'Eglise Gall. Tom. II. ch.* 19. N° 11. sans qu'il y eût ni consentement, ni permission du Pape, suivant l'usage; & cette dîme ne fut pas même exigée comme un droit: Philippe le Bel la regarda comme une grace. *Mabli Tom. II. p.* 411.

Philippe le Bel, sensible au zele & à la fidélité que le Clergé de Languedoc lui marqua dans cette circonstance, rendit une *ordonnance* en sa faveur, *le 3 Mai*, contenant 29 articles, par laquelle il confirme non-seulement toutes les immunités, » mais il défend encore de com- » prendre *à la taille* (alors municipale) aucun Ecclésiastique vivant cléricalement ». *Ordon. du Louvre, Tom. I. p.* 341. On trouve une Ordonnance de ce même Prince, *ibid p.* 403, en faveur de la Province de *Narbonne*, dans laquelle est située la Ville de Bésiers.

Touché des maux que souffroient les Peuples & les Seigneurs, par rapport au changement continuels des monnoies, le Clergé voulu s'engager en 1203 à payer à Philippe le Bel le dixieme de ses revenus, s'il consentoit à ne plus affoiblir les especes.

Tels étoient les sentimens, le zele & l'affection du Clergé de France envers son Roi & l'état, lors des troubles qu'occasionna Boniface VIII. Il faut avoir de la noirceur dans l'ame pour contredire les monumens publics qui les attestent, & pour dire dans une requête imprimée, p. 44, que c'est » dans ce tems malheureux de trouble & d'agitation où la puissance Ecclésiastique, excédant les » bornes de son pouvoir, a entrepris de donner atteinte à l'autorité souveraine sur les biens tem- » porels des Eglises, & a voulu faire jouir ses biens d'une immunité générale ». Le Syndic a mêlé ici le ridicule à la folie pour faire une sortie indécente contre le Clergé de France qui s'est dans tous les tems, & dans toutes les occasions, montré avec la plus grande force contre les entreprises des Papes sur l'autorité & la souveraineté de nos Rois; il a toujours abandonné ses immunités, lorsque l'Etat a eu besoin de ses secours, & il a porté la vivacité de son zele jusqu'à l'aliénation de ses domaines pour les prévenir.

Lorsque le Pape *Grégoire IV* menaça Louis le Débonnaire de l'excommunication, nos Prélats ne lui écrivirent-ils pas » qu'ils ne souffriroient jamais qu'il donnât atteinte aux droits sacrés de la Royauté, & que s'il venoit en France dans le dessein d'excommunier, on pourroit bien l'excommunier lui-même. *Nullo modo se velle ejus voluntati succumbere; sed si excommunicaturus veniret, excommunicatus abiret. Aimoin cap.* 14. *lib.* 5 *Preuves des libertés de l'Egl. Gallic. Tom. I. part.* 1. *p.* 19. *V. la Chartre de S. Denis.* Le Clergé est pénétré de ces maximes, & il enseigne que nos Rois ne peuvent jamais être excommuniés: *Reges Dei judicio reservantur.* Grégoire de Tours, *lib.* 2. *cap.* 19. *pag.* 224. Leur Royaume n'est sujet à aucun interdit: *Francorum regnum nemini subjicitur. Voy.* la lettre d'*Hincmar au Pape Adrien*, *ch.* 1. *N°.* 9 *des preuves des libertés de l'Eglise Gall.* Ce privilége a été reconnu par beaucoup de Papes *V. tout le chapitre* 4 *des libertés. Ibid.*

Les Maire & Consuls de Bésiers ont produit la bulle *Clericis Laïcos*, non pas pour dire historiquement ce que fit si dignement le Clergé pour embrasser la cause de Philippe le Bel; mais pour attester, page 2 de leur requête imprimé, (à la vérité fort gauchement) » que le Chapitre de » Bésiers ne s'est maintenu dans l'immunité des tailles des biens de S. Pierre pendant 800 *ans* que » par une usurpation onéreuse au peuple, *usurpation* (ajoutent-ils) qui a pris son origine dans un » tems de *révolte* (bulle *Clericis Laïcos*) contre l'autorité de Sa Majesté ».

Cette bulle est de l'an 1296: depuis cette année jusqu'à présent, il n'y en a donc que 470 & non 800: il faut donc en rabattre presque la moitié. Le Chapitre jouissoit, lors de cette bulle, librement & noblement des biens de S. Pierre depuis la chartre de 933, c'est-à-dire depuis 363 ans: la bulle *Clericis Laïcos* n'étoit donc pas nécessaire au Chapitre de Bésiers pour jouir de ses biens comme il faisoit auparavant: ce n'est donc pas de cet acte de révolte, proscrit par le Clergé de France, que le Chapitre de Bésiers a usurpé ses biens, ni leur immunité. Comment en 933 le Chapitre de

N°. X I V.

Enquête faite en vertu d'une Commiſſion *que* Philippe le Bel *donna par des Lettres, ſur le ſimple expoſé des Conſuls de Béſiers, au Sénéchal de Carcaſſonne pour informer*

Motifs de l'Enquête. 8 Février 1296.

C'eſt la 8e piece du 1er doſſier des M. & C. & la 3e de leur recueil.

» S'il étoit vrai que de tous les tems ces Conſuls étoient dans l'uſage & poſſeſ- » ſion de pignorer les beſtiaux *des Eccléſiaſtiques*, d'en exiger l'amende, & de » tailler les biens qu'ils poſſédoient dans la Ville, *in Villâ*, & dans le territoire de » Béziers, pour les dépenſes communes de ladite Ville ».

Ils remirent une cédule au Commiſſaire chargé de procéder à l'Enquête portant que les témoins doivent être ouis, pour ſavoir:

1°. S'ils avoient le droit & la poſſeſſion d'établir, chaque année, des Bandiers, pour garder les fruits des poſſeſſions, tant des Laïques que des perſonnes Eccléſiaſtiques, & d'en exiger l'amende.

2°. Ils proteſtent que toutes les poſſeſſions poſſédées par les Eccléſiaſtiques dans le territoire de Béziers ont appartenu autrefois à des perſonnes Laïques ou Seculieres (1)

3°. Ils prétendent prouver que *les Laïques qui poſſédoient les ſuſdits biens, appartenant à préſent auxdits Eccléſiaſtiques*, contribuoient aux tailles, aux quêtes, aux collectes de la Ville de Béziers, de même que les autres Citoyens, pour leſdits biens (2).

4°. Que tous les Habitans de Béziers donnent & contribuent, & ont accoutumé de tout tems de contribuer aux tailles & quêtes de la Ville de Béziers, pour raiſon de leurs poſſeſſions.

5°. Ils prétendent prouver que depuis vingt, trente & quarante ans, ils ſont dans cet uſage, & en poſſeſſion de percevoir, pour ainſi dire, les tailles & les quêtes des héritages des Clercs, ſitués dans la Ville & dans le diſtrict de Béziers (3).

6°. Que le Roi a mandé par ſes lettres que tous les Clercs & perſonnes Eccléſiaſtiques, poſſédans des maiſons & autres biens dans la Ville & le territoire de Béziers, ſoient contraints à la contribution faite par forme de taille *pour la reconſtruction des murs, des trois portes & des foſſés de ladite Ville.* (4)

7°. Que le Roi a mandé par d'autres lettres que toutes les perſonnes poſſédans des héritages dans la *Ville* de Béziers, *in Villâ Biterris*, & dans ſon territoire,

---

Béſiers. en recevant l'Egliſe & les biens de S. Pierre des mains de ſon Evêque, auroit-il pu uſurper quelque choſe contre l'autorité de Louis XV, de Sa Majeſté heureuſement régnante, puiſque la troiſieme race n'avoit pas encore ſuccédé à la ſeconde en 933? Lorſque la bulle *Clericis Laicos* parut pour toute la Chrétienté; le Chapitre étoit fondé dans la poſſeſſion de ſon immunité par les titres de 933. 959. 1097. 1148. 1203 & 1281. Si une telle légitimité de droit peut être qualifiée d'uſurpation, il n'y aura ni Egliſe, ni Seigneur, ni aucun ancien potentat qui puiſſe ſe trouver à l'abri des conteſtations ſingulieres du Syndic & des Conſuls.

(1) Le principe étoit alors que tous les biens qui provenoient des Evêques & qui paſſoient aux Corps Eccléſiaſtiques étoient exempts des charges, & que ceux que les Laïques leur donnoient y étoient ſujets. On le trouve dans l'Ordonnance du 18 Octobre 1463. *V.* les remarques ſur le §. 3. de la 4e partie de l'examen du recueil des Loix.

(2) Reginal, Evêque de Béſiers, qui a donné à ſes Chanoines l'Egliſe & les biens de S. Pierre, n'étoit pas *Laïque*; ces biens, ſuivant ce principe, ne peuvent donc pas être ſoupçonnés de roture.

(3) Les Clercs, ſous prétexte de leur qualité Eccléſiaſtique, ſe prétendoient exempts de contribuer aux charges pour raiſon des biens patrimoniaux ou qu'ils acquéroient indépendans & étrangers à l'Egliſe; l'exemption de ceux véritablement dépendans de l'Egliſe ne fut point conteſtée.

(4) Ces impoſitions n'étoient ni royales, ni perpétuelles, mais paſſageres & accidentelles pour des réparations & pour l'entretien des murs, des portes, des foſſés, des fontaines; elles n'avoient rien de fiſcal, leur effet étoit la conſervation des biens des Citoyens.

soient contraintes de contribuer aux tailles, collectes & dépenses communes de ladite Ville.

8°. Qu'on a oui dire dans la Ville de Béziers que les Clercs donnent, & ont accoutumé de contribuer aux tailles & collectes de ladite Ville, pour raison des héritages que les Laïques possedoient, & qui sont aujourd'hui possédés par les Clercs, *pro modo possessionum quas Laici possidebant, & possidere consueverunt, & quas hodie dicti Clerici possident.*

9°. Que le Seigneur Roi a mandé par ses lettres que les Citoyens de Béziers fussent maintenus dans leurs usages, comme ils l'étoient anciennement, & dans la possession de *quasi* percevoir les tailles & les quêtes.

10°. Que le Roi a la haute & basse Justice, & le droit de convoquer les Chevaliers contre les ennemis dans le territoire & district de Béziers.

11°. Que toutes les possessions du territoire, de la Jurisdiction & de la Ville de Béziers, sur lesquelles le Roi a la haute & basse Justice, & le service contre les Ennemis, sont du taillable & de la collecte de la Ville de Béziers; que telle est la croyance qu'on en a dans ladite Ville.

12°. Que lesdits Consuls sont dans l'usage, & ont accoutumé de tailler par eux ou par d'autres, & de faire tailler les héritages possédés par les Clercs dans la Ville & le territoire de Béziers, pour les tailles & dépenses communes *dictæ Villæ*, de ladite Ville, & de recevoir la taille desdits Clercs, pour raison desdits héritages.

13°. Que tout ce qui est contenu dans les trois articles ci-dessus est notoire & manifeste, tant dans la Ville de Béziers que dans les lieux circonvoisins.

Le *premier témoin* est un *Marchand de Béziers*, appellé *Gairat*, dont la déposition n'est pas fidélement imprimée, p. 63 du recueil des Maire & Consuls.

On a affecté d'omettre ici la qualité des témoins qui sont des Conf. déposans dans leur propre fait & cause.

Ce témoin répond que tous les Laïques payoient la taille, quêtes & collectes de leurs biens, excepté certains *Nobles* qui, à cause de leurs *privilèges*, ne contribuoient point aux tailles (1). A l'égard des Clercs, il dit avoir vu que M. *Auger de Affanian*, Clerc & Bénéficier dans l'Eglise de Béziers, a payé les quêtes, tailles & collectes aux Consuls, pour raison des héritages qu'il possédoit dans la Ville & dans le territoire de Béziers. Il en a dit de même de Me *Jean de Béziers*, *Prêtre*, Docteur des décrets, & de plusieurs autres, dont il a dit ne pas se rappeler du nom (2).

Le *second témoin*, ci-devant *Consul de Béziers* (3), dépose que pendant son Consulat il a fait *pignorer* les Militaires, les Clercs & les personnes Ecclésiastiques pour les biens qu'ils possédoient dans la Ville & dans le territoire de Béziers, pour *reparer ou refaire les murs de la Ville*, & spécialement M. l'Abbé de S. Affrodise & son Chapitre, l'Abbé de S. Jacques & son Chapitre ou son Couvent, dont il recevoit ou faisoit recevoir la finance, suivant la taxe qui en avoit été faite relativement à leurs facultés (4).

Le *troisieme témoin*, ci-devant *Consul*, dit que quelquefois la Communauté de Béziers, & eux-mêmes Consuls à son nom, exigeoient la finance; que par délibération & autorité du Conseil, ils faisoient les collectes dans ladite Ville, dans chaque Bourg, mettoient des taxateurs & des estimateurs, qui taxoient & estimoient généralement tous les hommes de ladite Ville, *dictæ Villæ*, leurs biens & possessions, & que ces taxateurs juroient entre les mains desdits Consuls de bien & légalement estimer & taxer tous les hommes de ladite Ville, tant Laïques que Ec-

(1) *Voyez* la premiere piece du deuxieme dossier du Chapitre qui est une copie informe de cette enquête telle que les Consuls l'avoient produite à la Cour des Aides de Montpellier.

(2) Ce Marchand, cet habitant de Béziers, qui dépose dans sa propre cause, parle de deux Prêtres, de deux Particuliers qui, pour raison de leurs biens patrimoniaux, contribuoient aux impositions passageres & indispensables pour les réparations des murs & des portes de la Ville. *Voy.* le deuxieme témoin, l'exception qu'il fait des personnes *nobles* est remarquable.

(3) L'Imprimeur des M. & C. a oublié la qualité de tous les témoins qui ont été *Consuls de Béziers* & qui ont déposé dans leur propre fait.

(4) Il a encore omis la déposition du second témoin, qui avoit été Consul, qui dépose contre les Chapitres de S. Affrodise & de S. Jacques, & qui ne dit rien du Chapitre de S. Nasaire.

cléſiaſtiques, pour raiſon de leurs biens & héritages, ſelon leurs facultés, & que pendant qu'*il a été Conſul*, conjointement avec les autres Conſuls, il a fait impoſer & exiger leſdites tailles ou taxes de tous les ſuſdits, de quelque état & condition qu'ils fuſſent.

Le *quatrieme témoin*, ci-devant *Conſul*, dépoſe comme le précédent, & ajoute qu'ils ne faiſoient les ſuſdites impoſitions que pour le droit de la Communauté, & *non autrement*, en aucune maniere, *pro jure Univerſitatis, & non aliter, ullo modo.*

Le *cinquieme témoin*, ci-devant *Conſul*, dépoſe que dans le tems *de ſon Conſulat*, lui & les autres Conſuls ont fait impoſer les tailles & collectes dans la Ville de Béziers, & qu'ils les ont reçues de tous les Laïcs & des Eccléſiaſtiques, pour raiſon de leurs *patrimoines* & héritages. Il dit avoir reçu ces tailles de M. *de Caſtres* Prêtre, & de M. *Michel Salomon, Chanoine de S. Affrodiſe*, & de pluſieurs autres Eccléſiaſtiques poſſédans des héritages dans le ſuſdit territoire.

Le *ſixieme témoin*, ci-devant *Conſul*, dépoſe comme le troiſieme & le quatrieme, & dit que ſi les Laïques & les Eccléſiaſtiques ne payoient pas de bonne maniere la taille impoſée ſur eux, ils les y forçoient par la priſe & vente de leurs biens, & que dans le tems qu'il a été Conſul, il les a fait impoſer & exiger du Précepteur de l'Hôpital S. Antoine de Béziers, de Me Bernard d'Eſcardaville, Chanoine de S. Affrodiſe, & de tous les autres Eccléſiaſtiques, pour raiſon deſdites poſſeſſions . . . . . *Ici ſont des points qui laiſſent à deviner* ſi c'eſt de l'Evêque & du Chapitre de Béziers qu'ils exigeoient la taille, que quelques Eccléſiaſtiques la payoient librement, & d'autres forcément, ou ſi l'Evêque & le Chapitre s'y oppoſoient.

Le *ſeptieme témoin*, ci devant *Conſul*, a dit avoir vu les Conſuls recevoir les tailles des perſonnes Eccléſiaſtiques, qu'il a fait tailler les Clercs & reçu de *l'Abbé de S. Jacques & de ſon Couvent*, de M. *Etienne Aſpiran, Chapelain de S. Lazare*, de M. *Michel Salomon, Chanoine de S. Affrodiſe*, Commenſal du vénérable Evêque de Béziers, & de M. *Géraud*, Chapelain de S. Jacques, & de *Frere Jacques*, Précepteur de S. Antoine, & de l'*Abbé de Villemagne*, pour les poſſeſſions qu'ils ont dans le territoire de Béziers, & de tous les autres Clercs, que les uns paient librement, & les autres par priſe & ſaiſie de leurs biens.

Le *huitieme témoin*, ci-devant *Conſul*, dépoſe avoir reçu la taille du Précepteur de S. Pierre de ladite Ville, & de M. *Augé, Prêtre, Chanoine de Lodeve* (1), pour les héritages qu'il a dans le territoire de Béziers. N'eſt pas dans l'extrait des Conſuls.

Le *neuvieme témoin*, Citoyen de Béziers, dit qu'il a vu payer la taille par les Chanoines de Béziers & par le Chapitre de S. Affrodiſe, & par l'Abbé de la même Egliſe, & par l'Abbé ou le Monaſtere de Fontfroide, pour *certain manoir qu'ils ont dans la Ville de Béziers*, & par pluſieurs autres Eccléſiaſtiques, dont il ne ſe rappelle pas du nom.

Le *dixieme témoin*, *valet des Conſuls*, dit que tous les Eccléſiaſtiques qui avoient des poſſeſſions dans le territoire de Bézier, payoient les tailles, les uns de bon gré, les autres par force.

Le *onzieme témoin*, ci devant *Conſul*, a dit que les Conſuls ſont dans l'uſage & poſſeſſion paiſible, toutes les fois que la néceſſité l'exigeoit, *quotieſcumque exigebat neceſſitas*, d'établir les tailles & collectes généralement entre les hommes de ladite Ville, & que dans le tems qu'il étoit Clerc, Bénéficier, Prieur & Recteur de l'Egliſe de S. Pierre de Clair, Diocèſe de Narbonne, il payoit les tailles & collectes de bon gré, pour raiſon des héritages qu'il avoit dans le territoire de Béziers.

Le *douzieme témoin*, Citoyen de Béziers, a vu exiger les tailles de M. *Augé Afanian, Prêtre & Chanoine de Lodeve*, & d'Aimeric Ainard, précédent témoin.

Le *treizieme témoin*, *Bandier des Conſuls*, ne dépoſe que ſur le Banderage.

Le *quatorzieme témoin*, Citoyen de Béziers, dit de l'Abbé de S. Affrodiſe &

(1) Augé Chanoine de Lodeve, avoit hérité des biens contribuables qui ne dépendoient ni de l'Egliſe, ni d'aucun bénéfice.

de S. Jacques, que Michel Salomon, Chanoine de S. Affrodise & Me Bernard des Jardins payoient la taille pour eux, de même que les Abbés de Fonfroide & de Villemagne, & tous les autres Clercs qui avoient des possessions dans la Ville de Béziers.

Le *quinzieme témoin*, Citoyen de Béziers, dit de même de Augé de Affanian, Chanoine de Lodeve, de M. Bernard de Scardaville, Chanoine de S. Affrodise, & de Guillaume Sicard.

Le *seizieme témoin*, *taxateur* nommé par les Consuls, & ci-devant *Consul*, dit qu'il tailloit ou taxoit tant les Laïques que les Ecclésiastiques.

Le *dix septieme témoin*, ci-devant *Consul*, dit qu'il a reçu ci-devant la taille du Précepteur de la Maison de S. Antoine, de M. Augé, Chanoine de Lodeve, de M. Escardaville & de l'Abbé de Villemagne.

Le *dix-huitieme témoin*, *Nonce juré des Consuls*, dit comme le seizieme.

Le *dix-neuvieme témoin*, *Conseiller des Consuls*, dit qu'il a reçu les Tailles dudit Augé, & de tous ceux qui possédoient des biens dans la Ville de Béziers.

Le *vingtieme témoin*, aussi *Conseiller des Consuls*, dit que Chapelain de S. Affrodise, de Agel & Chapelains & Bénéficiers de S. Affrodise, Pierre de Pince, Bernard de Castres, Jean de Béziers & de Aspiran, Chapelains de S. Nazaire, & plusieurs autres payoient la taille.

Le *vingt-unieme témoin*, *Juré Crieur* des Consuls, dit que, lorsque les tailles étoient imposées pour le bien commun de ladite Ville, lesdits Consuls tailloient les Clercs comme les Laïcs, & qu'il a crié & vendu plusieurs effets saisis de l'autorité des Consuls sur lesdits Clercs pour les tailles qui leur avoient été imposées.

Le *vingt-deuxieme témoin*, *Bandier des Consuls*, dit que M. Augé, Chanoine de Béziers, & plusieurs autres Clecrs, payoient les tailles.

Le *vingt-troisieme témoin*, ancien *Consul*, ajoute que les Consuls de Béziers ont levé la taille sur M. Bernard de Orties, M. Vallot Prêtre, Berenger de Alzon, M. Jean de Béziers Prêtre, & autres dont il ne se rappelle pas du nom.

Le *vingt-quatrieme témoin*, *Bandier des Consuls*, dit qu'il a pignoré M. Benoît Folquier & plusieurs autres.

Le *vingt-cinquieme témoin*, *Taxateur*, dépose comme le seizieme.

Le *vingt-sixieme témoin*, *Bandier*, a dit qu'il a vu pignorer Bernard de Guiraud Prêtre, dépose comme le vingt-quatrieme.

Le *vingt-septieme témoin*, ancien *Consul & Conseiller*, dit qu'il a vu pignorer M. Geraud Agel, & Pons Aymentas Prêtres, que plusieurs Clercs, & même les Officiers de l'Evêque de Béziers payoient librement, ainsi que M. Augé de Affanian, Chanoine de Lodeve, Mes Etienne & Jacques Escardarville & Me Jacques Bellugou, *Notaire de la Cour du Seigneur Evêque*.

Le *vingt huitieme témoin*, *Conseiller & ancien Consul*, dit qu'il a reçu la taille de Révérend Pere Monseigneur de Portes de S. Just, autrefois Evêque de Béziers, par M. Pierre Gancelin, donnant & payant au nom & de l'ordre de son Seigneur Evêque 50 liv. tournois ou Melgoriens.

Le *vingt-neuvieme témoin*, *Bandier des Consuls*, dit que l'Abbé & les Chanoines de S. Jacques, l'Abbé & les Chanoines de S. Affrodise, le Prieur de Cassan, & autres Ecclésiastiques ayant des héritages, furent taillés & taxés.

Le *trentieme témoin*, *ancien Consul*, dépose d'abord par oui dire, & ajoute qu'il a vu pignorer l'Abbé & le Chapitre de S. Affrodise, & quelques Chanoines de S. Nazaire.

Le *trente-unieme témoin*, *Conseiller* de la Ville de Béziers, Mes d'Affanian & d'Escarville.

Le *trente-deuxieme témoin*, *Bandier*, dépose généralement.

Le *trente-troisieme témoin* ne se rappelle point du nom des Ecclésiastiques qui ont été taillés.

Le *trente-quatrieme témoin*, *Bandier*, a vu pignorer Me Jacques Amiel.

Le *trente-cinquieme témoin*, *Bandier*, a vu pignorer Me Pons Aimentas.

Le *trente-sixieme témoin*, *Consul*, a reçu par lui ou par d'autres les tailles d'Augé Chanoine de Lodeve, & de Jean de Béziers, Docteur des Decrets, de Berenger, de Alzon, de Me *Pons Prêtre de Torrel*, de Me Etienne Robert, *Prêtre*

Prêtre de Padols, & des Abbés de S. Jacques & de S. Affrodise, & de plusieurs autres, les uns de bon gré, & les autres par force.

Le *trente-septieme témoin*, *Consul*, dit que la taille a été levée sur Auger, Chanoine de Lodeve & plusieurs autres.

Le *trente-neuvieme témoin*, *Consul & Conseiller*, a fait pignorer Bernard Escardeville, Raymond Farmet, Prêtres de S. Affrodise, *Grise-Prébendier* de la même Eglise, & plusieurs autres.

Le *quarantieme témoin* dit de bonne foi qu'il ne sçait rien de ce que le Commissaire lui demande, tant sur les taille que sur les autres articles.

Le *quarante-unieme témoin*, *ancien Consul*, a fait exiger la taille de l'Abbé de Béziers, duquel il a dit avoir retiré 25 liv. pour deux ans de tailles, de Escardeville, de Affinian, & de plusieurs autres.

Le *quarante-deuxieme témoin*, *ancien Consul*, a dit comme il est porté dans le troisieme article.

Le *quarante troisieme témoin*, *Bandier*, a dit avoir vu payer la taille par M. Pons Aimante Prêtre, Arnaud Lauret & plusieurs autres.

Le *quarante-quatrieme témoin*, *ancien Consul & Conseiller*, dit avoir perçu la taille, tant des Laïques que des Ecclésiastiques.

Le *quarante-cinquieme témoin*, *ancien Consul & Conseiller*, dit que Bernard de Ortes, Prêtre, & tous les Clercs, ont été taillés.

Le *quarante-sixieme témoin*, *Bandier*, a vu pignorer M. Pons Aimante, Prêtre.

Le *quarante-septieme témoin*, aussi *Bandier*, a vu pignorer de même, Michel Salomon Chanoine de S. Affrodise, & Commensal de l'Evêque de Béziers.

Le *quarante-huitieme témoin*, aussi *Bandier*, a dit avoir oui dire ce qui est contenu au troisieme article concernant les tailles.

Le *quarante-neuvieme témoin*, aussi *Bandier*, a déposé que cette année (1296) il avoit porté sur son col, à la maison de Ville de Béziers, certains meubles & effets enlevés par les Consuls à M. Geraud Agel, à Pons Aymante, Prêtres, pour raison des tailles imposées sur eux, & a dit ne savoir autre chose.

Le *cinquantieme témoin*, aussi *Bandier*, a dit ne rien savoir que par oui dire.

Ici se termine cette Enquête, dont la fin porte qu'il y a eu *quatre-vingt-sept témoins ouis*. La copie produite à la Cour des Aydes, dont on vient de rendre les dépositions, n'en contient que cinquante; celle que les Consuls ont jointe à la premiere Requête au Conseil ne contient que les dépositions des premier, troisieme, quatrieme, cinquieme, sixieme, septieme & neuvieme témoin; & c'est une piece de cette espece qu'on annonce comme quelque chose de légal, de vrai & de sérieux.

N°. X V.

Lettre de Philippe le Bel au Sénéchal de Carcassonne (1).

Mars 1296. Cette lettre est à la suite de la 6e piece informe du 1er dossier des M & C. & la 2e de leur recueil.

A qui » il mande d'appeller & contraindre tous les possesseurs des biens *in Villâ* » *Bitterris & in terminio ejus*, contribuables, depuis l'ancien tems, aux tailles, » collectes & dépenses communes *ejusdem Villæ*, & de les y faire contribuer de » la même maniere qu'ils y contribuoient auparavant (2). »

(1) *Voy.* la note sur le N°. X ci-dessus.

(2) Ces lettres n'ont pour objet (en les supposant vraies) que de faire contribuer les possesseurs des fonds aux dépenses communes & municipales pour leur propre conservation; on doit remarquer qu'aucune de ces prétendues lettres produites par les Consuls, ne portent directement ni indirectement contre la nobilité des fonds. Toutes les propriétés en général & sans exception fussent-elles possédées par des Souverains, sont sujetes aux contributions pour la conservation du terroir *Voy.* l'art 2. de la Décl. de 1684 qui perpétue ce principe: mais toutes les Loix sur cette matière exemptent des tailles les biens nobles des Ecclésiastiques.

N°. X V I.

Lettre de Philippe le Bel au Sénéchal de Carcaſſonne. (1)

19 Mai 1298.
Cette lettre eſt à la ſuite de la 9e piece informe produite *ib.* & la 5 du recueil des Conſuls.

» Portant que les Conſuls de Béziers lui ont fait expoſer qu'il arrive quelquefois » que les maiſons, terres, vignes & autres héritages, dont les anciens poſſeſſeurs » avoient accoutumé de payer les tailles & autres charges réelles, parviennent à » des perſonnes Eccléſiaſtiques, ſoit à titre gratuit, ou non gratuit, & que cependant, ces mêmes perſonnes Eccléſiaſtiques refuſent de donner les charges de ces » mêmes poſſeſſions, ſuivant l'uſage de leurs anciens poſſeſſeurs ; c'eſt pourquoi » le Roi mande que toutes les fois qu'il apparoîtra audit Sénéchal que c'eſt ainſi, » il faſſe contraindre leſdites perſonnes au paiement deſdites tailles & charges » réelles. » Fait à *Montargis* le 19 Mai 1298.

N°. X V I I.

Lettre de Philippe IV, *dit* de Valois, *au Sénéchal de Carcaſſonne* (2) *toujours ſur les mêmes plaintes des Conſuls de Béſiers; ils n'auroient pas pu exiſter ſans le ſtyle des condoléances.*

25 Septembre 1328.
Cette lettre eſt la 14e piece informe du 1er doſſier des M. & C. & la 9e de leur recueil. p. 75.

» Le Roi, comme ſes Prédéceſſeurs, mande à ſon Sénéchal de faire contribuer » aux dépenſes communes de la Ville de Béſiers, les Eccléſiaſtiques pour raiſon des » héritages qu'ils poſſédoient & pour leſquels les anciens poſſeſſeurs avoient » accoutumé de contribuer auxdites dépenſes.

N°. X V I I I.

Lettres du Roi Jean aux Sénéchaux de Carcaſſonne & de Beaucaire. (3)

29 Juin 1353.
C'eſt la 15e piece indigne de foi du 1er doſſier des M. & C. & la 12e de leur recueil.

Sur les plaintes des Conſuls & habitans *Villæ & locorum* de la Sénéchauſſée, que, quoi qu'ils ayent jeté certaines tailles & queſtes ſur les habitans deſdites Villes & lieux *dictarum Villarum & locorum* pour les ſubſides & autres ſubventions qu'ils font au Roi à l'occaſion de ſes guerres, il y a cependant pluſieurs perſonnes Eccléſiaſtiques, Monnoyeurs, Nobles (4), Notaires & autres ſes Officiers, & pluſieurs autres perſonnes poſſédant des terres & des biens immeubles, pour raiſon deſquels leurs prédéceſſeurs & anciens poſſeſſeurs deſdits biens avoient accoutumé de contribuer auxdites tailles, refuſent de le faire : qu'au ſurplus, lorſqu'il arrive de les y forcer, les Conſuls ſont traduits devant les Juges d'Egliſe, où leurs Conſervateurs, & moleſtés par des Sentences d'excommunication au préjudice de la Juriſdiction Royale. A ces cauſes, le Roi *Jean* manda à ſes Sénéchaux, ſi les choſes ſont telles que l'expoſent leſdits Conſuls, d'obliger, par les voies ordinaires, les Eccléſiaſtiques, les Nobles & les autres habitans de quelque condition & état qu'ils ſoient, à la contribution de *cette eſpèce d'héritages*, & de faire ceſſer tous procès par eux formés à ce ſujet, au préjudice de la juriſdiction & ſouveraineté Royale, nonobſtant toutes oppoſitions & Lettres à ce contraires. *Datum Corbelli, die* 29a. *Junii anno* 1353 *per Regem in Concilio.* Signé DE FRANC. (5)

---

(1) Ces lettres ſont ſans paraphe, ni ſignature & de la même vérité que les autres.
(2) *Voy.* la note ſur le N°. X. *Supra.*
(3) *Ibid.*
(4) Ces prétendues lettres attaquent les Nobles, les Monnoyeurs & les Eccléſiaſtiques dans une preſſante néceſſité de l'Etat.
(5) Cette forme n'eſt certainement pas du 14e ſiecle. On remarque que les copies des préten-

N°. XIX.

Transaction sur la contribution aux réparations des murs, portes & fossés de la Ville de Bésiers, entre le Clergé & les Consuls de Bésiers. (1)

2 Juin 1359. Produit par les Consuls c'est la 10e de leur recueil.

In nomine domini nostri Jesus Christi, Amen. Anno Nativitatis ejusdem, *millesimo trecentesimo, quinquagesimo nono*, domino *Joanne* Dei gratiâ Rege Francorum Regnante, die secundâ mensis *junii*, noverint universi quòd cùm *quæstio* seu *debatum* suborta fuissent, & ampliùs suboriri esperarentur, *inter consules & universitatem* hominum civitatis Bitteris ex *unâ parte*, & *capitula sanctorum Nasarii & affrodisii & priorem de Cassaniano* conjunctim vel divisim, seu membra eorumdem ex alterâ. *Occasione murorum & fortalitiorum dictæ civitatis & expensarum perdictos consules hactenus factarum* ut offerebant & imposterum necessariè faciendarum, *pro constructione, refactione & reparatione murorum, vallatorum & aliorum fortalitiorum ejusdem civitatis* (2), ad quæ dicti consules prædicta capitula, & dominos abbatem & priorem ac eorum membra teneri dicebant

---

dues lettres, produites par les M. & C., ne sont signées de personne, qu'il n'y a que celles-ci qui paroissent être signées du nom de leur Député. Certainement le Roi *Jean* n'eut jamais de Secrétaire d'Etat de ce nom; tout se réunit à ne pas leur accorder plus de foi qu'aux autres. Si elles étoient exactes & vraies, le Syndic, l'ami des Consuls n'auroit pas refusé de leur donner une place dans son recueil des loix, où il a mis des extraits bien plus étrangers à cette affaire que ne le seroient ces lettres d'un style tout nouveau, quoiqu'elles ne portent directement ni indirectement contre aucune sorte de biens nobles. Le cas de nécessité, des guerres & autres malheurs du Roi Jean, faisoient suspendre l'effet de toute sorte de privilege.

(1) *La captivité* du Roi Jean *jeta la France dans la plus affreuse situation : c'est dans ces circonstances malheureuses que se renouvellerent les contestations sur lesquelles cette transaction fut passée entre le Clergé & les Consuls de Bésiers. Voy.* la dissert. sur les tailles, part. 4. de l'exam. du recueil des Loix.

(2) Il est bien évident qu'il n'étoit pas question de la taille royale, mais d'une contribution accidentelle & municipale pour la réparation des murs, des fossés & des portes de la Ville, afin de se garantir des hostilités des Anglois. Le Clergé n'avoit pas résisté à cette contribution, puisqu'il avoit déjà remis aux Consuls une certaine somme, suivant la quittance qu'ils lui en avoient expédiée sous le sceau de la révolte. Mais dans ces troubles, les Consuls oublierent qu'ils avoient reçu la contribution du Clergé; ils userent de force & d'autorité pour s'emparer de tous ses biens meubles, fruits & revenus; les Ecclésiastiques furent maltraités, injuriés & exposés à des souffrances; ces sortes d'actions leur avoient attiré cette excommunication qu'ils rapportent à chaque page de leurs écrits & dont ils se gardent bien de dire les motifs.

Cette excommunication fut lancée sur les preuves des persécutions outrées que les Consuls & certains fanatiques faisoient éprouver aux Ecclésiastiques tant sur leurs personnes que sur leurs biens; les anecdotes en sont terribles. A Dieu ne plaise qu'en les retraçant ici, on ait pensé blesser la délicatesse, l'honneur, ni les sentimens d'aucun des Citoyens actuels de Bésiers, en général ni en particulier. Cette Ville est aujourd'hui très-bien composée; la Noblesse qui l'habite tient le rang d'un mérite distingué dans le Militaire; le Clergé & les Notables sont distingués dans les Sciences: les uns & les autres n'ont aucune part dans la formation de cette affaire, & ils ont toujours vu avec peine les manœuvres du Greffier Moreau & de ses parens, dont les intrigues redoublent depuis sa mort pour la rendre interminable ou surprendre un jugement sans examen. Revenons à l'histoire de l'excommunication que ces frélons entrelacent si mal-à-propos dans cette affaire: copions seulement les Auteurs qui en rapportent les motifs: voici comment s'explique *Pierre de Vaux de Cernai, ch.* 16. sur les persécutions qu'éprouverent les Ecclésiastiques de Bésiers dans le 13 siecle.

Erat Biterris civitas nobilissima; sed tota veneno hæreticæ & pravitate infecta nec solùm hæretici erant cives Bitterenses, sed erant raptores, injusti, adulteri, latrones, pessimi, pleni omne genere peccatorum Non sit onerosum lectori, si de malitiâ dictorum civium aliquid differamus Pergebat quidam nocte in ipso diluculo Sacerdos quidam civitatis illius, ad Ecclesiam divina celebraturus mysteria portans calicem manibus su s; quidam autem ex Bitterensibus qui reposuerant in insidiis, arripientes sacerdotem illum, & vehementer verberantes, fracto brachio, ipsum gravissimè vulnerarunt. Accipientes calicem quem tenebat Sacerdos, ipsumque discooperientes, m nxerunt in eo, in contemptum Corporis & Sanguinis Jesu-Christi. Alioque tempore (ann. 1167) *in Ecclesiâ Beatæ Mariæ Magdalenæ quæ in civitate dictâ sita est, Dominum suum Vicecomitem Trencavilem interfecerunt. Ep scopo etiam suo qui Vicecomitem ab illorum manibus defendere nitebatur dentes confregerunt V.* le *Gall. Christ.* Tom. VI. p. 326. Les Historiens du Languedoc, Tom. III. p. 18,

tam de jure communi quàm similiter, ratione cujusdam sententiæ latæ, ut dicebant, contra eosdem, & condemnationis inde subsecutæ usque ad summam septuaginta quinque millia florinorum auri pernobilem Bertrandum de Sparros commissarium a regiâ majestate super prædictis deputatum, quam similiter ex eo quòd dicta Capitula Abbas & Prior ac aliæ personæ Ecclesiasticæ in prædictis *reparatione, constructione, & ædificatione murorum, fossatorum & aliorum fortalitiorum villæ prædictæ* contribuere sunt, ut dicebant assueti, pro bonis temporalibus quæ habent & possident in villa Bitteris & ejus territorio, & pro modo facultatum ipsorum bonorum & rata quilibet ipsorum tangente, *pro utilitate publica & salvatione ipsorum & Ecclesiarum suarum villæ prædictæ, ac totius reipublicæ*, dictis vero Capitulis Abbate & Priore, seu eorum procuratoribus contrarium dicentibus, & asserentibus se ad præmissa minimè teneri . . . . . quia *aliter contribuerant* in dictis muris & fossatis, *ac certam pecuniæ quantitatem consulibus, qui tunc erant, tradiderant ; a quibus litteras absolutionis & quitationis, sigillo domûs communis, obtinuerant, ut dicebant dicentibus etiam quòd, præter & contra tenorem dictarum litterarum dicti consules præteriti, & præsentes, executiones per certos commissarios, ac alias gentes regias in eorum bonis mobilibus fieri fecerant & procuraverant ; blada, vina, et alia eisdem abstulerant.* Pro quibus dicti Consules & alii singulares citati, vocati & adjornati apud curiam romanam, & inde excommunicati per dominum nostrum summum Pontificem seu ejus delegatum extiterant; *pluresque injurias, offensas, & damna in eorum personis, & bonis fecerant, dixerant, & intulerant, seu inferri procuraverant* per commissarios, *& commestores* ad præmissa deputatos. Pro quibus injuriis, damnis, interesse & expensis, satisfactionem & emendam condignam eis fieri petebant juxta æstimationem in processu inde ventilato. . . .

Tandem . . . pro bono pacis & concordiæ *digestè consideratis temerariis invasionibus novitiùs factis per inimicos domini nostri regis & regni sui, qui indiferenter damna & præjudicia nedum personis & bonis secularibus, imò & Ecclesiasticis Religiosis enormiter, & hostiliter ac nefandissimè intulerunt & adhuc dare & inferre incessanter student & audent. Propter quòd similiter expedit ut loca perfectum insignia, muris, fossatis & aliis inforicamentis muniantur pariter & decorentur; cum & sub quibus veri fideles & subditi ejusdem domini nostri regis, tam seculares, quàm Ecclesiastici, unà cum bonis suis possint esse & in requiem ac tranquillitatem clipeo*

---

disent que » *Trencavel* fut assassiné cruellement devant l'Autel avec ses amis & ses barons, par ses » propres sujets de Besiers.

L'Abbé de Sainte Genevieve, *Etienne de Tournai* fut chargé par le Roi *Philippe-Auguste* d'une commission auprès du Cardinal Henri, en 1181, du côté de Toulouse; en revenant, il passa par la Septimanie, & voici le portait qu'il en fait dans une lettre qu'il écrivit à Jean de Bellesmains, Evêque de Poitiers, pour le féliciter de ce, qu'ayant été nommé à l'Archevêché de Narbonne, il avoit été pourvu bientôt après à celui de Lyon, & de ce qu'il étoit exempt par là de participer à la barbarie des Gots & aux mœurs féroces des Peuples de la *Septimanie* » où règnent, dit-il, » plus qu'on ne sauroit croire l'infidélité, la feinte & la tromperie; j'ai vu en dernier lieu, en » passant dans le Pays, ajoute-t-il, lorsque le Roi m'envoya à Toulouse, une image de la mort la » plus horrible toujours présente devant mes yeux; *j'ai vu les Eglises brûlées & presque détruites*, » & les lieux qui servoient auparavant d'habitation aux hommes devenus la retraite des bêtes. » Hist. de Lang. Tom. III. p. 57 & 58.

Les révoltes des Bitterrois sous *Vamba* & sous *Charles Martel* ne méritent pas la même attention que la rébellion dont les habitans de Besiers furent punis en 1421. Suivant *Catel*, *p. 267 de ses Mémoires*, M. de Bourbon fit couper la tête aux Consuls & aux plus Notables, leur *ôta le Consulat*, les priva de leurs priviléges & fit abattre les murailles depuis les Carmes jusqu'aux Minorétes Les habitans de Besiers avoient si fort pillé, dévasté & détruit les Eglises, que le Dauphin les força à les rétablir. Preuves de l'Hist. de Lang. Tom. IV. p. 415. On trouve dans la même Hist. & le Chapitre prouve par une enquête remise au procès, qu'en 1562, après les Arrêts contradictoires de 1556, l'Eglise Cathédrale de Besiers fut pillée; les archives, les livres & tableaux brûlés; les ornemens, les vases sacrés enlevés, les cloches fondues & les Chanoines maltraités & assommés.

Est-il bien étonnant que sur l'exposé de pareilles horreurs, de l'enlevement des biens Ecclésiastiques, de la suppression du culte, les Consuls de Besiers aient été excommuniés, pour avoir concouru, ou n'avoir pas empêché la destruction des Eglises, ni les persécutions dont ils donnoient eux-mêmes l'exemple par leurs saisies & leurs expolitations.

præcavere,

præcavere, aususque temerarios inimicorum prædictorum propulsare & eisdem fortiùs resistere cum divino auxilio adjuvante.

De & super quæstione & debato prædictis.... transigerunt, concordaverunt, & amicabiliter convenerunt...

In primis quòd omnis materia quæstionis & controversiæ inter partes, earumque successores perpetuis temporibus occasione præmissorum tollatur, sopiatur... *quòd præfati, capitula*, domini Abbas & Prior nomine *Eccclesiarum suarum pro omnibus bonis suis quibuscumque* existentibus in civitate Bitterensi territorio & districtu ejusdem, *pro dictis, muris, fossatis, seu vallatis, & aliis clausuris seu fortalitiis, ceterisque munimentis necessariis quibuscumque in prædicta civitate jam factis constructis & reparatis,* & imposterum quomodolibet faciendis construendis & reparandis, *dent, constituant & assignent Ducenta sestaria Censualia bladi*, videlicet *centum sestaria frumenti & alia centum sestaria ordei boni & fini*, prout in usaticos est præstare consuetum per dictos Consules qui pro tempore fuerint & eorum universitatem seu deputandos ab eis possidenda habenda & recipienda perpetuo & perpetuis temporibus annuatim & sub annuo censu in bonis censibus canonibus seu usaticis cum laudimio accapito & foriscapio ac dilecto dominio, & hæc ducenta sestaria bladi annualia usatica, seu censualia cum dictis laudimio.. Ementur ad utilitatem dictorum Consulum & eorum universitatis per dictos capitula Abbattem & Priorem hinc ad tres annos sequentes continuos & completos, sub pœna centum Markarum argenti danda & *applicanda pro medietate operis dictorum murorum & clausurarum, & pro alia medietate operibus dictarum Ecclesiarum Sanctorum Nasarii & Aphrodisii*... Hoc etiam acto expressè inter partes prædictas, quòd isto medio tempore quo usque dictus *census* seu usatica per dictos Capitula Abbattem & Priorem *empti fuerint & assignati cum affectu*, prædictis Consulibus & universitati; dicta Capitula, Abbas, & Prior, *ducenta sestaria frumenti*, annis singulis in festo omnium sanctorum & pro rata temporis prædictis Consulibus & universitati solvant & solvere teneantur *fietque assieta* ducentorum sestariorum bladi censualium ut est dictum, in, & *super bonis terris & possessionibus infra dictam civitatem vel territorium, seu districtum ejusdem*, & super bonis terris & possessionibus benè sufficientibus congruis, & rationabilibus. Si *tamen dicta usatica infra dictam Villam Bitterris territorium*, seu districtum ejusdem commodè reperiri non possent, tunc *emantur & emi debeant* infra leucam dictæ villæ *pro summam ad cognitionem duorum proborum* virorum in talibus expertorum diligendorum uno pro parte dictorum Consulum, & altero pro parte dictorum Capitulorum, Abbatis & Prioris...

Hoc acto etiam & in pactum deducto stipulatione vallato per partes prædictas quòd præfati Capitula Abbas & Prior *emptionem* & assignationem ejusmodi suis *propriis sumptibus, & expensis amortisare*, prout talibus fieri consuetum per dominum nostrum regem seu dominum ejus filium & locum tenentem vel cameram computorum Parisiis cum effectu procurabunt, & *laudimium* seu foriscapium, si *quod dictæ emptionis aliqualiter debeatur*, financiamque ex hoc debitam realiter satisfacient, & solvent, si verò prædictus Clerus, loco prædictorum malit solvere dictis Consulibus *summam trium millium & ducentorum florenorum*, auri boni & fini ponderis, hinc ad tres annos proximè sequentes continuos & completos, quod solvendo dictam summam penitùs liberetur, ita quòd sit in optione sua quid velit *solvere*, an *emere* dicta usatica & alia supra dicta facere (1)... quæ summa penitus quemdam p obum hominem per dictos Consules eligendum deponetur; *de quâ summâ* per dictos Capitula, Abbattem & Priorem realiter dicto tempore soluta, *dicti Consules ement* infra tres annos tunc proximè sequentes, continuos, & completos, *& emere tenebuntur usatica* supradicta, *sub pœna prædicta*, & in cursu ejusdem dicti temporis mihi dicto notario stipulanti rata manentibus pacto & transactione & aliis prædictis. Et interim dictus Clerus solvet annis singulis ante completam dictam solutionem ducenta sestaria frumenti quo-

(1) Il y a ici une peine stipulée contre les Consuls, faute par eux d'exécuter la transaction. Elle est omise dans la copie informe produite par les Consuls.

suisque terminio prædicto summam dictam plenè exsolvent, & cum istis amodo prædicti Consules eorumque successores, & universitas *ab ipsis capitulis Dominis Abbate & Priore & aliis personis & membris Ecclesiarum* prædictarum, *ratione* dictorum *murorum*, *fossatorum*, *seu vallatorum*, *ac aliarum clausurarum*, *artilleriarum*, *& aliorum munimentorum necessariorum quomodolibet* in prædicta civitate, jam factarum, constructarum, reparatarum, aut imposterum qualitercumque faciendarum, construendarum & reparandarum imminente necessitate quacumque vel quantacumque vel non, *pro dictis suis bonis quæ habent & possident*, ut est dictum, *nihil ultra prædicta possint petere aut eosdem aliqualiter molestare* imò ipsa capitula Domini Abbas & Prior & aliæ *personæ & membra Ecclesiastica Ecclesiarum* prædictarum & *eorum bona*, & successores quod possident de præsenti, *AB OMNI CONTRIBUTIONE prædictorum sint perpetuo quiti*, *liberi penitus & immunes*, *videlicet*, *& pro bonis Ecclesiasticis de patrimonialibus* autem eorum minimè eisdem, tanquam *privatis personis pertinentibus.*

Item quia, *plura bona* perdictum commissarium pro dicta incoata executione ad instantiam dictorum Consulum a sæpe dictis capitulis, Abbate, & Priore pluribusque aliis personis Ecclesiasticis, ut prædicitur, *capta sint*, quorum aliqua adhuc stant, *& aliqua sunt vendita*, *distracta*, *& aliter diversimodè consumpta*, consentierunt, transigerunt partes prædictæ quòd omnia bona nunc existentia, quæcumque sint, & nondum vendita, seu distracta prædicta a quibus capta sunt, ex causâ prædicta, *per dictos Consules reddantur & restituantur.* De venditis verò alienatis seu distractis, & aliter quomodolibet consumptis illa ratio habeatur. Quòd si vendita extent, ea præfati capitula, Abbas, Prior & membra eorum a quibus capta sunt, recuperare possint, & valeant, solvendo pretium emptoribus quo vendita fuerunt... Salvo etiam reservato quòd ultra prædicta præfati capitula, Abbas, & Prior quater centos florenos auri boni & fini ponderis uno semel huic ad festum beati Michaelis proximè instantis præfatis consulibus nomine dictæ eorum universitatis solvere & satisfacere tenebuntur, *occasione operum jam factorum*, *& expensarum pro factione*, *constructione vel reparatione* murorum prædictorum.

Item quia ultra prædicta quædam bona a dictis personis Ecclesiasticis per dictum commissarium ... post quemdam tractatum coram domino Episcopo ... cancellario Franciæ inter partes prædictas super premissis .... *Capta fuerunt*; quòd *ex omnia* extantia præfatis personis Ecclesiasticis quibus capta sunt plenè reddentur & restituentur; vendita verò dictarum personarum Ecclesiasticarum *ab emptoribus ipsorum per manus dictorum Consulum recuperare poterunt pretio quo vendita fuerunt*, *prædicto pretio dictis emptoribus per dictos Consules restituto*, adductis, moderatis, salariis, stipendiis occasione captionis, & detentionis bonorum prædictorum dicto commissario debitis.

Item quòd *omnia usatica* levatâ & exactâ ratione dictæ executionis *ab emphyteotis dictorum capitulorum*, Abbatis, & Prioris, seu membrorum suorum aut altero eorumdem utilitati dictorum Consulum, remanebunt, restantia verò ad levandum prædictis capitulis, Abbati, & Priori exsolventur *per ipsos emphyteoses* ....

Item quod ... præfati Capitula, Abbas & Prior tenebuntur ad faciendum cum effectu cassari, annullari, revocari & irritari suis propriis sumptibus & expensis omnes processus .... & obtinebunt infra quindecim dies proximè sequentes litteras absolutionis, congruas, ac oppotunas revocatorias quarumcumque aliarum litterarum monitoriarum excommunicationis & interdicti contra dictos Consules, eorumque universitatem ac eorum Consiliarios & Ministros; nec non contra dictum Commissarium occasione præmissorum obtentarum.. Et hoc idem facient dicti Consules, videlicet, pro pari forma facient revocari, irritari & annullari omnes processus & litteras contra dictas personas Ecclesiasticas.

Item ... quòd *una pars ab aliâ nihil deinceps possit petere*, *aut aliter*, *altera pars alteram inquietare*, *seu molestare*, ratione damnorum, interesse, expensuum, & injuriarum aut aliter quovismodo, *ratione præmissorum*, *nec emphyteotis dictorum capitulorum*, *Abbatis & Prioris*, aut alterius eorumdem seu membrorum suorum ratione eis, aut eorum alteri, non soluti canonicis, aut rei commissæ, aut emptores bonorum prædictorum, nisi, ut superiùs dictum est, prædictos capitula, Abbatem & priorem, aut eorum aliquem seu gentes suas, vel membra eorumdem, possint, aut valeant *aliqualiter molestari.*

Item quòd præfati Consules transactionem hujus modi, & omnia alia supra dicta facient eorum propriis sumptibus & expensis per dictum Dominum (Joannem) Regis filium & locum tenentem Domini Nostri Regis cum litteris congruis confirmare,

Le reste de cette transaction ne contient que les clauses d'usage & de formalité.

N°. XX.

Transaction sur la contribution à l'entretien des fontaines, ponts, chemins & chaussées. (1)

4 Juin 1359.

Cet acte a été pris d'après une copie informe produite par les M. & C. de Besiers; l'original doit contenir quelque chose de moins & quelques termes de plus. C'est la 11e de leur recueil.

Anno Nativitatis Christi *Millesimo*, *Trecentesimo*, *Quinquagesimo nono*, Domino *Joanne*, Dei gratiâ, Francorum Rege regnante, & *Die quartâ* mensis junii: noverint universi quòd existentes & personaliter constituti in domo vel Monasterio Fratrum Predicatorum Bitterris in Capitulo claustris, videlicet venerabiles, & circumspecti viri Dominus Petrus Vitalis Canonicus Ecclesiæ Cathedralis Sancti Nasarii Bitterensis, Procurator, Actor, Syndicus, seu Inconomicus Venerabilis Capituli ejusdem Ecclesiæ & Bernardus de Proliano Licentiatus in legibus Canonicus Ecclesiæ Sancti Aphrodisii, ejusdem Villæ Bitterris, Procurator, Actor, Syndicus, seu Inconomicus Venerabilis Capituli Ecclesiæ, ac Domini Prioris Monasterii nec non & Berengarius de affaniano Domicellus, Jacobus Gante rubei, & Joannes Garurli Consules universitatis Villæ Bitterris, pro se & aliis Conconsulibus suis, & hâc universitate dictæ Villæ, & habitantibus in eodem, attendentes, & considerantes quòd *quæstiones*, *seu controversiæ & discordiæ* materia oriri posset, verisimiliter inter partes prædictas, sicut hactenus ortæ sunt, *ratione factionis*, *contributionis*, *seu reparationis pontium*, *itinerum*, *& fontium*, si quæ in dicta Villa Bitterris, & ejus territorio terminio & districtu ex quâcumque necessaria vel utili, necessarium essent, vel aliter possent quomodo libet devenire .... transigerunt, concordaverunt, pepigerunt convenerunt, & finem super prædictis omnibus & singulis composuerunt in modum qui sequitur *videlicet* quòd quotiescumque *Casus* contigerit seu devenerit, *construendi*, *faciendi*, *ædificandi*, *reparandi*, *aut aliter emendandi necessarie in dicta Villa seu ejus territorio & districtu*, *pontes*, *fontes*. *aut itinera*, *pro omnibus expensis & sumptibus eorum occasione necessarie faciendis*, prædicti capitula, Abbas, & Prior pro eorum & cujuslibet eorumdem Ecclesiis, seu Monasteriis, ac membris suis, *pro omnibus bonis*, *& facultatibus quæ seu quas hodie habent seu possident in dicta Villa Bitterris*, *seu ejus territorio terminio & districtu habeant & teneantur solvere & satisfacere novam partem sumptuum & expensarum prædictarum & amplius quibus supra nominibus* ab eisdem Capitulis, Abbate, & Priore ac membris suis Ecclesiarum prædictarum, aut altero eorumdem pro prædictis bonis suis, a modo non *possent petere*, *seu exigere præmissorum occasione quovis modo*, *imo perpetuis temporibus ab omni præstatione*, *exactione*, *& coactione*, *& solutione ac contributione expensarum & sumptuum prædictorum*, nisi pro dicta *nona parte* eorumdem sint & *esse debeant prædicti capitula & eorum membra* quitti, *liberi*, *& immunes*, *seu quitta libera & immunia.* Quàm novam partem supra nominati Syndici quibus supra nominibus solvere & satisfacere promiserunt de bonis Ecclesiarum, seu Monasteriorum prædictorum, gratis, & liberaliter ac firmâ stipulatione promiserunt sub obligatione hipotecâ expressorum bo-

---

(1) Ce traité ni les précédens n'ont aucune analogie avec la contestation sur la nobilité des biens de S. Pierre; les Consuls les font valoir cependant comme des titres indicatifs de roture. On les rapporte dans ce recueil pour démontrer par ces mêmes actes tout le ridicule de leur prétention.

norum prædictorum, & sub omni juris renunciatione, prout pariter & cautela; dicti etiam Consules quibus supra nominibus per firmam & validam stipulationem expressè promiserunt nihil ampliùs petere pro prædictis ab ipsis capitulis Abbate & Priore, seu successoribus, aut membris eorumdem ultra dictam novam partem, ut est dictum. *Salvo & reservato*, & in transactionem seu *pactum* hujusdem expresse, inter dictas partes deducto, quòd si contingeret quòd dictos Consules, seu eorum successores aliquos, *Barragium seu Barragia*, *vel alia privilegia a debito superiori*, *obtinere pro factione, constructione & reparatione, provenientia de prædictis sumptibus & expensis*, *ante omnia deducantur*, & in utilitatem dictorum capitulorum, Abbatis & Prioris ac membra eorumdem, prædicta nona parte prædictarum expensarum, & sumptuum ipsos & quemlibet eorum tangentes, ut promittitur, fideliter convertantur. Ita tamen quòd expensæ pro impetratione dictorum Barragiorum aut aliorum privilegiorum, per prædictos Consules faciendæ, de prædictis emolumentis & dictis Barragiis, aut privilegiis provenientibus per dictos Consules, ante omnia deducantur. Et ita prædicta omnia & singula, partes prædictæ quibus super nominibus servare, attendere & complere, & nihil in contrarium facere.... acta sunt hæc, &c.

23 Sept. 1413. *V. infra.* N°. XXX. réserve de la dîme dans les baux à ferme des biens de S. Pierre.

N°. XXI.

Dénombrement rendu au Parlement de Toulouse, alors Cour des Aides, des dimeries du Chapitre de S. Nasaire, parmi lesquelles, est comprise celle de S. Pierre du Bosc.

18 Janv. 1485. Produit par les Cons.

Metuendissimis Dominis Parlamentum Domini nostri Regis Tolosæ tenentibus (1), vester humilis servitor *Petrus le Sage*, serviens Regius Bitterris, ad beneplacita paratus, refert quòd anno Nativitatis Christi millesimo quadringentesimo octuagesimo-quinto, die decimâ-octavâ mensis Januarii, sibi ad fides exequendi, ex parte *Syndici venerabilis Capituli Ecclesiæ Cathedralis*, fuerunt præsentatæ litteræ Regiæ, quærimoniæ casus novitatis & eumdem Syndicum adversùs & contra personas infra nominatas obtentæ, quibus per eumdem servientem visis ac reverenter & débitè receptis, huic præsenti relationi alligatio, idem serviens vocato secum, cùm esset illiteratus me Dionisio Jacobi Notario Regio & Scriba Curiæ Bitterris Regiæ.

Exponit Syndicus venerabilis Capituli Ecclesiæ Cathedralis Beatorum Nazarii & Celsi Civitatis Bitterris, quod cum tam jure, *quàm humano*, *canonico & civili*, *& aliter sano jure & justo titulo*, si (2)... opus fuerit latiùs specificandum & declarandum jus habuerit & habeat, sitque, fuerit, ac *esse debeat*, inter alia, *in possessione & saisinâ*, seu quasi habendi *levandi & percipiendi*, *seu habere*, *percipi*, *& levari faciendi veram & integram decimam* linorum & olivarum quemadmodum percipit & percipere consuevit de cæteris fructibus, videlicet fæni, lanarum, granorum, Vindemiæ & Carneuthi aliorumque fructuum in decimariis & territoriis infrà scriptis excrescentium & provenientium, videlicet:

Primo in territorio Bitterris, videlicet in decimariis del perboscat Magæ & Meudræ, *item* Puceti Athamairac, *item* del Caragaulié, *item* de Belbeze, *item* de la Mejaria, *item* de Puecharnaud, *item* de Badonas, *item* de S. Andrieu de Pellinhia *per entier* (1), *item* de S. Jean d'Aureilhac *par la Mitat*, *item* de Greza de S. Vincent *per la Mitat*, *item de sant Peyre del Bosc per entier* (3), *item* de la Laiga d'Orb, Deves Narbonnes de S. Felix de Baissa, *item* de Lebrezinas. *item* de la Libardia, *item* de Puechcoucut, *item* de Montflorès *per entier*, *item* las Tertias

(1) La Cour des Aides de Montpellier avoit été alors reunie au Parlement de Toulouse par des Lettres-Patentes du 8 Mars 1484, expédiées par l'avis des Etats Généraux du Royaume.

(2) La copie informe produite par les Consuls nous prive de connoître l'entiere teneur de cette piece remarquable.

(3) La dimerie de S. Pierre dépend de l'Eglise Paroissiale de ce nom dont le Chapitre jouit comme Prieur & Curé primitif depuis la chartre de 933.

Part, la Terse Part, *item* Fora lo Terminal del dit Beziers als terminals de Mont-Blanc de Maraussa *per entier*, *item* de S. Marti del Puech per la Mitat, *item* de Villa-Nouvella, *item* de Bassa, *item* de Bosa, *item* de S. Nazarii de la Garrigua, & *item* de Libeirac, *item* de Nostra-Dona de Meilhac, de *eisdemque Decimis* exponi de & in suis usibus convertendi, prout quilibet Dominus & possessor de re propriâ facere potest & consuevit in possessione & saisinâ; seu quasi quod non licuit aut licet Nobili ac honoralibus viris Guillelmo Fabri de Podiomissone in legibus licentiato Judici Regio, hæredibus quondam Petri Bonisinæ ac *cæteris partibus adversis super hoc adjornatis*, *ac aliis suis gentibus & familiaribus quibuscumque contradiceret*, aut differre hujus modi decimam prædictorum linorum & olivarum, annis singulis tempore debito recollectionis eorumdem præfatæ Ecclesiæ Bitterensis.

25 Mai 1485. Sent. du Sénéchal de Carcassonne. *V. infra*, N°. XXVII.

14 Mars 1486, Arrêt du Parlement de Toulouse qui la confirme. La Cour des Aides lui étoit alors réunie. *V. ibid.*

N°. XXII.

Dénombrement qui fait mention d'un autre de l'an 1517, par lequel

1521.

Ce dénombrement est produit selon sa forme & teneur par le Chapitre.

Le Syndic du Chapitre de Béziers déclare tenir & posséder une grange sive métairie *noble*, qui se nomme S. Pierre *du Bosc*, *aliàs* de *Apullo*, *qui est de toute ancienneté & du tems en ça quil ne soit mémoire du contraire*, *du dot & fondation de ladite Eglise*, *ensemble ses appartenances*, *comme sont les moulins assis sur la riviere d'Orb*, près de la Métairie, les bois & *riverages* & terres labourables, comme il apert par la donation faite audit Chapitre, il y a quatre cens ans ou plus.

N°. XXIII.

Transaction sur les contestations élevées par les Consuls de Bésiers contre l'exemption des biens de la Cathédrale de Besiers.

29 Avril 1531.

Cet acte est visé dans l'Arrêt du 27 Juillet 1556. Il fut annullé par le même Arrêt, & les biens de l'Eglise de S. Pierre furent déclarés en même tems immunes de toutes charges, deniers du Roi & autres impositions.

N°. XXIV.

Verbal & Ordonnance d'exécution de la Sentence du 25 Mai 1485.

1 Sept. 1554. Produit par le Chap.

Dans la Cité de Carcassone, le *premier* jour du mois de *Septembre* de l'an *mil cinq cens cinquante-quatre*, de la partie du Syndic du vénérable Chapitre de l'Eglise Cathédrale de Béziers, à nous Loys Duperier, Docteur ès droits, Conseiller du Roi notre Sire, furent présentées certaines lettres, Royaux, contenant commission, exécution & inquisitions y mentionnées, & requis procéder présentement aux fins desdites lettres de commission, & nous transporter sur les lieux, ce que nous accordâmes.

Et échet le Mercredi 5 dudit mois de Septembre dans la Ville de Béziers & à l'hotellerie, où nous sommes couchés, quatre heures passées après midi, pardevant nous auroit comparu Me Jean Barthelemy, Docteur ès droits, Avocat de Béziers, pour, & au nom dudit Syndic, l'assistance de vénérable personne Me Jean de Malefosse, Licencié ès droits, Chanoine & Subcenteur en ladite Eglise, & Syndic d'icelle, qui nous auroit remontré que procès auroit été introduit audit Siege contre le Syndic de ladite Eglise, lors demandeur en qualité d'imposition & cottisation de taille, taxes Royaux & municipaux contre les Consuls de la Ville de Béziers, défendeurs, & tant procédé que *Sentence s'en seroit ensuivie, confirmée par l'Arrêt de la Cour de Parlement de Tolose, où lesdits Consuls auroient appellé, en laquelle Sentence & Arrêt auroit été obéi par certain tems*, toutefois quoi elle ignorant, les Consuls auroient mis certaines contraventions, attenté & innové, desquelles Sentence, Arrêt & rôle ci-attachés, nous ont fait apparoir, les mettant devers nous, qui sont de telle teneur.

La désignation des biens rurals que ten lo vénérable Chapitre de S. Nazaire de Béziers, &c. signé Jacobi, & autrefois Jacobs, Odi, Deidro, &c. *anno Nativitatis*, &c. *Carolus*, &c. *Karolus*, &c. *anno Nativitatis* x. 61. v. ix.

Ledit Chapitre, pour faire entretenir & obéir auxdites Sentence & Arrêt, être enquis des attentats & contraventions, se seroient retirés au Roi notre Sire, & impétré certaines lettres Royaux à nous adressées, en vertu desquelles auroit fait donner assignation à MM. les Consuls de Béziers, au premier jour, lieu & heure, desquelles lettres & exploit avons devers Nous, qui sont de telle teneur.

Henri, par la Grace de Dieu, &c.

Philippe d'Orléans, &c.

L'an mil cinq cens, &c.

Si a requis, en défaut desdits Consuls, ou en leur présence, être procédé à l'exécution desdites lettres Royaux, contenant notre commission, & cependant faire jouir ledit Syndic de l'effet, utilité, profit & commodité desdites Sentence, Arrêt & Lettres, & leur exécution, en faisant établir tout ce qui seroit été fait au contraire, & néanmoins urgent des attemptats & innovats être procédé contre les colpables comme de raison.

Et illec seroit comparu Me Jean Razoy, Docteur ès droits, Avocat dudit Béziers, pour & au nom des Consuls, assistant lui, Noble Jacques Folquier, Consul dudit Béziers, & Laurent Grotesse ... Montendon Libellits, ce jour, heure & lieu, en notre personne, ne puisse proroger Jurisdiction à nous, & sans faire préjudice de ce, a requis vision, & produit pour en venir à délai que seroit assigné.

Et nous avons fait sommer à prinse avec Guillaume Romieu ... & Jean Ithier, habitans dudit Béziers, qui nous ont dit & affirmé l'un après l'autre, & moyennant serment par chacun prêté sur les 4 SS. Evangiles, que nous étions en cette Ville de Béziers, & au logis où pend pour enseigne la Croix Blanche, & 4 heures passées après midi avons reçu ladite commission avec honneur & respect, & offert faire notre devoir, & que lesdites protestations & déclarations demeureroient écrites en notre procès-verbal, pour que les adjournés s'en aider puissent en tems & lieu, & qu'ils auroient la vision, desproduits que nous avons baillés de nos mains en mains dudit Razoi, & que les Consuls en viendroient à demain, lieu présent, veu l'heure du midi, attendant une heure, ce que dessus . . . & dedans notre logis ci devant nommé, & à l'heure premiere après midi du Jeudi 6 dudit mois de Septembre, auroit comparu le sieur Barthelemi, assistant dudit de Malefosse, qui auroit réquis être procédé à la continuation de l'exécution de ladite Sentence & Arrêt dessus espécifié, & que soit fait commandement auxdits Consuls à la peine de cent marcs d'or d'obéir auxdites Sentence, & Arrêt, & exécution, & inhibitions & défenses sur ladite peine, ne contrevenir & tout autrement, déclarant que pour le présent ne veut enquêter, ni informer, ni enquérir, protestant de tout ce qu'il peut & doit protester au profit de l'Eglise.

Et illec auroit comparu ledit Rosoy assistant avec ledit Folquier, lequel nous auroit remontré que nous voulant... ni proroger Jurisdiction, ains... auroit, les terres y tenantes, lesquelles auroit prétendu de paroles, & après les avoir mises par écrit devers nous, qui sont de telle teneur :

Le Syndic des Consuls, &c.

Et ledit Barthelemi, assistant avec lui ledit Malefosse, auroit dit qu'il n'y a lieu discuter les terres... & que ce n'est que moyens pour subterfuger & empêcher... entretenement desdites Ordonnance, Arrêt & exécution, protestation des dommages & intérêts & dépens, & nous aurions reçu ladite cédule qui est jointe à notre présent procès, assignation à faire réponse, icelle cédule.

Et échue ladite heure, aurions répondu auxdites observations & appellations, comme est contenu en notre Ordonnance, qui a été lue par notre Clerc soussigné, laquelle Ordonnance est de cette teneur.

Vu la cédule récusatoire & appellations à nous présentées par la Partie du Syndic des Consuls de Béziers, déclarons lesdites récusations non-vraies, controuvées, fausses & frivoles, & ordonnons que le Syndic défendra pertinemment à l'exécution requise du Syndic du Chapitre Cathédral de Béziers, sauf à lui faire droit sur autres fins de non-recevoir, & sur ses défenses & appellations en ladite cédule interjetée & refusée, & que sur-tout baillera par écrit par-tout aujourd'hui, autrement forclos & en droit, assignant à demain six heures, attendant les sept, au présent lieu, avant dire droit, attendu la déclaration par ledit Syndic de l'Eglise de ladite Eglise ... contenant qu'il ne veut aucunement enquêter, ne informer.

Et ledit Raizoy, assistant avec ledit Folquier, lequel a appellé autrefois & requis Me Pierre Guittard, Notaire de Béziers, illec présent retenir instrument, & expédier, lequel a offert ce faire, & s'est chargé bien expédier, sans manquer à nous.

Avons répondu, comme est contenu en notredite Ordonnance, & ledit Barthelemy a requis qu'il en soit fait lettre, présens Etienne Capestan, Pierre Pages, Bel, & Jehan Vitalis, Notaires de Béziers.

Et le même jour, environ une heure de Vêpres, pardevant Nous & dans notre logis, se seroit présenté Me Jehan Vitalis, Greffier de la maison commune de Béziers, lequel a dit avoir charge pour le Syndic des Consuls, & que sans préjudicier, ne désister des récusations & appel interjeté par lesdits Consuls, nous a exhibé une copie des lettres d'appel pour ledit Syndic, contre le Syndic des Eglises S. Nazaire & S. Affrodise, & de Requête baillée aux Parties, aux fins d'exécuter ledit Arrêt, aussi de certain Arrêt donné par la Cour souveraine des Aydes, séant à Montpellier, disant que, attendu ce, devons supercéder, autrement protestoit de ce qu'il pouvoit protester.

Et nous avons fait faire lecture desdites pieces, & avons répondu audit Vitalis que d'autant qu'il ne vouloit laisser, ne aurions aucun égard, & qu'à ses protestations lui répondrions, comme par nous a été répondu dessus.

Et se seroit présenté Me Jehan Mal. fosse, Chanoine & Précenteur de l'Eglise Cathédrale de Béziers, & Syndic d'icelle, qui auroit requis être procédé à ladite exécution, & nous, en procédant, aurions ordonné ce qui suit.

Vu l'Ordonnance provisionelle, proférée le vingt-quatrieme jour du mois de Mai quatorze cens quatre-vingt-cinq, à Béziers, ès assises entre le Syndic de l'Eglise Cathédrale dudit Béziers, demandeur, contre les Consuls dudit Béziers ... ainsi signés P. de S. Andrea, Foliutot, Jacobi, Notaire, contenant provisionelle possession être adjugée audit Syndic, de payer & contribuer pour les choses & possessions, immeubles rurales & d'*ancienne contribution* dénommées en certain rôle attaché à ladite Ordonnance, où est *quinze pieces de terre*, tant que ledit Chapitre en sera en possession, aux tailles & subsides Royaux, tant seulement suivant leur vraie valeur & la coutume dudit Béziers, *& quant aux biens de la dot & table de ladite Eglise, il fut par ladite Ordonnance fait inhibitions* de ne cotiser le Chapitre pour lesdits biens de la dot & table que son bétail, quel que soit appartenant audit Chapitre, ne exiger l'exécution de ladite Ordonnance, du 30 Juin audit an, par Remond Locestas, Sergent Royal dudit Béziers, *Arrêt confirmatif prononcé en Parlement à Tolose le* quatorze Mars audit an; lettres contenant commission, adressées au premier Huissier ou Sergent pour exécuter ledit Arrêt; Lettres dudit jour quatorze Mars, & l'exécution dudit Arrêt, du 28 de Juin de l'an quatorze cens quatre-vingt-six, par Jehan Vitalis, Sergent Royal de Béziers; lettres contenant une commission pour mettre en la Chancelerie à Tolose, du vingt-unieme jour du dernier mois de Mars; lettres ajournatoires, & exploits faits aux Consuls modernes dudit Béziers, à la demande dudit Syndic de l'Eglise, notre appointement de forclusion & en droit.

Nous Loys Duperier, Docteur ès droits, Lieutenant particulier de M. le Sénéchal de Carcassonne, en la Sénéchaussée & Siége de Carcassonne, Commissaire Royal, obtempérant èsdites lettres Royaux, contenant notre commission, avons ordonné & ordonnons lesdites exécutions, & en ce que besoin & nécessaire seroit, avons exécuté & exécutons ladite Ordonnance provisionnelle, selon sa forme & teneur; avons fait & faisons inhibitions & défenses auxdits Consuls absens &

contumax & défaillans, à la peine de cinquante marcs d'argent envers le Roi notre Souverain Seigneur, & à tout autre qui pourroit encourir, contrevenant à ladite Ordonnance, confirmée par l'Arrêt & par les exécutions, le tout suivant la teneur de ladite Ordonnance provisionelle, & des Ordonnances Royaux, Duperrier, Lieutenant & Commissaire susdit.

N°. X X V.

Extrait du Compoix *de la Ville de Bésiers de l'année* 1555. (1)

1555.
Produit par les Conf.

Terre complantée d'ormes au terroir nommé les Gazantages.
Pour une autre terre en gravas, près la riviere, située audit terroir.
Pour une autre terre située au même terroir.

Ladite Métairie de S. Pierre est cancellée, avec les terroirs joignans, jusqu'à la concurrence de quantité, de la relation à nous faite, qui est de trois cents cinquante-huit cétérées, deux quarts, treize dextres, chacune dextre de seize pans, mesure de Montpellier, & la cétérée ayant cent dextres, suivant les Arrêts prononcés en la Cour le 27 Juillet & 26 Fév. 1556, & Ordon. sur l'exécution d'icelle fait le 2 Av 1557.

Pour la Métairie Colombier, verger, galinier & jasse à pourçeaux située audit terroir.

Le présent article cancellé suivant les Arrêts de la Cour & notre Ordonnance sur l'exécution d'iceux des 27 Juil. & 26 Fev. dernier, fait par nous soussignés le 2 Av. 1557. Signé *Trèmoulet.*

Pour une autre piece de terre.
Pour une autre terre & bois.
Pour un bois.
} situés au même terroir.

Idem. *Cancellé. fait ledit jour & an que dessus. Tremoulet signé.*

Pour un autre bois situé au même terroir.

Le présent article est cancellé & barré, &c. fait le 2 Avril 1557, *Tremoulet signé.*

Pour un bois & pré situé au même terroir.

Pareillement, & pour les causes que dessus, ledit présent article, ou item *a été cancellé le 2 Av. 1557. Tremoulet signé.*

Pour un pré situé au même terroir.

Pareille cancellation a été faite pour les causes que dessus, Tremoulet signé.

Pour une terre située audit terroir.

Comme les précédens le présent a été cancellé, fait ledit jour & an que dessus, Tremoulet signé.

Pour une terre en même terroir.

Comme les précédens, a été cancellé & pour les causes ci-dessus; fait les jours & an que dessus, Tremoulet signé.

Pour un bois situé audit terroir.

Suivant la teneur de l'Arrêt prononcé en la Cour des Aides le 27 Juillet 1556 & Ordonnan. nôtre, sur l'exécution d'icelui, du 20 Août dernier; le présent item *est rayé & cancellé pour ce qu'il n'est contribuable. Tremoulet signé.*

Pour un moulin dudit Chapitre S. Nasaire, nommé le moulin de S. Pierre, où y a quatre meules à moudre bled, situé audit terroir.

(1) C'est le sieur Moureau, l'entrepreneur de ce procès, qui a expédié cet extrait. Ce Compoix fut rayé & annullé en 1556, & les biens de S. Pierre ont été toujours compris dans le rôle des biens nobles.

Lettres

N°. XXVI.

Lettres de rescision prises du grand sceau (1) *par les Consuls de Besiers contre la transaction du 29 Avril 1531.*

11 Avril 1556. Produites par les Consuls.

Henri, par la Grace de Dieu, Roi de France, à nos amés & féaux *Conseillers & Généraux sur le fait de nos aydes & tailles* à Montpellier, Salut & dilection. Le Syndic des Consuls, manans & habitans de notre Ville de Béziers nous a fait dire & remontrer qu'en l'an quinze cens vingt-sept, tant *pour raison des deniers & octrois, que réparations des chemins, murailles, ponts & passages*, procès auroit été introduit & dévolu pardevant vous, & en notre Cour de Parlement de Toulouse, entre ledit *exposant* d'une part, & le Syndic du Chapitre, Chanoines & autres Habitués des Eglises Cathédrales S. Nazaire, & Collégiale S. Affrodise dudit Béziers, d'autre; pour le conflit des Jurisdictions desdites Cours, la matiere auroit été évoquée en notre grand Conseil, lequel par Arrêt, Parties ouies, auroient été renvoyées toutes les matieres, concernant *le fait desd. réparations en notre Cour de Parlement à Toulouse*, & en ce que concernoit le fait de nosdites tailles & deniers pardevant vous, où cependant lesdits Chanoines & Habitués desdites Eglises, qui tiennent & possedent plusieurs maisons, terres, métairies ou autres biens sujets à contribution à nosdits deniers, auroient moyenné avec aucuns des principaux habitans de ladite Ville, parens ou alliés d'aucuns dudit Chapitre, condescendre à accord en l'an quinze cens trente-un, par lequel, entre autres choses, auroit été convenu que certains biens dudit Chapitre, contenus en ladite transaction, seroient exemptés & non cottisés, ensemble certaines maisons assises dans ladite Ville au quartier appelé le Bourg S. Louis, à la charge toutefois que lesdites maisons, comme rurales, seroient cottisées au sol la livre, ainsi que celle des autres habitans; & après ce, à quoi ils seroient cottisés, demeureroient en surplus au grand intérêt & foule de nos pauvres sujets, habitans dudit Béziers, diminution & retardement de nos deniers, parce que s'en est ensuivi que le pauvre & menu peuple, femmes veuves, enfans orphelins & autres ont été contraints payer les charges dudit Chapitre qui est riche, *ayant de revenu annuel de douze* (2) *à quinze mille livres*, possédant plusieurs biens ruraux sujets à contribution, laquelle lesdits Chanoines & Habitués connoissant icelle transaction être nulle & reprouvée de droit, conséquemment sujette à cassation; icelle faite autoriser par surprinse, sans appeler ledit Suppliant tant en notredit grand Conseil que pardevant vous, au moyen de quoi, ledit accord auroit été observé jusqu'en l'an quinze cens cinquante-quatre; que les habitans en visitant *leurs livres de compoix & cadastres pour iceux renouveller, d'autant qu'ils étoient si vieux, que par succession des tems on ne les pourroit bonnement lire, auroient trouvé en iceux que plusieurs personnes, tant gens d'Eglise que autres, depuis la faction d'iceux auroient rompus de leur propre autorité, & mises en culture plusieurs terres, hermes, qui n'étoient comprises auxdites livres*, pour à quoi pourvoir, ledit Suppliant vous auroit présenté Requête aux fins d'être fait nouveau dextre des terres & maisons taillables, étant dans ledit territoire de Béziers, à laquelle auriez commis pour ce faire Me Jacques d'Arnoye, Lieutenant en la Sénéchaussée de Carcassonne au Siége de Béziers, lequel, en procédant au fait de sadite commission, pour icelle empêcher, lesdits Chanoines & Habitués desdites Eglises se confiant dudit accord & autorisation d'icelle, & à certaine dé-

Motifs du renouvellement des cadastres. *V. infra.* n°. 23.

(1) Ce sont des lettres de forme, de style & de procédure, dressées par les Consuls même qu'ils ne craignent pas de faire valoir comme des Lettres-Patentes émanées du propre mouvement du Roi, & d'en rapporter l'exposé comme une autorité. Jamais on n'a fait parler le Souverain, de son propre mouvement, avec un pareil ton d'aigreur, sur des faits supposés, & en des termes aussi indécens que ceux qu'emploie la passion des Plaideurs qui reviennent contre leur propre fait, contre les traités les plus solemnels.

(2) Le Chapitre est composé de 72 Titulaires & de plus de 10 Suppôts ou Gagistes qui font autant de Citoyens de Besiers: bien loin d'augmenter ses revenus, les charges & les persécutions les diminuent tous les jours.

claration faite en l'an quinze cens vingt huit par quelques experts & favorables au Suppliant, se feroient fans aucun grief portés pour appelans dudit Commissaire, & relevé pardevant vous. (Ici le Syndic des Consuls tient le langage de tous ceux qui viennent contre leur propre fait)....

Nous, à ces Causes, vous Mandons que lesdites Parties appelées pardevant vous, ou leurs Procureurs, & lesquels nous y voulons être appelés par notre Huissier ou Sergent sur ce premier requis, que à ce faire commettons, *s'il vous apert desdites transaction, déclaration, & de tout le contenu ci-dessus*, comme nulles & invalables, & faites par collusion & intelligence, cassez, révoquez & annullez; & sans vous arrêter ni avoir égard à icelles, remettez & restituez ledit *exposant* en l'état qu'il étoit, lors & auparavant la passation & exécution d'icelle, & lequel, de notre certaine science, pleine puissance & autorité Royale, nous voulons par vous être remis & restitué, & où lesdits Chanoines, Habitués & autres compris en ladite matiere... & au surplus admettez ledit *exposant* à faire toutes autres demandes & conclusions de droit admissibles, & aux Parties ouies faites bonne & briéve justice, nonobstant lesdites transaction, déclaration & autorisation, ensemble ce que s'en est ensuivi, que nous ne voulons audit exposant nuire, ains l'en avons relevé, & de nosdites science, puissance & autorité, relevons par cesdites Présentes, & à *quelconques Edits*, *Ordonnances*, *restrictions*, mandemens, défenses & lettres à ce contraires, car tel est notre plaisir.

Donné à Amboise le onzieme jour d'Avril, l'an de Grace mil cinq cens cinquante-six, après Pâques, & de notre Règne le dixieme.

N°. XXVII.

Arrêt contradictoire de la Cour des Aides de Montpellier. (1)

27 Juillet 1556.

Produit par le Chapitre & par extrait par les Consuls.

Cet Arrêt est copié mot-à-mot sur la grosse en parchemin qui en fut expédiée en 1556. Les C. pour qui les vérités les plus sacrées ne sont que des illusions, ont dit, dans une requête imprimée, que cet arrêt, ainsi que les autres, étoit *controuvé*.

Les Généraux-Conseillers ordonnés par le Roi notre Sire, sur le fait de la Justice, des Aydes & pays de Languedoc, Rouergue, Quercy & Guyenne; à tous ceux qui ces présentes lettres verront, salut, sçavoir faisons, comme procès en fait d'Aydes, dès le premier jour de Septembre de l'an 1554, ait été meu pardevant le Sénéchal de Carcassonne ou Me Loys Duperier son Lieutenant particulier, commissaire en vertu des lettres de la Chancellerie de Toulouse, entre le Syndic du chapitre de l'Eglise Cathédrale de Béfiers, impetrant lesdites lettres pour être procédé à l'execution de certaine *Sentence* dudit Sénéchal ou son Lieutenant, tenant les assises dudit Béfiers du 25 *Mai* 1485, d'une part; & le Syndic des Consuls & habitans d'icelui Béfiers, d'autre: sur ce que ledit Syndic dudit chapitre disoit Procès autrefois avoir été introduit pardevant ledit Sénéchal ou son Lieutenant entre lui comme démandeur en qualité d'imposition de cottisation des tailles, deniers Royaux, & autres d'une part; & lesdits *Consuls* de Béfiers *défendeurs* d'autre & illec, tant procédé que la *Sentence* s'en seroit ensuivie, par laquelle auroit été dit que ledit chapitre payeroit & contribueroit auxdites tailles & deniers Royaux, pour les biens *immeubles*, *roturiers* d'ancienne contribution tant qu'il les posséderoit, mentionnés en certain rôle par lors baillé *à sçavoir*: pour une vigne assise au chemin de Narbonne & deux champs y joignant; autre vigne assise au chemin de Selinha; deux autres vignes, illec même; autre vigne assise au chemin de S. Jean d'Aurilhac, une rebiere en combe grasse; quatre champs, illec même; une rebiere, champ & pradal, un petit herme & son petit ribage, qu'avoit été de Bernard Bourel, un prat assise à Baussa; un champ au chemin de S. peyre, illec même; autre champ qu'a été de malhefer, un champ aux gasenages, audit chemin de S. Peyre & pour un champ à la côte de Campanha, qu'a été de Jean Capelli, & pour les autres biens étant de l'ancien douaire &

---

(1) Cet Arrêt fut rendu avec tant de solemnité, que *Philippi*, Président à cette Cour l'a rapporté dans son recueil d'Arrêts de conséquence, art. 16. & sur l'ordonnance de 1535. p. 232.

table de ladite Eglise, parties respectivement justifieront de leurs droits; & cependant pour iceux biens de l'ancien douaire inhibé & défendu auxdits Consuls de ne cocquet ni cotiser ledit chapitre, ensemble pour son betail à lui appartenant le tout par maniere de provision & jusques à ce qu'autrement en fût ordonné les dépens réservés en fin de cause; *de laquelle dite Sentence, lors par lesdits Consuls auroit été interjecté appel en ladite Cour de Parlement de Toulouse, & lesdits Consuls laissés aller par congé* signé, par vertu d'icelui, ladite Cause renvoyée audit Sénéchal à laquelle Sentence par certains tems auroit été obéi; toutefois lesdits Consuls, puis nagueres sur ce auroient attenté & innové, quoi voyant auroit été impetré, lesdites lettres sur lesquelles concluant disoient devoir jouir cependant desdites Sentences, congé & exécution d'icelles & tout ce qui auroit été fait, au contraire, être cassé & annullé avec dépens. Au contraire, par ledit Syndic desdits Consuls, auroit été dit qu'ils n'entendoient proroger juridiction pardevant ledit Duperier Lieutenant, d'autant qu'il leur étoit grandement suspect & recusable pour raison du Procès qu'il avoit pendant au Conseil privé dudit Seigneur, contre les Officiers du siège dudit Sénéchal de Carcassonne, duquel il en auroit été, & étoit encore solliciteur & directeur: voire partie principale & ennemi capital desdits Consuls, vû lesquelles récusations & autres pertinentes à lui notoires, s'en devroit démettre de ladite exécution & où passeroit outre, en appeloit & protestoit contre sa personne & biens de l'abus & nullité entreprises de juridiction, sur quoi ledit Duperier Lieutenant, auroit déclaré lesdites récusations frivoles par son Ordonnance, prononcée le neuviéme jour dudit mois de Septembre, étant ladite Ordonnance provisionelle, prononcée le 24 Mai audit an 1485, audit Béziers ez Assises; entre le Syndic de l'Eglise Cathédrale dudit Besiers, démandeur contre les Consuls dudit Béziers au nom de l'Université, ainsi signé P. de Sancto Andrea major Jacob Notaire contenant provisionelle possession être adjugée audit Syndic de payer & contribuer pour les choses & possessions immeubles, rurales & d'ancienne contribution, déclaré en certain rôle d'icelle attaché à ladite Ordonnance; où y a quinze piéces *de terre* ci-dessus, mentionnées tant que ledit chapitre en sera possesseur aux tailles & subsides Royaux tant seulement suivant leur vraie valeur & la coutume dudit Béziers, & quant aux biens du douaire & table de ladite Eglise, fût par ladite Ordonnance admis à justifier & inhibitions de ne cotiser ledit Chapitre pour lesdits biens du douaire & table, ni bétail quelqu'il soit appartenant audit Chapitre, ni contrevenir à l'exécution de ladite Ordonnance faite le 30 Juin audit an, par Raymond Coleste, Sergent Royal dudit Béziers; *Lettres de congé donné audit Parlement de Toulouse le 14e de Mars audit an*; Lettres contenant commission adressées au premier Huissier ou Sergent pour exécuter ledit congé, & Sentence confirmée par icelui, datée dudit jour 14e Mars, & exécution d'icelles du 28 Juin en ladite année 1486, par Jean Prades Sergent Royal dudit Béziers; Lettres de commission du 21e jour du dernier mois de Mars; Lettres adjournatoires & exploits faits aux Consuls modernes dudit Béziers; la demande dudit Syndic de l'Eglise & son appointement de forclusion, & au droit eût continué lesdites exécutions en ce que besoin & nécessaire seroit, & exécuté ladite Ordonnance provisionnelle selon sa forme & teneur, en faisant inhibitions & défenses auxdits Consuls absens, contumaux & défaillans à la peine de cinquante marcs d'argent audit Seigneur à appliquer tout autre que pourroient encourir; ne contrevenir à ladite Ordonnance confirmée par ledit congé ni ladite execution, le tout suivant icelle Ordonnance provisionnelle, & Ordonnances Royaulx de laquelle Ordonnance ledit Syndic desdits Consuls auroit appelé à nous, & notredite Cour pendant laquelle ledit Sindic desdits Consuls auroit présenté Requête afin que compoix nouveau fût fait du terroir & taillable dudit Béziers, ce qu'auroit été mandé faire audit Sénéchal ou son Lieutenant audit Béziers, lequel procédant à icelui le 3 Août 1555, autre qualité seroit été introduite pardevant lui entre l'Evêque dudit Béziers, tant pour lui, son Chapitre que Clergé d'icelui, & autres adhérans & adhérer, voulans Supplians & demandeurs, d'une part; & le Syndic desdits Consuls de Béziers, Défendeurs d'autre, sur ce que lesdits Demandeurs disoient être venus à leur notice, lesdits Consuls avoir fait faire proclamation que dans trois jours un chacun habitant eût à venir vérifier & réſonner la deſcription nouvelle faite aud. compoix ou cadaſtre, & faire foi de leurs titres d'exemptions, s'ils en prétendoient aucune; ſur quoi auroient baillé Requête aux fins d'avoir un bon délai à faire foi de leurs titres, & concluoient à la civilité d'icelle, déclarant qu'ils n'entendoient empêcher la levée des deniers ſelon la vraie & ancienne contribution, offrant payer ſuivant icelle; *au contraire par leſdits Conſuls*, eût été dit n'avoir fait faire ladite proclamation, ſinon pour voir procéder à la vérification du compoix & cadaſtre, ſçavoir être entre eux qui ſont les parcelles exemptes de contribution deſdits deniers ſuivant leur dite commiſſion, pourquoi devoient être relaxés de la qualité avec dépens, & par ledit Sénéchal, ou ſon Lieutenant, auroit été ordonné que les Supplians adhérans verroient les compoids & cadaſtres nouveaux dans huitaine, & dans trois ſemaines après feroient foi de leurs titres & documens, pour ce fait y être pourvu comme de raiſon, ſans préjudice toutefois de la levée des deniers Royaux vraiment dûs & courans pour les biens d'ancienne contribution, laquelle n'entendoient être empêchée ni retardée, duquel brief délai, leſdits Supplians auroient auſſi appelé en notredite Cour: *leſquels appels*, par leſdites Parties reſpectivement, auroient été relevés en icelle, à ſçavoir *par le Syndic deſdits Conſuls*, le 9 Septembre 1554, & par ledit Evêque & Syndic dudit Clergé le 8 Août 1555, & en aſſignation leur auroit été baillée reſpectivement auxdites Parties à certains jours compétans, & d'autant ci-après ledit relief & expert d'icelui dudit Evêque, leſdits Conſuls lui auroient fait déclaration, ou à ſon Juge temporel, qu'ils n'entendoient aucunement incorporer en leur dit allivrement & compoix ſes biens, cauſant laquelle déclaration, il délaiſſoit la pourſuite de ſon dit appel, & icelui Syndic du Chapitre auroit obtenu Lettres Royaux pour être, ſous le prétexte du relief dudit Evêque, reçu en appellant à ces fins & préſentes, & les Parties aſſignées; *les Parties comparans ou leurs Procureurs pour elles*, faire foi de ladite appellation; le Syndic dudit Chapitre étant averti que leſdits Conſuls ou leur dit Syndic auroit recouvert le procès de premiere inſtance fait pardevant ledit Duperier, Lieutenant, préſente requête à notredite Cour afin que Mᵉ *Ardit, Licentié ès Droits, ſecond Conſul de Béſiers, étant en la préſente ville; eût à remettre devers icelle ledit procès par lui recouvert* du Greffe dudit Duperier, Lieutenant, ſuivant ſon reçu, & ſur ce être contraint, déclarer par ſerment s'il l'auroit en ſon pouvoir, fut appointé qu'il y ſeroit pourvu par Mᵉ Etienne Decombes Conſeiller & Général en notre Cour, leſquelles parties ouïes par ſon Ordonnance, prononcée le 3 Octobre audit an 1554, dit que *ledit Ardie remettroit ledit procès devers notredite Cour dans ſix jours enſuivans*, ou bien faire foi du reçu de Mᵉ Jean Vitalis Greffier de la maiſon conſulaire dudit Béſiers, auquel diſoit l'avoir baillé, autrement y ſeroit pourvu; & cependant ledit Syndic auroit préſenté requête à notredite Cour, diſant avoir fait amples diligences pour recouvrer ledit procès & procédure, dont défendoit ladite Ordonnance de ladite année 1485, & qu'il n'auroit pu faire ſi n'eſt la procédure faite par ledit Duperier ſur l'exécution d'icelle, ſur lequel *partie adverſe ſe perforçoit de faire conclure ce qui ne pourroit auſſi faire ſans avoir recouvert ledit procès, duquel eſt deſcendu ladite Ordonnance, de laquelle il étoit appelant, lequel étoit au pouvoir de partie adverſe*, comme elle le confeſſoit en ſes Lettres Royaux en forme de notice pendante obtenues, par quoi requéroit avant conclure ſur ledit appel que ledit Syndic deſdits Conſuls fût contraint communiquer leſdits procès & procédures pour après conclure ſur iceux, où fût appointé qu'il y ſeroit pourvu par Mᵉ Jean de Lauzelergue, Conſeiller & Général en notredite Cour, lequel parties à plein ouïes dudit incident en auroit fait rapport à notre Cour, laquelle par ſon Arrêt, prononcé le 27 Août dernier, vu ladite Requête baillée par leſdits Conſuls, le procès d'appel & procédures faites par ledit Mᵉ Louis Duperier, Lieutenant, plaidoyers, & autres productions des parties, faites pardevant le Commiſſaire à ce député, & ouï ſon rapport eût dit ſans avoir égard à ladite Requête, que leſdites parties reſpectivement communiqueront & viendront conclure au premier jour d'audience ſur ledit appel, les dépens quant à ce réſervés enfin de cauſe, ſuivant lequel Arrêt « *ledit Syndic deſdits* » *Conſuls eût dit concluant qu'à* bonne & juſte cauſe il auroit appelé & relevé tant » de ladite Ordonnance de ladite année 1485 que dudit Duperier, ſoi diſant exé-

Défenſe & concluſion des C. de Béſiers.

» cuteur

» cuteur d'icelle, lequel nonobstant lesdites récusations contre lui baillées, auroit » procédé outre à ladite exécution, ce qui ne pouvoit se faire sans commission » expresse de notredite Cour, joint le laps du tems; laquelle Ordonnance n'a pu » rendre lesdits biens questionnés exempts; car a été donnée sans aucun titre por- » tant exemption, aussi avoir obtenu des lettres Royaux pour être reçu à conclure » sur ladite Ordonnance, nonobstant ledit laps du tems & autres fins de non rece- » voir, si concluoient avoir été mal procédé & ordonné par ledit Sénéchal ou son » Lieutenant, & aussi par ledit Duperier exécuteur, & par lui bien appelé, & la » matiere devoir être retenue, en laquelle casser ladite Ordonnance & Procédure » sur ce faite; les conclusions par lui prises en ses écritures, lui devoir être adju- » gées avec dépens; aussi concluoient à la civilité desdites lettres & à l'incivilité » de celles de partie adverse, & autrement pertinément, & pour faire apparoir » que les biens tenus & possédés par ledit Chapitre, & par lui prétendus être » exempts de ladite contribution de tailles & deniers Royaux, sont roturiers & » d'ancienne contribution, & fait faire par autorité de notre Cour ledit Syndic du » Chapitre duement appelé, certains extraits des livres de compoix & cadastres » de ladite ville & des rôles des cotisations & des départemens des tailles, de- » niers Royaux & autres des années 1401, 1457 & plusieurs autres, lesquels em- » ployoient, ensemble certains Arrêts prononcés en notredite Cour, après ladite » Ordonnance exécutée par ledit Duperier Lieutenant, & pareillement la tran- » saction passée entre les Chanoines & Syndic dudit Chapitre St Nasaire, d'une » part, & lui d'autre, le pénultiéme d'Avril 1531, sur la contribution desdits » biens & d'iceux extraits & actes entendoit faire production. » Au contraire, par ledit Syndic dudit Chapitre eût été dit que par ladite Sentence avoit été ordonné que pour les piéces & propriétés désignées au rôle aux tems produit, ledit Chapitre contribueroit aux deniers Royaux seulement, & quant aux deniers municipaux exempts, & pour le respect du résidu des propriétés tenues par ledit Chapitre, fût déclaré exempt & non contribuable ensemble du bétail, & inhibé de ne contrevenir à ce auxdits Consuls, laquelle fut confirmée par congé dudit Parlement de Toulouse, & passé en force de cause jugée; toutefois lesdits Consuls contrevenans à ladite Ordonnance & inhibitions, se sont efforcés contraindre ledit Chapitre à contribuer pour lesdits biens, outre le contenu en icelle Sentence; au moyen de quoi auroit obtenu ladite commission pour icelle faire exécuter; si concluoient lesdites inhibitions contenues en ladite Sentence devoir être fortifiées comme si avoient été faites d'autorité de notredite Cour, suivant la teneur desdites lettres Royaux, sur lesquelles aussi concluoient à la civilité & à l'incivilité de celle desdits Consuls avec dépens; & pour faire aparoir de son droit, eût fait faire par autorité de notredite Cour, partie adverse appelée, certains extraits de l'instrument de Don fait audit Chapitre ès Eglise de Bésiers, par MM. *Teudo & Odo*, Vicomtes & Aumôniers de M. Raynaud Evêque, en son vivant, dudit Bésiers, & suivant son mandement & volonté sçavoir est de St Pierre d'Appulo avec son terminal, terroir, bois, moulin, resclause & autres biens y désignés & de vidimus de certain autre instrument par lequel *Raymond Roger* Vicomte dudit Bésiers loue & confirme auxdits Chanoines l'Eglise St Nasaire, tous les édifices, moulins, de l'Eglise St Pierre de Bosco, son circuit & autres ses *dépendances & appartenances*, ensemble de certaine Sentence arbitrale & transaction passée entre ledit Chapitre & précenteur en ladite Eglise cathédrale, & les Consuls, des Calandes de Mai 1281, & *de la déclaration faite par les Gens du Conseil dudit Seigneur Roi Généraux Réformateurs de toutes les Finances & Justice, sur la maniere d'exiger les deniers dudit Seigneur pour les biens roturiers échus en mains nobles & privilégiées*, lesquels ils employoient & d'iceux entendoient faire production: sur quoi notredite Cour, le 21 Octobre dernier, par son appointement, ouï le dire des parties, eu sur ce délibération, eût mis ladite appellation au néant, & en intérinant lesdites Lettres Royaux, retenu la cause & matiere principale en laquelle a ordonné que les parties respectivement corrigeroient *leurs plaidoyers*, mettroient & produiroient par devers elle ce que bon leur sembleroit dans trois jours, & au Conseil sans autre forclusion; & sur l'autre qualité & appel dudit Sénéchal de Carcassonne au siége de Bésiers, aussi parties respectivement auroient conclu comme en cause d'appel, lequel par notredite

Cour auroit été reçu pour être jugé avec les mêmes actes sur lequel icelui Syndic dudit Chapitre auroit obtenu lettres Royaux en forme de requête civile, du 9 Novembre dernier, par léquelle étoit mandé à notredite Cour, le recevoir à requérir la cassation de tout ce qui avoit été fait depuis ladite sentence, inhibitions & recherche générale avec tout ce que s'en est ensuivi, & sur icelle cassation & autres requêtes qu'il voudroit faire, lui être fait droit; sur lesquelles par lesdites parties, aussi auroit été respectivement conclu ensemble sur l'appel de la procédure & faction, tant de ladite recherche que du compoix. Quand au regard dudit Chapitre & ses adhérans, & des biens mentionnés esdites lettres, & par notredite Cour assigné à corriger dans trois jours, & au Conseil sans autre forclusion, quoi pendant & pour faire casser & annuller ladite transaction alléguée & produite par ledit Syndic de St Nasaire, & ses adhérans, ledit Syndic des Consuls se seroient retirés audit Seigneur, & à sa grande Chancellerie, aussi d'icelle obtenu lettres Royaux adressantes à notre Cour, donnée à Amboise le 11 Avril aussi dernier, par lesquelles lui étoit mandé que, sans avoir égard à ladite transaction & aux déclarations de l'année 1528, faites par certains Prudhommes suspects auxdits Consuls & habitans, comme nulles, invalables & faites par collusion & intelligence, icelles casser & annuller, & sans s'y arrêter ni avoir égard, il & lesdits Consuls & habitans remis & restitués en l'état qu'ils étoient auparavant, & que ou lesdits Chanoines & autres dudit chapitre compris en la présente matiere ne feroient apparoir par hommages & bons titres les biens dont ils prétendoient exemption être de la table & fondation ancienne de leurs Eglises, en ce cas suivant les déclarations sur ce par ledit Seigneur, & ses prédécesseurs Rois, faites déclarer lesdits biens ruraux & contribuables auxdites tailles & deniers Royaux avec les autres contribuables dudit Béfiers ; en vertu desquelles lettres il auroit fait bailler assignation audit Syndic dudit chapitre à certain jour compétant en notredite Cour, au jour de laquelle comparans lesdits ou leurs Procureurs pour elles : « par ledit Syndic des Consuls eût été dit & déclaré avoir conclu à » la civilité desdites lettres, ne vouloir faire poursuite, composer, colloquer & » cotiser les biens de l'exemption, & noblesse desquels ledit Syndic du chapitre » feroit suffisamment apparoir par bons & valables titres ; » au contraire par ledit Syndic eût été dit qu'il y avoit notoires fins de non procéder, d'autant qu'il étoit question d'une transaction faite pendant la qualité au Grand Conseil dudit Seigneur, confirmée par arrêt d'icelui, qui auroit été exécutée par autorité du grand conseil; par quoi persistoit auxdites fins, & requéroit être relaxé de l'assignation avec dépens, sur quoi notredite Cour auroit assigné à corriger dans trois jours, & au Conseil, sans autre forclusion, demeurant cependant la déclaration faite par ledit Syndic desdits Consuls, écrite pour en jugeant le procès y avoir tel égard que de raison ; & pour ce que Messire Pierre de Puimisson, Abbé de Villelongue, & précenteur en la grande Eglise saint Nasaire dudit Béfiers, comme étant du corps dudit Clergé, & par ce ayant intérêt aux procès mêmes que les Consuls ou leurs Députés lui auroient descript en icelle recherche, tout le bien de la dotation de sa dignité ou office confrontans & aboutissans aux terres dudit saint Pierre, auroit présenté Requête à notredite Cour, aux fins d'être joint & adhérer audit appel, & poursuivre la cassation de ladite recherche pour le respect desdits biens de sadite dignité ou office, & sur ce faire sa demande en jugement, & conclure en appellant mêmement que ledit Syndic auroit réellement tant pour lui que ses adhérans dudit Chapitre & Clergé ; ce qui auroit été appointé être fait, en vertu duquel appointement il auroit obtenu lettres du 11 Janvier aussi dernier, en vertu desquelles auroit fait bailler assignation au Syndic desdits Consuls à certain jour compétant en notredite Cour, auquel comparans lesdites Parties, ou leurs Procureurs pour elles, sur ladite Requête par icelles respectivement auroit été conclu & assigné au Conseil sans autre forclusion ; ledit de Puymisson, précenteur : pour preuves de son droit, auroit employé les produits faits par ledit Syndic dudit Chapitre, par lesquels appert, les biens de sa dignité être exempts de ladite contribution des tailles & deniers Royaux & non roturiers, comme lesdits Consuls le prétendoient, & le tout produit & remis devers notredite Cour, sur ce être dit droit & parties forcloses. Icelle par son arrêt, vu le procès fait par ledit Sénéchal de Carcassonne ou ses Lieutenans, tant

Autres conclusions du Syndic des Conf.

dudit Carcassonne, son Lieutenant tenant les assises audit Béfiers du 25 Mai 1485, que de Jacques d'Arnoye, Lieutenant dudit Sénéchal audit Besiers & Commissaires pour la Cour, député sur la confection dudit nouveau compoix, rôle, de déclaration des biens ruraux tenus par ledit Chapitre, & produit pardevant ledit Sénéchal, lors de ladite Ordonnance de l'an 1485; lesdites Lettres Royaux de l'onzième d'Avril dernier, & autres revenans en cause, respectivement impétrées, extraits de *l'instrument des dons faits audit Chapitre* de l'Eglise de Béziers, par MM. *Teudo* & *Odo*, Vicomtes & Aumôniers de Monseigneur Regnaud, Evêque, en son vivant, dudit Béziers, & suivant son mandement & volonté; sçavoir, est de S. Pierre d'Appullo, avec son terminal & terroir, bois, moulin, reclause, pêcherie, petites isles & appartenances de ladite Eglise, maisons, cours, jardins, arbres, vignes, prés, petits garrigues, eaux & cours d'icelle, en date du *quatorzième des Calendes d'Avril*, régnant le Roi Raoul, & du *vidimus* de certain autre instrument fait du mois d'*Octobre de l'an* 1203; reçu par Me Bernard Martin, Notaire, & expédié par Me Jacques Suard, aussi Notaire, par lequel *Raymond Roger*, *Vicomte dudit Besiers*, loue & confirme auxdits Chanoines & Eglise S. Nasaire tous les édifices, moulins de l'Eglise Saint Pierre, son circuit & autres ses dépendances & appartenances; autres extraits de *Sentence arbitrale & transaction*, passée entre ledit Chapitre & précenteur en ladite Eglise Cathédrale & les Consuls de ladite ville le 7 des Kalendes de *Mai* 1281 & de la *déclaration* faite par les gens du Conseil du Roi, généraux réformateurs de toutes les Finances & Justice, sur la manière d'exiger les deniers du Roi pour les biens roturiers, échus ès mains nobles & privilégiées, du 10 Mars 1389. *Extraits* aussi *des livres de compoix & cadastres de ladite Ville*, *& des rôles des cottisations & départemens des tailles*, *des deniers royaux & autres*, *des années* 1401, 1457, 1479, 1488, 1501, 1506, 1508, 1512, 1513, 1517, 1518, 1521, 1524, 1525, 1528, 1529, 1533, 1534, 1543, 1550, 1554, 1555, *& de plusieurs autres livres & compoix*, *sans date d'an ni jour*; Arrêts prononcés en ladite Cour entre le Chapitre & Consuls, les 22 Novembre & 20 Décembre 1497; ledit instrument d'accord, & transaction passée entre les Chanoines & Syndic du Chapitre S. Nasaire, & les Syndics & Consuls dudit Béziers, le pénultième jour d'Avril 1531, reçu par Me Amalry, Mercier & Jean Pichon, Notaires, & de la révision de laquelle s'agit *playdés & avertissement desdites Parties* & tout ce qu'elles ont voulu dire, réduite, produite & alléguer, & ensemble les requêtes de forclusion, le tout considéré :

Vu des chartres des années 933 & 1203.

Vu tous les anciens cadastres.

Dispositif.

» *Dit* a été, vû même l'appointement de rétention de cause, du 21 Octobre » dernier, sur l'appel interjetté dudit Sénéchal, ou son Lieutenant exécuteur de » ladite Sentence de l'an 1485; que, en entérinant les Lettres impétrées par ledit » Syndic dudit Chapitre, & requête dudit Puimesson, précenpteur. Quant à la » jonction & réception d'appel; ladite Cour a reçu & reçoit ledit Syndic du » Chapitre, & précenteur, Appellans, lesquelles appellations a mises & met » au néant, & a retenu & retient la cause & matière, & sans dépens & amende » desdites appellations, & pour cause; esquelles causes & matières retenues, » *a ordonné & ordonne que ledit Chapitre sera tenu quitte & exempt de contribuer* » *ès-tailles*, *deniers du Roi & autres*, *pour ledit S. Pierre de Pullo*, *sive de Bosco*, » *moulins*, *resclaux*, *pêcherie*, *bois*, *prés & ses appartenances anciennes*, selon » les limites & bornes désignées en ladite Sentence arbitrale du septième des Ka- » landes de Mai 1281, & aussi pour les maisons capitulaires, & autrement » affectées & annexées aux dignités, offices & Chanoines de ladite Eglise Cathé- » drale, y comprenant la maison dudit précempteur avec le coteau pendant au- » dessous de la maison de ladite précenpterie, & en outre sera ledit Chapitre » exempt & quitte de contribuer esdites tailles & deniers, pour le prés assis de- » là la rivière d'Orb, vers l'Eglise de Divisan, & pour les pastiles ou pastural » joignant ledit prés, & à ces fins seront lesdits biens & piéces rayés du com- » poix & cadastre de ladite Ville; & en tant que touche les maisons, terres & » possessions tant espécifiées audit rôle, détaillé pardevant ledit Sénéchal, l'an » 1485, que autres par le Syndic dudit Chapitre, & précenteur en leurs écritu- » res, accordées & conféssées roturiers & contribuables, en suivant l'extrait du » compoix dudit Béziers, de l'an 1513, produit par toutes les Parties, & celles

» aussi qui sont comprises & cotées en la transaction de l'an 1531. *Vû pareillement les Edits & Déclarations du Roi, sur l'imposition & contribution des tailles en ce pays du Languedoc, des années 1483, 1535, 1440 & 1543, & autres Edits sur la Jurisdiction de ladite Cour de l'an 1552.* Lu & publié au Grand Conseil dudit Seigneur & en la Cour, sans avoir égard à ladite transaction de l'an 1531; en ce que concerne l'exécution des tailles, en entérinant quant à ce lesdites Lettres du 11 Avril; ledit Syndic dudit Chapitre, précenteur, Chanoines & autres habitués de ladite Eglise, pour les susdits biens, maisons, terres & possessions, seront cottisés & contribueront respectivement ès-tailles, deniers royaux & autres avec les manans & habitans, & contribuables d'icelle Ville de Béziers à sols la livre, égalité gardée, & sans dépens des instances pour le chef, & au surplus de l'immunité ou cottisation prétendue des terres & possessions dudit Chapitre & habituées de ladite Eglise, autres que les Syndics. Ladite Cour a appointé & appointe lesdites Parties contraires, lesquelles bailleront leurs faits dans quinzaine, iceux prouveront pardevant le Commissaire sur ce à députer dedans deux mois, pour après le tout vu, leur être fait droit, & cependant par manière de provision & sans préjudice du droit desdites Parties, pour les possessions réservées à juger, ledit Syndic du Chapitre & Chanoines contribueront auxdites tailles & autres deniers, avec les habitans & contribuables dudit Béziers, à la charge auxdits Consuls de rendre toutes fois ce qu'ils auront exigé, s'il est ainsi dit, enfin de cause, & ledit de Puimesson, précenteur, sous la même provision, sera exempt & quitte de la contribution pour les pièces de terre joignant, confrontés & aboutissans aux terres dudit S. Pierre de........ en baillant par lui caution de rembourser lesdits Consuls de la cotte de l'imposition desdites terres, si semblablement étoit enfin ordonné, tous dépens, quant à ce réservés en définitive, & quant aux incidens demandés à la réquisition dudit Syndic du Chapitre, touchant l'excessive cotisation, & surtaxe par lui alléguée desdites terres roturières & contribuables, & d'ailleurs *droit de pouvoir assister ès-Conseils, assemblées de ladite Ville, pour le département & cotisation desdits deniers & reddition de compte d'iceux.* Dit : a été aussi ordonné que lesdites estimations excessives & surtaxe, les pourra ledit Syndic dudit Chapitre, déduire, & alléguer & prouver pardevant le Commissaire qui sera député, à exécuter le présent Arrêt, & au même délai sur ce donné, & lesdits Consuls au contraire, si bon leur semble, pour après leur être pourvu tant sur ce chef que dépens qui en dépendront.

Vu des Ordon. sur les tailles du Lang.

» Et au reste pourra *ledit Syndic dudit Chapitre, assister comme un des habitans de la Ville de Béziers, ès Conseils, assemblées & conventions publiques qui y seront faites concernant l'imposition & département desdits deniers & reddition de compte d'iceux*, & sans dépens, aussi pour ce regard, fait & donné à Montpellier, sous nos signets, le vingt-septième jour du mois de Juillet 1556. Par l'Arrêt & jugement de la Cour; *signé*, Decler.

N°. XXVIII.

Autre Arrêt contradictoire rendu en la Cour des Aides de Montpellier. (1)

26 Février 1556. Produit par le Chapitre & par extrait par les Consuls.

Entre le Syndic du Chapitre & le Précenteur en l'Eglise Cathédrale de Béziers, demandeurs en exécution d'Arrêt du vingt-sept Juillet d'une part; & *le Syndic des Consuls dudit Béziers, défendeur d'autre.* Vu ledit Arrêt prononcé entre lesdites Parties, procès sur l'exécution d'icelui, demande desdits Syndic du Chapitre, & Précenteur, avec désignation des maisons dudit Chapitre, Chanoines, Prébendiers, Hebdomadiers & autres Bénéficiers en ladite Eglise, bornes & limites de la Conque de S. Pierre *d'Apullo sive de Bosco*, & des terres dudit Précenteur

(1) *Voyez* la note sur le N°. précédent p. 46.

aboutissant

aboutissant à icelles ; aussi de la terre, jadis Prés & Pastural, & au terroir de Divisan ; *défenses desdits Consuls*, monstrées dudit terroir de S. Pierre, dudit Précenteur, & du Pré & Pâtural audit Divisan, vérification d'icelles Enquêtes ; vue & figure desdits terroirs désignés & spécifiés en la Sentence arbitrale du septieme des Kalendes de Mai mil deux cens quatre-vingt-un, mentionnée audit Arrêt ; *Rapport des Prud'hommes* ouis sur les monstrées desdits terriers ; suivant les Ordonnances dudit Commissaire ; *extraits des archives* dudit Chapitre faits par lesdits Commissaires & par autorité de la Cour, des titres, documens ; bail & reconnoissance ; & arrentement des maisons dudit Chapitre ; four, des quatre pilliers, autres maisons par icelui Chapitre baillées aux Chanoines, Prébendiers & Hebdomadiers & autres Bénéficiers servans en ladite Eglise, désignées, limitées & confrontées en la demande dudit Syndic du Chapitre dudit Saint Pierre *d'Appullo sivè de Bosco*, & ses appartenances du pré & pastural de Divisan, & des terres dudit Précenteur, des cinq Juin mil quatre-vingt-dix-sept, 9 Juillet 1148, & Kalendes d'Août 1171, 4 des Ides d'Octobre 1264, 12 des Kalendes de Décembre 1324, 24 d'Octobre 1353, 1355, 1356, 1364, 1386 ; 24 de Mai 1387, 5 Mai 1389, 1390 ; 12 d'Août 1392, & 19 Juillet 1393, 20 d'Août 1394, dernier d'Août 1396, 3 Janvier 1397, 27 Novembre 1398, au mois de Mars 1403 ; 13 & 18 du mois de Mars, & 14 Juin 1436, 24 Décembre 1443, 20 Septembre 1446, 3 Janvier 1448 ; 13 de Mai 1496, 5 Septembre 1497, 2 Septembre 1500, & le 3 Mars 1503 ; 3 de Février 1580, 25 Août & 17 Mars 1512, 13 Septembre 1514, 13 & 20 Mai 1526, & le 8 d'Août, *plaidoyeries, avertissemens, contredits desdites Parties*, & reproches du Syndic dudit Chapitre contre les témoins ouis en l'*Enquête desdits Consuls, faits pardevant le Commissaire exécuteur dudit Arrêt ;* Ordonnance d'icelui, & oui son rapport, dit a été qu'il n'y a lieu desdits reproches, & ledit procès peut être jugé sans informer sur iceux, & en ce qui reste à exécuter dudit Arrêt » *la Cour a ordonné & » ordonne* que ledit Chapitre sera tenu quitte & exempt de contribuer aux tailles, » deniers Royaux & autres, pour les maisons dudit Chapitre, dites Guitstat, » assises au plain de S. Nasaire, confronte ledit plain, l'Eglise de la Trinité, mai» son du Roi, & rue dite de Malepaye, autre maison servant de grenier pour re» cueillir les denrées dudit Chapitre, confrontant la maison du Précenteur, Me » Jean de Bosco, & rue dudit S. Nazaire à S. Loys, pour la maison de l'aumône, » confrontant avec les héritiers de Matthieu Bonnet, la rue de la Trinité, à la » porte de la terre Ventouse, autre rue de ladite tour Ventouse à S. Felix, » Me Hue Avocat, Jean Massin, & le plain dit de Cappres ; pour un four au » plain de S. Felix, dit de l'Aumône des Quatre-Pilliers, confronte avec » Me Guillaume Posatoris Notaire, Jean Formier Tisseran, & avec deux rues » publiques d'une maison au Bourg S. Louis ; confronte Me Gerault Caudeze, » Me André Manere, & Me Etienne de Mausa, Benéficier en ladite Eglise ; au» tre maison confronte avec Jean de Baye Charpentier, Jeanne Royre & Me » Pierre de Pradines, & la rue publique ; aussi pour la maison de Me Jean de » Granes, confrontant Me François de Curlet & Genies Teudel, pour la maison » de Me Arnaud de Palissa, aussi Chanoine, assise au plain de S. Nasaire, con» frontant avec le Collége du S. Esprit ; Me Jean Nataux, ledit plain faisant » coing à deux parts ; autre maison tenue par Me Pierre Bureau, Chanoine, te» nant avec Me Amalric Mercier, Procureur du Roi en deux parts ; la maison » tenne par Me Jean Riverin, Hebdomadier en ladite Eglise, confronte la rue » des Chapelains & la maison de Me Jean Natalis Vieux, & pour celle qu'est » tenue par Me Jean de Faiges, Bénéficier en ladite Eglise, confronte avec la rue » de la Malpaye, à deux parts avec Me Antoine Bojac, Chanoine, pour la mai» son dudit Jean Matalis Plurarieux, Prébendier, confronte ladite rue des Cha» pelains ; maison du grand Archidiacre & dudit Renous, Hebdomadier ; pour » autre maison de Me Jean Natalis le jeune, confronte ladite rue des Chapelains ; » celle dudit Renous & héritiers de Me Asseurin, & pour la maison des Collégiés » du S. Esprit, Bénéficiers en ladite Eglile assise au plain dudit S. Nasaire, tenant » avec les maisons de Me Arnaud de Palissa, Chanoine, & dudit Natalis Vieux ; » *aussi sera ledit Syndic du Chapitre exempt de contribuer èsdites tailles & deniers » pour ledit S. Pierre d'Appullo, sive de Bosco, & conque dudit S. Pierre ;* ainsi

Vu des actes de Guillaume Arnal de Bésiers de 1097 & 1148.

Dispositif.

» qu'elle *est désignée & confrontée & se comporte*, savoir, est de l'Occident & vent
» droit avec les terres dudit Précenteur, joignant le chemin par lequel l'on va
» dudit Béziers à S. Pierre; septieme montrée du Syndic dudit Chapitre, & pre-
» miere montrée des terres dudit Précenteur, aboutissant à ladite conque, pre-
» nant droit devers Midi jusqu'à la riviere d'Orb, les autres terres dudit Chapitre
» demeurant du côté dudit cers de Septentrion, & Aquilon avec les terres des
» héritiers de Alphonse Prats, autres terres que ledit Chapitre a eu de feu M. Ni-
» colas Ges, quand vivoit grand Archidiacre en ladite Eglise, & suivant les
» monstrées dudit côté d'Aquilon, autres erres dudit Précenteur, l'Abbé de S.
» Jacques François Artus Mars, & encore dudit Précenteur jusqu'aux bornes,
» faisant division des terres desdits Béziers & Villeneuve, la premiere du côté d'O-
» rient, & d'illec s'étendant devers Midi jusqu'à ladite Riviere d'Orb, & con-
» tenant icelle jusqu'à l'endroit de rechef de ladite septieme montrée & premiere
» limite de ladite Conque ci devant ordonnée du côté dudit vent de Cers, y com-
» prenant les moulins dudit S. Pierre, Bois & Alamon joignant ladite conque;
» pareillement sera tenu quitte & exempt pour une piece de terre, jadis prés &
» pâtural, assises au terroir de Divisan, confrontant avec Pierre Plantavit sieur
» de Villenouvette, du Midi, Septentrion & Aquilon, terres de Taure de l'E-
» glise de Salomon, du Marin & avec le chemin de la Grange, une métairie de
» la Selle au lieu de Pelignan, du vent de Cers, semblablement ledit Précenteur
» sera quitte & exempt de contribuer èsdits deniers pour les terres aboutissant &
» tenant à ladite Conque de S. Pierre, dessus limité, & suivant la teneur dudit
» Arrêt; & en outre à ladite Cour ordonné & ordonne que les maisons dessus
» spécifiées, ladite conque de S. Pierre ainsi bornée & limitée, & terres assises
» audit Divisan, seront rayées & levées des compoix & cadastres dudit Béziers,
» & les deniers èsquels se trouvera ledit Syndic du Chapitre cottisé pour raison
» des choses susdites, & avoir été exigés par lesdits Consuls, seront rendus audit
» Syndic; comme aussi seront les deniers levés pour la double cottisation des au-
» tres biens dudit Chapitre, décrits deux fois au compoix dudit Béziers, de l'an
» mil cinq cens treize. Sera loisible au Syndic dudit Chapitre, ou autres pour
» lui, se trouver ès assemblées faites en ladite Ville pour le fait de la cottisation &
» département des tailles; deniers Royaux & impositions & redditions de compte
» d'iceux, comme un des autres habitans, & contribuables dudit Béziers, &
» sans dépens de cette exécution d'Arrêt & pour cause. Prononcé le 26e jour de
» Février 1556, & expédié par *Duplicata* le 8 Février 1752. Collationné, *Signé*,
DEVET avec paraphe.

No. XXIX.

Enquête *faite au nom du Syndic du Clergé de la Ville & du Diocese de Bésiers, sur le pillage des Eglises, l'enlevement des archives & les excès commis sur les Ecclésiastiques par les Séditieux ou* Huguenots, *le 3 Mai 1562, composée de 28 Témoins.* (1)

18 Septembre 1563. Produite par le Chap.

Le premier témoin dépose que « les Séditieux, Rebelles, Huguenots, au
» nombre de cinq cens entrerent armés dans les Eglises de Béziers, dont ils rom-
» pirent les portes, le 3 Mai, fête de sainte Croix, en l'année 1562; entr'autres,
» *dans celle de S. Nasaire*, où ils s'emparerent *de force & de violence* de tout ce
» qu'ils y trouverent, rompirent les Croix, abattirent les Images, emporterent les
» Retables d'or & d'argent & tous les ornemens d'un prix immense, brûlerent
» les Images & les Crucifix dans les places publiques, & mirent garnison dans
» les maisons des Prêtres, firent servir les Eglises d'écuries à leurs chevaux, &
» de boucheries pour leurs troupes, battirent & frapperent les Prêtres, & force-

---

(1) *Voyez* la note sur le No. XIX.

» rent les Catholiques à grands coups de bâton d'aller entendre leurs Ministres ; » traiterent inhumainement les Chanoines de S. Nasaire, & en martyrise- » rent plusieurs, enleverent les cloches, & les fondirent pour en faire des » canons ».

Le seizieme témoin ajoute « qu'ils ne laisserent que les quatre murailles aux » Eglises, & qu'ils brûlerent tous les livres & librairies desdites Eglises sur les pla- » ces publiques ».

Le vingt-septieme dépose de plus » que *tous les papiers du Chapitre* furent rom- » pus par les séditieux, & les Images brûlées ».

N°. XXX.

Transaction sur procès entre le Syndic du Chapitre de l'Eglise Cathédrale de Bésiers, en sa qualité de Prieur de Saint Pierre du Bosc, & le Prieur de Saint Etienne de Villeneuve. (1)

L'an 1595, & le douzieme jour du mois de Septembre après midi, très-Chrétien Prince, HENRI, par la Grace de Dieu, Roi de France, de Navarre, régnant. 12 Septemb. 1595. Produite par le Chap.

Sachent tous présens & à venir que, comme soit ainsi, procès & différend ait été meu & introduit à la Cour de M. le Sénéchal de Carcassonne, ou son Lieutenant au Siége de Béziers & au Greffe de Me Jacques Pasturel, Greffier, & encore étoit en doute d'être plus grand.

D'entre le Syndic du vénérable Chapitre de l'Eglise Cathédrale S. Nasaire de Béziers d'une part.

Et Me Pierre Dalmats, Prêtre & Prieur de l'Eglise Paroissiale S. Etienne du lieu de Villeneuve d'autre.

Pour raison des *Décimaires* (1) *du Prieuré S. Pierre* du Bosq, duquel ledit Chapitre en est *Prieur* & de celle dudit Prieur de Villeneuve, prétendant & présupposant lesdites Parties s'usurper les uns les autres de leurs décimeries, & sur ladite usurpation, & ayant icelles parties fait en dernier Sentence arbitrale par Antoine Solinhac, Arnaud Martin & Jean Garousse dudit Villeneuve, le 27 jour du mois de Juin dernier passé, & à laquelle Sentence arbitrale se croyant ledit Syndic du Chapitre grevé, auroit d'icelle appelé, nonobstant l'autorisation d'icelle, & relevé en la souveraine Cour de Parlement de Toulouse, séant audit Béziers, en voulant poursuivre ledit appel, duquel aussi icelui Dalmats, Prieur, se prétendoit servir, comme présupposant aussi être intéressé par ladite Sentence arbitrale, en ce que ledit procès ne lui auroit adjugé *toute la Décimerie des Paroissiens habitans dudit Villeneuve, qui avoient terres joignant celles en la Métairie dudit S. Pierre.*

Toutefois icelles dites Parties, avant poursuivre plus avant, feroient d'entre elles venues en traiter d'accord pour finir tout procès, vivre en paix, amitié & concorde, & éviter frais & dépens que s'en pourroient ensuivre à la longueur dudit procès.

Pour ce est-il que dans la Ville de Béziers & lieu ci-après désigné, en présence de moi Notaire, & des témoins bas nommés, ont été établis en leurs personnes Messieurs, Me Simon Etienne, Docteur ès droit, Official & Précenteur, & David, Chanoines en ladite Eglise S. Nasaire, pour, & au nom dudit Chapitre de ladite Eglise d'une part ; & ledit Me Pierre Dalmas, Prieur du Prieuré S. Etienne de Villeneuve d'autre, lesquelles Parties respectivement après s'être transportées

(1) Plusieurs baux à ferme & actes de réserve de la dîme perçue pour l'Eglise de S. Pierre, produits par le Chapitre, prouvent sa possession & la réalité de ce droit. Ils sont des 7 Avril 1207, Février 1377, 23 Septembre 1413, 2 Septembre 1460, 15 Janvier 1567, 12 Juin 1569, 13 Février 1588, 27 Septembre 1603, 29 Mai 1617. Celui de 1413 porte que les Etrangers seront tenus de payer la dîme à l'Eglise de S. Pierre : *Tenentur solvere decimam ad Ecclesiam Sancti Petri tamquam extranei.*

ſur les pieces & décimaires contentieuſes, & avoir icelles bien vues & vérifiées, & conſidéré le tout, pour vivre en paix & concorde d'entre elles, comme dit eſt, & deſirant ſe faire raiſon les uns aux autres, après avoir renoncé comme renoncent à tous leurſdits procès, débats & différends, qu'à cauſe deſdites décimairies s'étoient meus & eſpéroient mouvoir, à telle condition que tous dépens demeurent compenſés, ont de leur bon gré juré de franche volonté, procédant leſdits Prieur, Chanoines au nom dudit Chapitre, & ſuivant la charge & puiſſance que auxdites fins à faire & paſſer le préſent accord & tranſaction, leur a été données par ledit Chapitre comme de la délibération d'icelui ; du 23 du mois d'Août dernier, a apparu ; & ledit Dalmas, Prieur, tant pour lui que ſes ſucceſſeurs audit Prieuré S. Etienne de Villeneuve, ont convenu, accordé & tranſigé, accordent, conviennent & tranſigent leurſdits différends, comme s'enſuit, ſavoir, que de la Bodule qui eſt plantée au grand chemin qui va de Béziers à Villeneuve dans la terre de la métairie du Capiſcol, qui fait ſéparation du terroir de Béziers d'avec celle de Villeneuve, & d'icelle Bodule & vers main gauche & Levant du Marin, allant & tirant droit à autre Bodule qui eſt plantée à la voie & chemin que les Recteurs de la métairie de S. Pierre ont pour aller droit à Villeneuve, laquelle Bodule fait auſſi ſéparation deſdits terroirs de Béziers & Villeneuve, ledroit de dixme des fruits qui excroîtront aux terres qui appartiennent aux particuliers dudit Villeneuve, & qui ſont vers ledit vent de Marin, appartiendront audit Dalmats Prieur.

Et icelle Bodule qui eſt à ladite voie, s'en allant le long d'icelle, & vers la terre de Pierre de Boſt ſieur de S. Jean, & à main gauche, & du vent d'Agnial juſqu'à une autre Bodule, qui a été par leſdites Parties plantée & miſe de nouveau dans le fond d'une piece de terre dudit Chapitre, dit Saumelongue, pour faire diviſion ſeulement des terres décimairies, tout ce qui eſt à main gauche appartiendra ſeulement audit Dalmas Prieur ; plus de ladite Bodule miſe de nouveau danr ladite voie, allant & tirant d'icelle droit & vers ladite piece, dite Saumelongue, à autre Bodule qui a été auſſi miſe de nouveau, pour faire diviſion deſdites décimairies dans le fond dudit Chapitre & champ dit Saumelongue ; confrontant avec la terre des héritiers de feu le ſieur de Caylus, & qui eſt à main gauche & vers le vent de Marin, ſera dudit Dalmas Prieur, & d'icelle Bodule tirant à une autre Bodule vers les moulins dudit S. Pierre, qui fait diviſion de la terre des héritiers de Pierre Blanc de Villeneuve vers leſdits moulins, appartiendra audit Prieur de Villeneuve ; & encore de ladite Bodule, faiſant ladite diviſion des terres dudit Chapitre avec ledit Blanc, & tirant vers la riviere à main gauche juſqu'à autre Bodule qui fait auſſi diviſion des terres dudit Chapitre avec leſdits héritiers de Blanc, ſera dudit Dalmas Prieur ; plus d'icelle Bodule tirant à autre Bodule, retournant vers Villeneuve, qui a été auſſi miſe de nouveau d'entre la terre dudit Chapitre & leſdits héritiers de feu le ſieur de Caylus, pour faire diviſion deſdites décimairies, & ce qui eſt à main gauche ſera dudit Dalmas Prieur, & finalement de ladite Bodule tirant droit à la riviere vers ledit vent de midi & vers main gauche, auſſi appartiendra audit Dalmas Prieur ; & de l'autre part vers main droite par toutes les ſuſdites Bodules, ladite dixme ſera & *appartiendra audit Chapitre, comme Prieur dudit S. Pierre*, & moyennant ladite diviſion des décimairies ſuſdites par la teneur de la préſente tranſaction, icelui Dalmas, comme Prieur dudit Prieuré S. Etienne, lui ni ſes ſucceſſeurs Prêtres à l'avenir ne pourront prendre ni prétendre aucun droit de dixme des terres dudit Chapitre qui ſont & dépendent de ladite Métairie de S. Pierre, ſi ce n'eſt tant ſeulement de douze ou vingt ceterées de terre du champ dudit Chapitre dit Saumelongue & vers le fond d'icelui, allant à Villeneuve, ainſi que plus particuliérement a été déſigné par les ſuſdites Bodules qui ont été par leſdites Parties miſes & faites, plantées de nouveau ces jours paſſés, & en leur préſence, d'entre la terre dudit Chapitre & celle de Serinham & de Cailus, pour faire ladite diviſion des décimairies, auxquelles Bodules leſdites Parties reſpectivement pourront faire mettre leurs armoiries, chacune regardant vers ſa décimairie.

Comme auſſi par même moyen ledit *Chapitre, comme Prieur dudit S. Pierre*, reprendra au long *droit de dixme des terres des particuliers dudit Villeneuve, ainſi qu'eſt dit ci-deſſus.*

Et

Et pour à la présente transaction ne contrevenir directement ni indirectement, ains pour icelle tenir, accomplir, garder & observer de point en point, & selon sa forme & teneur lesdites Parties, respectivement chacune, comme concerne & touche, savoir, lesdits Chanoines, les biens temporels dudit Chapitre, & ledit Dalmats, Prieur, tous & chacuns les biens de fondit Prieuré, présens & à venir, iceux ont soumis à toute rigueur de justice du présent Royaume de France, avec toutes renonciations nécessaires, & ainsi l'ont promis & juré; & pour requérir & consentir à l'autorisation & registre du présent accord & transaction de ladite souveraine Cour de Parlement de Toulouse, & en autres Cours & lieux où besoin sera, lesdites Parties ont fait & constitué Procureur, savoir, de la part dudit Chapitre Me Pierre Sambuc, & dudit Dalmas, Prieur Me...., Procureurs en icelle dite souveraine Cour de Parlement séant audit Béziers, absens, pour, & à leur nom, présenter la présente transaction, requérir & consentir à l'autorisation d'icelle, & lesdites Parties être condamnées à icelle tenir, garder & observer; promettant lesdites Parties agréer ce que par lesdits Procureurs en sera fait, procuré, requis & consenti, & ne les révoquer sur l'obligation de leurs biens, comme dessus est dit, & iceux soumettant auxdites rigueurs. Fait & récité audit Béziers & maison d'habitation dudit sieur Précenteur présent & appelé en témoins avec Me Pierre Coste, Chanoine à l'Eglise S. Affrodise dudit Béziers, avec lesdites Parties, à la note, & moi Raymond de Rocoles Notaire, & dudit Chapitre, Secrétaire, qui de ce requis en ai retenu acte & instrument, de la note duquel ai tiré le présent extrait. Collationné & signé, DE ROCOLLES.

N°. XXXI.

1605.

Extrait du Compoix fait le 26 Septembre 1605 (1) fol. 106.

Ainsi est écrit à la marge ce qui suit:

Cet article *demeure noble* tant par Arrêt donné à la Cour des Aides de Montpellier en l'an 1556, que *par accord de transaction* faite d'entre la Ville & les MM. du Chapitre de S. Nasaire le 27 Nov. 1608, reçue par M Bringuier Rosset, Notaire, le susdit jour; *confirmé ledit accord par délibération du Conseil général* tenu *le 21 Janv.* au présent 1609. Ledit article *demeure noble* par nous soussignés ce 27 Août 1609. *Sorgues*, Consul, *Cruzy*, Consul, *Petit*, Consul, signés.

Je, Compesaire, soussigné, de mandement de MM. les Consuls, j'ai écrit ce-dessus led jour: tout ce qui vient après de MM. du Chapitre S. Nasaire déclaré noble. *Romieu*, Compesaire, signé.

Rayé *pour les raisons susdites led. jour 27 Août 1609. Sorgues, Consul, Cruzi, Consul, Petit, Consul, signés. J'ai écrit ce-dessus comme Compesaire de mandement de MM les Consuls, led. jour. Romieu, Compesaire, signé.*

Rayé *pour les causes & raisons*

Une maison à four de pain dite les quatre pillers. { *Vérifié noble le 24 Octob. 1703. Les articles suivans nobles.*

Item, un *moulin* à bled avec quatre meules moulans sur la riviere d'Orb, dit à *S. Peyre.* *Idem.*

(1) Cette piece est produite par les Maire & Consuls. Ce Compoix fut rayé & annullé en 1608; & depuis les biens de Saint Pierre ont toujours été, comme auparavant, compris dans le rôle des biens nobles.

susdites ledit jour 27 Août 1609. Sorgues, Consul, Cruzi, Consul, Petit, Consul. Romieu, Compesaire, signé.	*Item*, deux maisons sans plancher joignant au bourg S. Louis.	*Idem noble.*
Rayé *comme dessus pour les raisons susdit., ce 27 Août 1609. Sorgues, Cons. Cruzi, Cons. Romieu, Compesaire, signé.*	*Item*, trois maisons joignans, l'une appelé l'Œuvre vieille, les autres les Jarrois.	*Idem.*
Rayé *en suivant ledit Arrêt mentionné au premier article & pour les causes & raisons susdit. le 27 Août 1609. Sorgues, Cons. Cruzi, Cons. Petit, Cons. Romieu, Compesaire, signé.*	*Item*, un champ à S. Martin.	*Idem.*
Rayé *comme dessus, pour les raisons déduites, le 27 Août 1609. Sorgues, Cons. Cruzi, Cons. Petit, Cons. Romieu, Compesaire, signé.*	*Item*, un bosc appelé le Devez & Prat.	*Idem.*
Rayé *comme dessus, ce 27 Août 1609. Sorgues, Cons. Petit, Cons. Cruzi, Cons. Romieu, Compes. signé.*	*Item*, un champ Jassa, four de tuiles, soude & patu.	*Idem.*
Rayé *comme dessus, ce 27 Août 1609. Sorgues, Cons. Cruzi, Cons. Petit, Cons. Romieu, Compes. signé.*	*Item*, un champ, aire & étable, des moulins de S. Peyre au milieu.	*Idem.*
Rayé *pour les raisons susdites, ce 27 Août 1609 Sorgues, Cons. Cruzi, Cons. Petit, Cons. Romieu, Compesaire, signé.*	*Item*, une grange & patu appelée la grange *de S. Peyre* & jardin.	*Idem.*
Rayé *pour les raisons susdit. au premier article, ce 27 Août 1609 Sorgues, Cons. Cruzi, Cons. Petit, Cons. Romieu, Compes. signé.*	*Item*, un prat, champ, bosc de rivage & petit jardin des moulins.	*Idem.*
Rayé *comme dessus, ce 27 Août 1609. Sorgues, Cons. Cruzi, Cons. Petit, Cons. Romieu, Compesaire, signé.*	*Item*, un champ, bois de rivage & pâturage.	*Idem.*
Rayé pour l'avoir ledit Chapitre acquis *noble* du Sr Abbé de S. Jacques par échange reçu par . . . . Notaire de Murviel, le . . . . & vérifié sur le compoix vieux dudit Sr Abbé être *noble*, ce 27 Août 1609. Sorgues, Cons. Cruzi, Cons. Petit, Cons. Romieu, Compesaire, qui, de mandement de MM. les Consuls, ai écrit ce-dessus, déclaré noble, ledit jour 27 Août 1609, ainsi signés.	*Item*, un champ & rivage.	*Idem.*

N°. XXXII.

Evocation au Conseil Privé des contestations renouvellées sur la nobilité des biens de l'Eglise de Saint Pierre, entre le Chapitre & les Consuls de Bésiers.

18 Décembre 1606.

Produit par le Chapitre & par les Consuls.

HENRI, par la Grace de Dieu, Roi de France & de Navarre; au premier Huissier ou Sergent sur ce requis, Salut : le Syndic du Clergé au Diocèse de Béziers nous a fait humblement exposer que, par privilége de nos prédécesseurs Rois, & contrats faits entr'eux, confirmés par nous depuis notre avénement à la Couronne, ils sont exempts des contributions aux tailles & des subsides imposés & à imposer sur nos sujets, pour raison des biens à eux appartenans, le Sindic de notre Ville de Béziers n'ignorant point ladite exemption, soit pour considération de leurs personnes, que paiemens qu'ils nous font des décimes, a voulu faire comprendre les biens des Ecclésiastiques dudit Diocèse en l'imposition des tailles & levées qui se levent sur les biens de nos autres sujets; à quoi étant l'exposant opposé, le Syndic de ladite Ville le poursuit en notre Cour des Aydes à Montpellier, où l'exposant ne peut procéder, *tant pour être les deux tiers des Présidens & Conseillers de notredite Cour de la prétendue religion reformée*, conséquemment incompétens de connoître de ce qui concerne le bien desdits Ecclésiastiques, que pour nous être réservé la connoissance de ces différends à notre Conseil, nous requérant nos lettres à ce nécessaires: à ces Causes, desirant favorablement traiter l'exposant, te mandons qu'à sa Requête le Syndic de notre Ville, & autres qu'il appartiendra, & dont requis seras, tu assignes à comparoir en notre Conseil, à certain bref & compétant jour, pour voir dire & déclarer lesdits Ecclésiastiques & leurs biens, francs, quittes & déchargés des tailles, levées & impositions, avec défenses d'en faire ailleurs poursuite qu'en notredit Conseil, sur peine de nullité, cassation de procédures, dépens, dommages & intérêts. De ce faire te donnons pouvoir, autorité & mandement spécial, sans pouvoir demander placet, *visa* ni *pareatis*, car tel est notre plaisir. Donné à Paris le 18e jour de Décembre, l'an de Grace 1606, & de notre Règne le 18e. Par le Roi en son Conseil. De la Taine, ainsi signé.

No. XXXIII.

Transaction sur procès par laquelle, en exécution des jugemens & Arrêts antérieurs, les Consuls & Communauté de Bésiers reconnoissent la nobilité des biens de S. Pierre.

27 Novembre 1608. *Produite par le Chapitre & par extrait par les Consuls.*

Comme soit ainsi que sur le différend & procès meu entre le Syndic dudit Chapitre de l'Eglise Cathédrale S. Nasaire de Béziers, & le Syndic des Consuls de ladite Ville, pour la nobilité & exemption des tailles & charges qui s'imposent annuellement en ladite Ville, concernant la métairie, moulins, bois, rivages & terres en dépendans, dites de la conque de *S. Pierre d'Apullo*, terres de la métairie des Sallés, appartenans audit Chapitre & autres terres en dépendans desdites metairies & maisons capitulaires, & autres, autrement dans l'enclos de ladite Ville, affectées & annexées aux dignités, offices & Chanoines de ladite Eglise Cathédrale, seroit intervenu *Arrêt* en la souveraine Cour des Aydes, le *vingt-sept Juillet mil cinq cens cinquante-six, & par icelui ordonné que ledit Chapitre sera quitte & exempt de contribuer ès tailles, deniers du Roi & autres pour ledit S. Pierre d'Apullo, sive de Bosco*, moulins, resclause, pêcherie, bois, prés, & ses appartenances anciennes, selon les limites & bornes désignées en ladite Sentence arbitrale, passée entre lesdits Syndics le septieme des Kalendes de Mai mil deux cens quatre-vingt-un; & aussi pour les maisons capitulaires & autres autrement affectées aux annexes, aux dignités, offices, Chanoines de ladite Eglise Cathédrale, y compris la maison dudit Précenteur avec le Cotteau pendant au-dessous de ladite Précenterie, & pour le pré assis à la riviere d'Orb, vers l'Eglise S. Martin de Divisan, Pastels & Pasturals, joignant ledit Pré, & à ces fins que lesdits biens & prés seront rayés du compoix & cadastre de ladite Ville, & en ce que concernoit les maisons, terres & possessions expécifiées au rôle, & autres baillées par le Syndic du Chapitre, pardevant M. le Sénéchal, en l'an mil quatre cens quatre-vingt-cinq, & autres par ledit Syndic dudit Chapitre, & Précenteur, en leurs écritures accordés & confessés roturiers & contribuables, en suivant l'extrait du compoix dudit Béziers, en l'an mil cinq cens treize, produit en ladite Cour par toutes parties, & celles aussi qui seront comprises & cotisées en ladite transaction de l'an mil cinq cens trente-un, produit au procès, & ayant *égard auxdits Edits & Déclarations du Roi sur l'imposition* & contribution des tailles du Pays de Languedoc, des années 1483, 1535, 1540 & 1543; &

S. Pierre d'Apullo ou de Bosco est ici la même chose.

Ordon. sur les tailles.

autre Edit sur la Jurisdiction de la Cour des Aydes de l'an 1552, publié au grand Conseil de ladite Cour, sans avoir égard à la transaction de l'an 1531, en ce que concerne l'exemption des tailles, & ordonne que le Syndic dudit Chapitre, Précenteur, Chanoines & autres Habitués de ladite Eglise pour les susdits biens, maisons, terres & possessions, seront cottisés & contribueront respectivement ès tailles, deniers Royaux & autres avec les manans & habitans contribuables de ladite Ville, au sol & livre également gardée & sans dépens des Instances pour ce chef; & au surplus de l'immunité ou cottisation prétendue des terres & possessions dudit Chapitre & Habitués de ladite Eglise, autres que les susdits, ladite Cour auroit appointé lesdites Parties, ou reçues icelles, à bailler leurs faits dans quinzaine, & prouver pardevant ledit Commissaire sur ce à députer, dedans deux mois, pour, le tout vu, être fait droit; & cependant par maniere de provision, & sans préjudice du droit des Parties, pour lesdites possessions réservées à juger, ordonne que le Syndic du Chapitre & Chanoines contribueront auxdites tailles & autres deniers avec les habitans & contribuables de ladite Eglise, à la charge auxdits Consuls de rendre ce qu'ils auront exigé, s'il est dit, & ledit Précenteur sur la même provision déclare exempt & quitte de ladite contribution pour les pieces de terres joignans & confrontans, & aboutissans aux terres dudit S. Pierre, en baillant par lui caution de rembourser lesdits Consuls de sa cote, de l'imposition, si ainsi étoit ordonné, dépens réservés, devant lequel Commissaire ledit Syndic pourra articuler & vérifier l'excès de la cotisation, & surtaxe desdites terres roturieres, & lesdits Consuls au contraire, comme aussi ledit Syndic pourroit assister aux assemblées & convocation publiques de ladite Ville, concernant l'imposition & département desdits deniers & reddition des comptes d'iceux, & que sur l'exécution dudit Arrêt poursuivi en ladite Cour le vingt-six Févier mil cinq cens cinquante-six, soit intervenu autre Arrêt en ladite Cour, & par icelui ordonné que le Chapitre sera tenu quitte & exempt de contribuer aux tailles, deniers Royaux & autres pour les maisons dudit Chapitre, dite Genestel, assise au plain de S. Nasaire, confronte avec ledit plain, l'Eglise de la Trinité, maison du Succenteur, Me Jean de Bisque, & rue dite S. Nasaire à S. Louis pour la maison de l'Aumônier, confronte les hoirs de Matthieu Bonnet, la rue de la Trinité à la porte de Tournalouse, autre rue de ladite Tournalouse à S. Felix, Me Hue, Avocat, Jean Massier, & plain d'Eu Capus pour un four au plain de S. Felix, dudit l'Aumônier & des quatre Pilliers, confronte avec Me Jacques Eonsaire Notaire, Jean Feronier Tisserand, & deux rues publiques, pour une maison au Bourg de S. Louis, confronte Me Geraud Laudes, Me André Maure & Me Etienne Mause, Bénéficier en ladite Eglise, pour autre maison confronte avec Jean Boyer Charpentier, Jeanne Rouere, Me Pierre de Granes confronte Me François de Custe, & Geniers Tindot pour la maison de Me Arnauld de Palissa, aussi Chanoine, assise au plain de S. Nasaire, confronte avec le College du S. Esprit Me Jean Natalis, ledit plain faisant coin de deux parts; autre maison tenue par Me Pierre Bureau Chanoine, se tenant avec M. Amatris Mercier, Procureur du Roi, de deux parts la maison tenue par Me Jean Renom, Hebdomadier en ladite Eglise, confronte la rue des Chapelains, & la maison de Me Jean Natalis Vieux, pour la maison tenue par Me Jean Dufague, Bénéficier en ladite Eglise, confronte la rue de la Malpaye de deux parts, & Me Antoine Boujat Chanoine, pour la maison de Me Jean Natalis Pluvieux, Prébandier en ladite Eglise, confronte la rue des Chapelains, celle dudit renom, & Lovis, maître Tisseran, pour la maison des Colleges du S. Esprit, Bénéficiers en ladite Eglise assise au plain dudit S. Nasaire, tenant avec les maisons de Me Arnaud de Palissa Chanoine, & dudit Natalis Vieux, & *en outre sera ledit Syndic & Chapitre exempt de contribuer ès tailles & deniers Royaux pour ledit S. Pierre d'Appullo sive de Bosco & conque dudit S. Pierre*, ainsi qu'elle est désignée & confrontée, & se comporte, savoir, est de l'Occident & vent de Cers avec les terres dudit Précenteur, joignant le chemin par lequel on va dudit Béziers à S. Pierre; septieme montrée du Syndic dudit Chapitre & premiere montrée des terres dudit Précenteur, aboutissant à ladite conque, prenant droit devers Midi jusqu'à la riviere d'Orb, les autres terres dudit Chapitre, demeurant du côté dudit Cers, Septentrion & Aquilon, avec les terres des hoirs d'Alphonse, Prats, autres terres

S. Pierre d'Apullo ou de Bosco, encore la même chose.

tres

res que le Chapitre a eues de feu M. Nicolas Gep, quand vivoit grand Archidiacre en ladite Eglise, & suivant les montrées dudit côté d'Aquilon, & encore Précenteur jusqu'aux bornes, faisant division des terres dudit Béziers jusqu'à Villeneuve, la Cremade à autres terres dudit Précenteur, Abbé de S. Jacques, François Turc, Artus Mas, du côté d'Orient, & d'illec s'étendant devers Midi jusqu'à ladite Riviere d'Orb & Contremont icelle jusqu'à l'endroit de rechef de ladite septieme montrée & premiere limite de ladite Conque, ci-devant ordonnée dudit coté de vent de Cers, y comprenant les moulins dudit S. Pierre, Bois & Allamons joignans ladite Conque, & pour une piece terre jadis pré ou pâtural assis au terroir de Divisan, confronte avec Pierre de Plante ou Seigneur de Villenouvette, Midi, Septentrion & Aquilon, terres de l'Œuvre de l'Eglise de Saunian, de Marin avec le chemin de la grange ou métairie de la Sale au lieu de Serignan du vent de Cers; comme aussi est ledit Precenteur déclaré quitte, exempt de contribuer ès deniers pour les terres aboutissantes & tenantes à ladite conque de S. Pierre, dessus limitée, en suivant la teneur dudit Arrêt, & ordonne que les maisons dessus expécifiées, Conque de S. Pierre ainsi bornée & limitée, terre de Divisan, seront levées & rayées du compoix, & les deniers pour ce regard levés & exigés rendus par lesdits Consuls audit Syndic; comme aussi les deniers levés pour la double cottisation des autres biens dudit Chapitre, décrits deux fois au compoix dudit Béziers de l'an 1513, & est permis audit Syndic se trouver aux assemblées faites de la Ville, pour le fait de la cottisation des deniers Royaux, impositions & reddition des comptes, comme l'un des autres habitans & contribuables sans dépens de ladite exécution d'Arrêt, lequel Arrêt donné sur l'exécution du précédent, auroit été réellement exécuté par feu M. Antoine de Tremoullet, Baron de Montpesat, Conseiller & Général en ladite Cour, & Commissaire en cette partie, député dès le cinq de Mars mil cinq cens cinquante six, & suivant icelui *toutes les maisons rayées du compoix, ensemble la maison, bâtimens, moulins & terres de ladite métairie de S. Pierre, par concurrence de la quantité* de trois cens cinquante-huit septiers, deux quartes, treize dextres; savoir, en terres labourables deux cens quatre-vingt-un festerées treize dextres; prés dix huit festerées un quart, vingt-un dextres bois, dix festerées trois quarts, seize dextres bois & herbages, huit festerées deux quarts sept dextres jardin, clos de muraille, dix-sept festerées deux dextres bois étant au dessus des moulins, trente-sept festerées un quart vingt-un dextres, lesdites terres bodulées & bornées de vingt un bodules marquées aux armes du Chapitre, la premiere plantée à deux dextres & demi du chemin allant de Béziers aux moulins dudit S. Pierre, ladite Bodule regardant desdites armes le vent Marin, & vingt-cinq d'icelle, le dextre contenant seize pans, mesure de Montpellier, la seconde Bodule regardant du côte des armes dudit Chapitre le vent Marin, & à neuf dextres d'icelle la seconde Bodule, la troisieme regardant du côté desdites armes du Midi, & d'icelles jusqu'à la quatrieme, regardant du côté lesdites armes, le vent du Midi, quatorze dextres, & d'icelle quatrieme jusqu'à la cinquieme, onze dextres regardant vers le côté desdites armes le même vent, & d'icelle jusqu'à la sixieme, neuf dextres & demi regardant ledit vent du côté desdites armes, & la sixieme jusqu'à la septieme, vingt-un dextres un quart regardant lesdites armes, le vent Marin, & d'icelle jusqu'à la huitieme, quarante dextres & demi regardant les armes d'icelle vers le Midi, & d'icelle jusqu'à la neuvieme, quinze dextres & demi regardant lesdites armes & Midi, & d'icelle jusqu'à la dixieme; vingt-huit dextres confrontant d'Aquilon les terres dudit Precenteur, regardant les armes d'icelle le Midi, & d'icelle jusqu'à la douzieme, vingt-quatre dextres confrontant les terres dudit Précenteur, d'Aquilon regardant du côté lesdites armes du vent du Midi, & d'icelle jusqu'à la treizieme huitaine; une dextre deux tiers confronte terres de l'Abbé de S. Jacques, François Turc & Arthus Mas, regardant le vent du Midi le côté desdites armes, & d'icelle jusqu'à la quatorzieme; trente-deux dextres trois quarts confrontent avec les terres dudit Précenteur, appelées le Saumillon, regardant lesdites armes le Midi, & d'icelle jusqu'à la seizieme, vingt-huit dextres confrontent d'Aquilon ledit Précenteur; regardant lesdites armes le vent de Narbonnois, & d'icelle la dix-septieme, vingt-quatre dextres trois quarts confrontant du Marin les terres de Ville-

Exécution de l'Arrêt de 1556.

Bodulement ou limites des biens de S. Pierre.

neuve, regardant les armes du vent du Midi, & d'icelle jusqu'à la dix-huitieme; huit dextres un quart confrontant d'Aquilon la division de Villeneuve, regardant lesdites armes le vent de Midi, & d'icelle jusqu'à la dix-neuvieme; soixante-neuf dextres trois quarts confrontant de Marin ladite division, & les armes d'icelle regardent le vent de Cers, & icelle à la vingtieme; quarante-deux dextres & demi, à compter depuis la dix-neuvieme jusqu'à la vingtieme, & du vingtieme jusqu'à la riviere d'Orb, confronte de Marin avec la division de Villeneuve, & du vingtieme jusqu'au vingt-unieme, regardant les armes du vent de Cers, & tirant le long de la riviere jusqu'au vingt-unieme; trois cens cinquante dextres, la vingt-unieme étant de ledit bois, ledit terme éloigne de ladite riviere douze dextres, les armes d'icelle regardant le Marin, & ledit terme éloigné du premier, le chemin de Béziers auxdits Moulins & le Mayronal Vieux entre deux; soixante-dix-huit dextres, lesdites douze dextres de la vingt unieme jusqu'à la riviere, y compris & pour les terres dudit Précenteur, appelées las Condomines & le Saumillon, confrontant de Marin avec les terres de S. Pierre, & des autres parts de Cers avec les terres de l'Abbé de S. Jacques, d'Aquilon, de Septentrion, avec le chemin allant de Béziers à Villeneuve & à Agde, de Marin avec la division de Villeneuve, Artus Mas, désignées & vérifiées être de cent soixante-dix festerées de contenance, suivant les relations, rapports & vérifications sur ce faites par les Experts à ce commis par ledit sieur Commissaire, par lequel aussi fut procédé à la vérification de la contenance du pré, pastels & pasturals de Divian, & limites & bornes de sept Bodules, la premiere faisant les armes du Chapitre, regardant le Midi, éloigné de la seconde, tirant directement au vent du Marin; quarante-huit dextres confrontent les terres de l'Œuvre de Saunian, & la seconde regardant les armoiries d'icelle le vent de Midi, éloignée de la premiere; 3 dextres 3 quarts confrontent de Marin les terres du sieur de Villeneuvette, & la troisieme ayant ses armoiries regardant le vent de Narbonnois, éloigné du quatrieme vingt-trois dextres, confronte d'Aquilon les terres du sieur de Villeneuve, & la quatrieme ayant ses armes regardant vers le cers du cinquieme, treize dextres confrontent de Marin les terres de la Ville, & le cinquieme ayant ses armes regardant ledit cers; quatre-vingt-dix-huit dextres deux tiers confrontant de Midi ledit de Villeneuvette, & le sixieme ayant ses armes regardant l'Aquilon, éloigné du septieme; vingt dextres & demi confrontent de Cers le chemin allant de l'Espignan au moulin de S. Pierre, celle dite septieme ayant ses armes regardant le vent Marin, éloigné du premier; vingt-deux dextres confrontant ledit chemin, & contenant ledit pré, pastel, pastural vingt-six festerées; soixante-onze dextres de terre, & d'abondant procédé par ledit sieur Commissaire, suivant les relations desdits Experts, à la rayeure de l'alivrement, sur le cadastre dudit compoix de ladite Ville, de ladite quantité de trois cens cinquante-huit festerées soixante-trois dextres; c'est à savoir sur le dix-huitieme article dudit compoix vingt-trois festerées, le dix-neuvieme douze festerées quatre-vingt-une dextres, le vingtieme quarante-cinq festerées vingt-quatre dextres, le vingt-un trois festerées trente un dextres, le vingt-deux cent neuf festerées vingt-neuf dextres, le vingt-troisieme cent cinquante-six festerées quatre-vingt-quatre dextres, du vingt-quatrieme huit festerées quatorze dextres, revenant tout compris deux festerées dix dextres de jardin à la quantité de trois cens cinquante-huit festerées, soixante-troisieme dextre, & d'abondant lesdites Métairies Jasse, Pigeonnier, & autre maisonnage en dépendant, selon lequel Arrêt & Exécution ayant ledit Syndic du Chapitre joui de ladite immunité pour lesdits maisonnage, métairies, moulins, bois, terres, prés, pastels ou pasturals; ensemble ledit Précenteur, & payé pour leurs autres biens, maisons, terres, jusqu'en l'année mil six cens cinq, que ledit Syndic des Consuls s'étant apperçu, le compoix & *cadastre de l'année mil cinq cens cinquante-six avoir besoin d'être refait & procédé à nouvelle recherche & allivrement pour plusieurs grandes quantités de terres depuis ledit compoix être prises & réduites à culture par les particuliers habitans de la Ville & lieux circonvoisins, que nouveaux bâtimens & constructions des maisons non allivrées sur ledit compoix*, se seroit retiré en la souveraine Cour des Aydes, & d'icelle obtenu permission de faire procéder à nouvelle recherche & confection de nouveau compoix, ce qui auroit été effectué, & en icelui inclus par cahier séparé, tous

Motif du renouvellement du compoix en 1605. V. supra N°. 26.

les biens immeubles tenus & possédés tant par les Ecclésiastiques que autres habitans de ladite Ville, lequel compoix auroit été autorisé par ladite Cour & par Arrêt d'icelle; ordonne que le département desdites impositions seroit désormais fait sur ledit allivrement, & les cotisés contraints à payer leur cotité des charges & impositions, selon l'allivrement & département contenu en icelui, & tout ainsi qu'auroit été délibéré. Arrêté aux Conseils Généraux pour ce regard tenus & convoqués en ladite Ville; & afin que pour l'avenir les impositions ne puissent point recevoir de retardement par le moyen des oppositions des vassaux & tenanciers des biens nobles ou prétendus tels, le Syndic les auroit fait appeler tous, tant Ecclésiastiques que Séculiers en ladite Cour, à faire foi de leur titre d'exemption & Noblesse, & même le Syndic du Chapitre, lequel prétendant la plupart des sieurs Conseillers, Présidens & Généraux d'icelle être de la prétendue religion réformée, & par ainsi ne pouvoir valablement contester ou proroger en ladite Cour, auroit au nom du Clergé dudit Diocèse, prenant la cause pour tous les Ecclésiastiques de ladite Ville & particuliers, acquéreurs des maisons & terres par eux à iceux vendues nobles & immunes de toutes Charges, obtenu lettres d'évocation au Conseil Privé du Roi, du dix huit Septembre mil six cens six, & par vertu d'icelles, fait assigner le Syndic desdits Consuls au Conseil privé du Roi, où tant est procédé que ce dernier de Février 1608, Sa Majesté, en son Conseil par son Arrêt, évoque en son Conseil le procès & différent desdites parties, circonstances & dépendances; fait défenses à ladite Cour de prendre connoissance, & aux Parties de faire aucunes poursuites sur peine de nullité, & ordonne qu'elles viendront procéder au Conseil sur leur principal différent dans deux mois sur quoi s'espéroit à mouvoir un grand procès, le cours duquel pourroit tirer beaucoup à longueur avec frais excessifs, d'autant que le Syndic dudit Chapitre prétendoit non seulement exemption & nobilité des maisons comprises auxdits arrêts & exécution d'iceux, mais encore de plusieurs autres qu'il bailleroit par déclaration, comme aussi outre la conque de St Pierre & terres mises & en icelle selon les limites & bodules plantées sur l'exécution desdits arrêts, prés, pastel, pastural de Divisan, prétendoient immunité pour toutes les autres terres *acquises avant l'introduction de l'imposition des tailles & non comprises* & allouées au compoix de l'an 1513, soit dépendant de la métairie dudit St Pierre, ou de la metairie de Salles & terres de Divisan, & *sous le manteau & couvert desquelles ledit Syndic des Consuls où la recherche générale du pays de Languedoc avoit été moins cotisé pour la ville & terroir d'icelle*, & plusieurs autres, & que ledit Syndic soutenoit être de l'entier dot, table & domaine de l'Eglise données à icelle tant par les *fondateurs Evêques*, qu'autres bons chrétiens par piété & dévotion, ainsi qu'il disoit apparoir par bons, loyaux & anciens titres non produits en ladite instance sur laquelle sont intervenus lesdits arrêts qui leur avoient été dérobés, & depuis découverts, qui sont en pied de produire, vérifier & prouver l'exemption & immunité d'icelles & exécution de l'appointement des contraires contenue audit arrêt du mois de Juillet 1556 non encore effectué, s'étant ledit Commissaire réservé plus ample exécution, ledit Syndic à vérifier les autres piéces, prétendues par les Consuls rurales, être nobles apparoissant du dire dudit Syndic, fait devant le Commissaire le 30 Mars 1556, avant Pâques, soutenant au contraire ledit arrêt du mois de Juillet 1556 avoir été donné avec grande connoissance de cause, & sur plusieurs baux & anciens titres produits par ledit Syndic dudit Chapitre, même ceux desquels ils prétendent s'aider à présent, & même *don fait audit Chapitre par MM. Teudo, Odo, Vicomtes*, & autres Aumôniers de Messire Raynaud, jadis Evêque de Bésiers, & de la volonté & mandement d'icelui de ladite métairie de St Pierre d'*Apullo*, avec son terminal, terroir, bois, moulin, resclause & autres biens y désignés, du 14 *des Calendes d'Avril* régnant, & Roi Raoul, & du *vidimus*, de certain instrument par lequel *Raymond Roger, Vicomte de Bésiers*, loue & confirme auxdits Chanoines & Eglise tous les édifices, moulin de l'Eglise St Pierre de *Bosco*, son circuit & autres ses appartenances & dépendances du mois d'*Octobre* 1203, reçu par Me Bernard Martin, Notaire, expédié par Me Jacques Suard, aussi Notaire, d'une sentence arbitralle & transaction passée entre ledit Chapitre & précenteur de ladite Eglise & les Consuls, du 16 des Calandes de Mai 1281; la declaration

Vu des chartres des années 933 & 1203.

Vu de la Sentence de 1281 & des Décl. des Commissaires sur les tailles.

faite par les Gens du Conseil du Roi, généraux, réformateurs de toutes les Finances & justice sur la maniere d'exiger les tailles pour les biens roturiers échus en mains nobles & privilégiées, du 10 Mars 1389, d'une transaction & accord passé entre lesdites parties le pénultieme d'Avril 1531, reçu par Me Amuly, Murnit & Jean Pichon Notaires, & par lesdits arrêts donnés sur le principal que sur l'exécution, avoir été faite exacte expression & désignation des maisons, bâtimens, champs & bois sujets & exemption ou cotisation, n'y ayant rien d'exempt, d'immune que la métairie de St Pierre, resclause, pêcherie, bois, prés, ses appartenances entieres selon les limites & bornes désignées en la Sentence arbitrale du 7 des Calandes du mois de Mai 1281, & les maisons capitulaires & autres autrement affectées & annexées aux dignités, offices & Chanoines de ladite Eglise, y comprenant la maison du précenteur, avec le côteau dépendant au-dessous, & pour lesdits prés, pastels ou pasturals joignant ledit pré vers l'Eglise de St Martin de Divisan, laquelle contenance de terre, tant dudit St Pierre que du Divisan & précenteur sont plus particulierement limitées par l'arrêt de l'exécution du 26 Février, & les maisons capitulaires & autres déclarées être les maisons dites Ginestes; autre maison servant de grenier pour recueillir les denrées dudit Chapitre; la maison de l'Aumônier, le four au pain de St Felix, dit de l'Aumônier & des quatre Pilliers, & autres ci devant désignés sur la narrative dudit arrêt trouvé; les autres maisons, biens & terres dudit Chapitre & autres Ecclésiastiques, ils sont condamnés à contribuer définitivement, ou par provision, pour le premier arrêt; & par l'arrêt de l'exécution, ledit provisoire demeure vuidé pour n'avoir ledit Chapitre rien articulé, vérifié ou prouvé dans les délais à lui prescrits par ledit arrêt de quinzaine, & d'un mois ni de quatre mois après, ni voir en aussi. Il étoit à douter s'il y eût pu être reçu par le Commissaire, vu ledit second arrêt forclusif & dérogatif pour ce regard à tous délais contenus au premier n'étant considérables, les réservations faites par ledit Commissaire en ses ordonnances, de plus ample exécution du postérieur arrêt, lesquelles reservations faites par ledit Commissaire en ses ordonnances, ne se peuvent entendre plus avant que le terme de droit & les délais ordonnés par iceux qui sont de trois ans, après lequel toutes instances demeureront périmées & proscrites singulierement; que si ledit Syndic du Chapitre étoit recevable de relever appel de cette procédure comme faite en défaut desdits Consuls & à la seule poursuite dudit Chapitre à l'avantage d'icelui, & les vérifications, limitations & affections des bodules par experts, l'un nommé par le Syndic dudit Chapitre, & l'autre qui devoit être nommé par les Consuls pris d'office, & le tout avec beaucoup de faveur & support comme est évident avoir & vérifiant pour la rélation desdits Experts & procédure du Commissaire, que ouïs dans les désignations & montrées faites par ledit Syndic dudit Chapitre rapportées par ce premier arrêt, n'y dût avoir dans la conque St Pierre que 358 festerées deux quarts, treize dextres ci en inclus néanmoins par lesdits Experts en la fiction & plantement des limites & bodules 610 festerées terre ou plus jouies depuis par ledit Syndic, noblement sous le voile & prétexte de justice à la surcharge de la veuve & de l'orphelin; si que il faut de nécessité inférer & conclure, ou que lesdits Experts ont inclus dans lesdites limites malicieusement & par support lesdites 252 festerées qui s'y trouvent de plus, ou que depuis la vérification & affection des bodulles faites ladite vingt-unieme & derniere bodulle a été transportée, & lesdites 252 festerées de terre qui étoient rurales, inclues & incorporées dans les limites de la terre noble; singulierement que ladite distance rapportée par ladite relation & procédure de la derniere à la premiere bodulle être de 78 dextres, être trouvée à présent être de 88 dextres; & ladite bodulle désignée regardant le vent de midi, regarde à présent le marin, & que en tout cas les maisons & terres nobles possédées par ledit Chapitre & autres Ecclésiastiques sortant de leurs mains par échange, vente, donation ou autrement, devenoient roturieres & contribuables aux tailles suivant la transaction de l'an 35, & plusieurs autres raisons & griefs que lesdits Consuls avoient moyen de déduire, vérifier & prouver par actes & témoins, étant par ce moyen les parties pour ce regard en termes d'entrer en plus grand & gros procès, & respectivement se plonger en frais & dépens pour y obvier, & aux inimitiés que communément apportent les procès,

procès, & désormais vivre en bonne paix & amitié, traitans aucuns leurs amis communs & bons citoyens ont transigé, composé & accordé lesdits différens en la forme que s'ensuit.

C'est que ce jourd'hui 27 *jour du mois de Novembre* 1608 dans Béfiers & maison de M. Me Jacques Darnoye, Conseiller du Roi, Président & Lieutenant Général au siége présidial de Besiers, & pardevant nous Notaires Royaux & témoins bas nommés, régnant très chrétien, Prince Henri, par la grace de Dieu, Roi de France & de Navarre, établis en leurs personnes, sçavoir est, de la part desdits Consuls Messire Jacques Darnoye, Syndic & Messire Gabriel de Cabresolles, Conseiller du Roi & Juge criminel audit siége, & Messire Jean Sainvieux Receveur des tailles dudit Diocèse, & second Consul de ladite Ville dûment autorisés de pouvoir suffisant à eux donné comme on dit par le Conseil Général sur ce tenu, duquel ils ont promis de faire apparoir & faire ratifier le tout; & de la part dudit Chapitre, Messire Me Anne Juvenis, Chanoine & Archidiacre de Cabrieres, François Boujac, Chanoine & Camerier, & Jean Valette aussi Chanoine de ladite Église St Nasaire, & duement autorisés de pouvoir suffisant du corps de leur dit Chapitre par délibération tenue en icelui, ci à cause de brevieté obmise à inserer néanmoins remise devers nous Notaire en bonne & dûe forme, expédiée par Me Raymond de Recolles, Notaire & Secrétaire dudit Chapitre, ont transigé, accordé & composé le différent & procès pour ce regard intime, tant en la souveraine Cour des Aydes, que Conseil privé du Roi, leurs circonstances & dépendances, forme & sous les pactes & conventions *en premier lieu* qu'il sera renoncé comme respectivement ils renoncent dès à présent auxdits procès leurs circonstances & dépendances, pour d'iceux désormais ne faire plus de poursuite, ains s'en départent & promettent de vivre en bonne paix & amitié; plus a été convenu entre lesdites parties que ledit Syndic jouira noblement ladite métairie de St Pierre d'*Apullo*, ses bâtimens, moulins, jardin, resclause, pêcherie, bois, prés & conque dudit St Pierre, tout ainsi qu'elle est désignée & confrontée par lesdits arrêts; ensemble toute la contenance de la terre & alluvion incluse dans les limites & bodulles plantées par les Experts de l'ordonnance dudit sieur Commissaire exécuteur desdits arrêts, & comme plus à plein résulte d'icelle & de *la récollation desdits Experts* rapportée par ladite procédure, & de laquelle est faite mention en la narrative du présent contrat concernant ledit bodullement, & suivant la nouvelle recherche & compoix de nouveau fait en la présente Ville, contenant en tout 632 sesterées de terre, de laquelle quantité de terre incluse dans ledit bodullement, comme dit est, fait suivant les confrontations rapportées au dernier arrêt, ledit Syndic du Chapitre *jouira desormais & à l'avenir noblement quitte & immune de toute contribution aux tailles, deniers du Roi, & autres impositions qui se feront dans la ville.*

Dispositif de cette transaction.

Et à ces fins sera l'entiere contenance de ladite terre *& alluvion incluse & comprise dans lesdites limites & bornes rayée dudit compoix* & cadastres de ladite ville, comme aussi sera quitte & exempt de toutes tailles & impositions pour le pré, pastel & pastural à présent réduit en champs labourables de la métairie de Salles au terroir de St Martin de Divisan, désignée être de contenance de 26 sesterées, 71 dextres de terre en ladite procédure & au nouveau compoix & cadastre, & en suivant les confrons, bornes, limites & bodulles plantées en icelle, rapportées par lesdits arrêts, ordonnances, relation & procédure, ensemble des maisons capitulaires & autres anciennement affectées aux dignités, offices & Chanoines dudit Chapitre, soit qu'elles soient à présent possédées par ledit Chapitre, ou qu'elles aient été par lui aliénées, & plus particulierement désignées & limitées auxdits arrêts, ordonnance, relation & procédure dudit Commissaire, & qui ont été *rayées sur le compoix de l'année* 1555, & autre & par dessus icelles la maison jadis ayant appartenu audit Chapitre, à présent jouie par Me Louis de la Bergerie, qui a acheté icelle dudit Chapitre *noblement*. Sera désormais & à

(1) *L'alluvion a augmenté la contenance par la réunion des petites îles & depuis par des attérissemens, par le desséchement d'un ruisseau qui serpentoit dans les biens de S. Pierre & qu'on a fait dégorger dans le Canal Royal.*

l'avenir, depuis le premier jour de Janvier 1607, joui par ledit de la Bergerie noblement, & déclaré quitte & exempte de contribution auxdites tailles & impositions faites depuis ledit jour en ladite ville, & à ces fins rayée dudit compoix & département, en considération qu'en la construction d'icelle a été compris & inclus le degré de Chapelle & Eglise de la Trinité mentionné audit arrêt & exécution, occupant un tiers de ladite maison; & que les deux tiers restans, ledit Chapitre prétendoit être la maison & habitation des Chantres de ladite ville, & par ainsi nobles comme le tiers ci dessus mentionné.

Et que ledit Chapitre a quitté comme dès à présent quitte auxdits Consuls & habitans la restitution des tailles faites en ladite ville, l'année derniere 1607 & présente 1608, aux Collecteurs d'icelle, pour les terres ci-dessus déclarées nobles, allivrées audit nouveau département du compoix de toutes autres sommes qu'il pourroit prétendre avoir payées concernans les biens nobles jusqu'au jour présent; desquelles lesdits Consuls & habitans demeurent quittes & déchargés envers ledit Chapitre, *le tout pour le bien de la paix*, & éviter à tous circuits de procès. Item a été convenu & accordé que pour tous leurs autres biens & maisons, non comprises auxdits arrêts, ordonnance & procédure, ledit Chapitre contribuera aux tailles & impositions qui se feront en ladite ville, tout ainsi & conformément auxdits arrêts & ordonnance dudit Commissaire exécuteur d'iceux, lesquels seront entierement gardés, entretenus & observés, & par lesdites parties respectivement obéi à iceux selon leur forme & teneur, & pour tout ci dessus faire tenir, observer sans y contrevenir directement ni indirectement, lesdites parties comme le concerne, & ont obligés, sçavoir ledit sieur Darnoye de Cabrerolles & Sastre, les biens de ladite université & lesdits sieurs Chanoines, les biens temporels dudit Chapitre qu'ont soumis à toutes rigueurs de justice; & ainsi, l'ont juré & pour *requérir l'autorisation & registre du susdit accord & transaction audit Conseil privé*, & jurer en l'ame desdites parties en icelui n'être intervenu dol ni fraude, icelles parties, comme procédant y ont constitué Procureur, les y être présenté pour eux par tous Procureurs & Avocats dudit Conseil premier requis, promettant agréer & ne révoquer tout ce que par eux sera sur ce fait juré, requis & consenti, & relever indemnes de ladite charge de procuration sous les mêmes obligations, renonciations & juremens que dessus; *fait & récité* en la maison dudit sieur Darnoye, Président, ès présences de Pierre Roumieu, Clerc, Pierre Petit, Praticien, & Me Antoine Mouette, Procureur audit siége de Bésiers, habitans requis en témoins soussignés avec lesdites parties à l'original, & moi Bringues Rosset, Notaire Royal de Bésiers, qui, requis, en ai retenu instrument, duquel ai fait extraire & grosser le présent par autrui; par moi préalablement faite deue collation à la céde retenue aussi par Me Bonnart Guibert, Notaire Mage, Demurée à part devers moi, me suis ci soussigné en foi de tout, & dessus, *signé* Rosset, Notaire Royal.

N°. XXXIV.

Délibération générale de la Ville & Communauté de Bésiers, qui confirme la transaction du 27 Novembre 1608.

21 Janvier 1609. Produite par le Chap.

L'an 1609 & le 21 jour du mois de Janvier dans la salle basse de la *maison consulaire de Bésiers*, après midi, par devant MM. Jacques Darnoye Seigneur dudit lieu, & Davene, *Lieutenant Général & Président au siége Présidial de Bésiers*, à lui assistant M. Gabriel le Noir, *Lieutenant particulier* au siege présidial de Bésiers, Gabriel de Bonnel Conseiller du Roi, & pour lui *Viguier* ès ville & viguerie dudit Bésiers, Pierre Sastre, *Juge ordinaire esdite ville & viguerie*, M. Noble Pierre Boyer, Seigneur & Baron de Sorgues, Bernard de Crusy, sieur de Basson, Henri Petit, Bourgeois, Messire Rouch & Henri Daspes, Consuls de ladite ville cette année, Maîtres Arnaud de Jesse sieur de Levas, & Henri de Lalle Avocat & *Procureur du Roi audit siége*, ayant lesdits *sieurs Consuls fait convoquer le présent Conseil général de ladite ville au son de la cloche* de l'horloge en la maniere accoutumée, pour traiter & délibérer sur plusieurs affaires importantes au public comme s'ensuit : Sont comparus MM. Anne Juvenis, Chanoine & Archidiacre, Jean Valette aussi Chanoine en l'Eglise cathédrale St Nasaire de la présente ville, députés par le Chapitre d'icelles, M. Jean le Noir & Etienne Natalis, Chanoines en l'Eglise collégiale S. Affrodise de ladite ville députés aussi pour ledit Chapitre d'icelle, Jean Darnoye Seigneur de Perdiguier, M. François Boyer, André Castillon & Anne Berviels, *Docteurs*, *Avocats*, Jean de Ribaute, sieur de la Barthe, Jean Salue *Contrôleur des Finances en Languedoc*, Pierre Gayos, sieur Dubousquet, M. Jean Sartievieux, Receveur dudit Diocèse de Bésiers, Raymond de Fontenestre, Notaire, Jean François Montoursy, Pierre Affre, Jean Canel, Daniel Estagnol, Jean Verroul, Vulcrand, Villeneuve, Jean Lagande, Jean Cavalle *Procureur*, Nicolas Roque, *Lieutenant au siége des Gabelles* de Pésenas, M. Guillaume Valadon, Vidal Gui, Praticien, M. Etienne Duchemin, Prévôt, Pierre Beudel, Bourgeois, Jean Puech, Denis Roux, Paul Yberlin, Pierre Ferrely, Claude Pierre Antoine & autre, Anne Venites, freres, Etienne Roche, Maffre Soleil, M. Jean Gancelet, *& autres en troupe*, étant audit conseil; Me Louis Guirandy, *Docteur*, *Avocat*, *Syndic* de la présente ville, entre autres choses a remontré comme la ville a passé contrat d'accord & transaction avec M. du Chapitre St Nasaire, des terres nobles & rurales de la conque de St Pierre pour raison desquelles il plaidoit au Conseil privé du Roi, où l'instance a été évoquée; & pour éviter à frais & dépens ledit accord, s'en seroit ensuivi que Mrs les Ecclésiastiques desirent faire autoriser au privé Conseil du Roi, sur quoi requiert être délibéré.

Ledit sieur Juvenis, Archidiacre, dit que cet accord a été suivi du consentement de leur Chapitre à la présence & assistance des principaux Magistrats & habitans de la ville, duquel en tant que de besoin est requis être approuvé par le Conseil, & aussi qu'il soit autorisé audit privé Conseil auxquelles fins, en leur faisant Mrs les Consuls procuration à leur Avocat, ils ont des personnes à la suite du Conseil auquel ils envoyeront pour le faire autoriser, sans que la ville entre en frais pour raison de ladite autorisation.

Ledit Syndic a requis aussi ladite autorisation sans préjudicier aux priviléges que la ville a avec le Chapitre.

Le sieur de Levas, Avocat du Roi, déclare n'entendre empêcher l'autorisation dudit contrat, attendu que Mrs les Consuls & Magistrats y ont travaillé, bien a requis être baillé copie dudit contrat pour le voir.

Arrêté d'une *commune voix* que ledit contrat est approuvé, autorisé par le Conseil, & enjoint au Greffier le registrer ès registres de céans, & néanmoins que Mrs les Consuls feront *rayer du compoix* les terres & maisons déclarées nobles par ledit accord, & fourniront de procuration les Mrs du Chapitre pour en poursuivre l'autorisation requise, si bon leur semble, audit privé Conseil du Roi, à leurs frais & dépens, sans que la ville soit tenue tremper en aucuns desdits frais, qui se feront pour ladite autorisation, & ainsi a été conclu le tout sans préjudice des autres facultés & priviléges que la ville a contre ledit Chapitre, & sur-tout ci-dessus à la réquisition desdits Gens du Roi : ledit sieur Président a interposé son decret & autorité judiciaire; & moi, Jean Bonneval, Notaire Royal & Secrétaire du Consulat requis en ai retenu acte, & me suis soussigné avec ledit sieur Darnoye, Président Darnoye ainsi délibéré Bonneval, Notaire Royal & Secrétaire, ainsi signés à l'original tiré de son original duement collationné par moi dit Notaire audit Bésiers le 4 Septembre 1609, signé Bonneval, Notaire & Secrétaire.

Conclusions des Gens du Roi pour l'autorisation de cette délibération.

N°. XXXV.

Arrêt du Conseil Privé du Roi qui homologue contradictoirement la transaction du 27 Novembre 1608 (1).

26 Avril 1610. Produit par le Chap.

Entre le Syndic de l'Eglise Cathédrale & Chapitre de Bésiers, demandeur en lettres du 18 Décembre 1606, tendant à ce qu'ayant Sa Majesté retenu en son Conseil le différend d'entre eux d'une part, & le Syndic des Consuls de la ville de Bésiers d'autre, pour le fait de l'imposition tant ordinaire qu'extraordinaire des tailles auxquelles les héritages dudit Clergé compris aux cadastres auroient été imposés; & lesdites parties ayant depuis transigé sur ledit procès, il plût à Sa Majesté homologuer ledit contrat d'une part, & ledit Syndic des Consuls de ladite ville de Bésiers défendeur. Vu par le Roi en son Conseil lesdites lettres & arrêts & exploits d'assignation donnée en vertu d'icelles : arrêt de la Cour de Montpellier entre les parties, du 27 *Juillet* 1556, *transaction faite entre elles le* 27 *Novembre* 1608, par laquelle, entre autres choses a été accordé que ledit Syndic du Clergé *jouiroit noblement de la métairie de St Pierre d'Appullo*, selon qu'elle étoit confrontée par les arrêts mentionnés en ladite transaction, contenant 632 festerées de terres exemptes de toute contribution aux tailles, deniers de Sa Majesté, & autres impositions, ensemble que seroient pareillement exempts la métairie de Salles & maisons capitulaires, & autres anciennement affectées aux dignités, offices & Chanoines dudit Chapitre, encore qu'elles ayent été par icelui aliénées, même celle possédée par ledit sieur de la Bergerie, vendue par ledit Chapitre sans restitution de ce que avoit été payé pour l'année précédente aux Collecteurs des tailles pour lesdits héritages, & pareillement convenu que ledit Chapitre pour tous les autres biens & maisons non comprises auxdits arrêts, ordonnances & procédures, ledit Chapitre contribueroit aux tailles & impositions qui se feront en ladite ville conformément auxdits arrêts & ordonnance du Commissaire exécuteur d'iceux; *acte de ratification* faite par lesdits Consuls & habitans de ladite Ville & Chapitre dudit Bésiers, de la transaction par assemblée publique du 21 Janvier 1609, & procuration respectivement passée aux fins de requérir à Sa Majesté l'homologation de ladite transaction, appointement en droit *portant le consentement desdites parties, & réquisition respectivement de ladite homologation*; & tout *considéré*, oui le rapport du Commissaire à ce député, « le *Roi en son Conseil*, du consentement des parties, a homologué & » homologue ladite transaction, & les a respectivement condamnées, icelle » entretenir selon sa forme & teneur sans dépens. » Fait au Conseil du Roi tenu à Paris le 26 Avril 1610, *signé* Bouer.

N°. XXXVI.

Baux à ferme du droit de pêche & de chasse attachés à Eglise & aux biens de S. Pierre.

2 Avril 1625. 4 Mai 1685. 11 Juin 1687. 10 Novembre 1697. 6 Janvier 1716. 26 Avril 1721. 6 Avril 1732. 26 Avril 1756. 8 Juin 1768. Rapportés par le Chapitre.

L'an 1625 & le 2e jour du mois d'Avril, dans Bésiers, avant midi, regnant très-chrétien Prince Louis, &c, pardevant nous Notaire & témoins sous nommés, ont été constitués en leurs personnes *Messieurs Me Henri de Galhac, précenteur, Antoine de Juvenis, Archidiacre, de Caprieres, Chanoines & Prévôts du vénérable Chapitre de l'Eglise St Nasaire dudit Bésiers*, lesquels suivant le pouvoir à eux donné par délibération dudit Chapitre, à faire & passer le présent contrat, ont par vertu d'icelle *arrenté & arrentent* à Me Jean *Ribesantes dudit Bésiers* présent & stipulant, & acceptant sçavoir est, toute *la chasse* tant des lapins ou

(1) Cet Arrêt est contradictoire.

lievres

lievres que oiseaux passagers, & autres qui se trouveront dans les bois de *St Pierre* appartenans audit Chapitre, lui *donnant faculté de remettre les garennes*, ensemble la *pêche des poissons* qu'il pourra faire pêcher dans la *riviere* (d'Orb) *depuis les moulins St Pierre, en montant jusqu'aux moulins neufs qui sont au-dessus, & en descendant jusqu'aux terres de Villeneuve, conformément au pouvoir que ledit Chapitre en a, & comme en ont joui les précédens rentiers; c'est pour le* tems & terme de sept années complettes & révolues, à commencer de ce jourd'hui, & à semblable jour finissant pour le prix de chacun an de *trente livres*, payable à chacune fête saint André desdites années; commencera le premier payement à la saint André prochain, venant avec les pactes ci-après spécifiés; pacte accordé qu'en considération de ce qu'aprésent il n'y a aucuns lapins, ni chasse dans lesdits bois; que le payement qui viendroit à la saint André prochain, n'écherra qu'aux fêtes de Pâques de chacune desdites années & commencera le premier payement aux fêtes de Pâques prochaine; premierement *est pacte que ledit Ribesautes ne pourra troubler les rentiers des moulins St Pierre de jouir de la pêche, & faculté qu'ils ont en icelle, tout ainsi qu'est contenu en leur contrat d'arrentement*; ains les en laisser jouir paisiblement; *pacte* que ledit *Ribesautes* ne pourra être *troublé ni empêché* par *aucun des habitans de l'Eglise* (saint Pierre) *en la chasse dudit bois & devois, ou pêche* en ladite réserve; & où le seroit, le Chapitre sera tenu lui faire cesser le trouble, & le faire jouir paisiblement de son arrentement pendant lesdites sept années, à peine de répondre de tous dommages & intérêts; & au cas par aucun des habitans de ladite ville ou autres, ledit Ribesautes viendroit à être troublé, pourra ledit rentier se servir du nom dudit Chapitre pour en faire informer, sans qu'à raison des frais qu'il pourra exposer en ladite poursuite, ledit Chapitre lui soit tenu d'aucune restitution de deniers; pacte que ledit Ribesantes ne pourra couper, ni débrancher aucuns arbres verds, ni secs, que du sçeu & consentement dudit Chapitre: pacte qu'au cas lesdits Chanoines voudroient aller *chasser ou pêcher* en leur particulier, il leur sera permis, & pourront, si bon leur semble, y appeler ledit Ribesautes, à condition que lesdits sieurs Chanoines n'y enverront aucun étranger pour les assister en ladite *chasse ou pêche*; lequel arrentement lesdits sieurs audit nom ont promis faire valoir audit Ribesautes pour ledit tems, & ledit Ribesautes payer & faire le contenu à ce dessus, sous l'obligation, quant aux sieurs Chanoines des biens temporels dudit Chapitre, & ledit Ribesautes des siens propres présens & à venir qu'ont soumis respectivement à toutes rigueurs, segillame du présent Royaume de France avec toutes renonciations nécessaires: & ainsi l'ont promis, juré; fait & récité dans la maison dudit sieur Archidiacre, présens, Etienne Sarrus de Merviel, & Raymond Roulendes de Thézan, stans audit Béziers, signés avec lesdites parties & ledit Ribesautes, & moi, Gabriel de Villa, Notaire, qui requis, &c.

L'an 1685 & le 4 Mai, &c, pareil bail à ferme fait par le Chapitre à Jean Requirant, habitant du lieu de Casouls, de *toute la pêche sur la riviere d'Orb appartenant au Chapitre*, susdit Jean Sairac Notaire à Bésiers.

Autre du 11 Juin 1687 fait de même à *Pierre Moles* de Bésiers, devant le même Notaire.

Autre du 10 Novembre 1697 fait de même à *Guillaumette Lernande, & à Louis Pouget son fils*, devant ledit Sairas Notaire.

Autre du 6 Janvier 1716 de même fait à *Pierre Vezian*, devant Henri Sairas, Notaire.

Autre du 26 Avril 1721 fait de même à *François Mauri de Murviel*, devant le même Notaire.

Autre du 6 Avril 1732 fait de même à *Claude Vezian*, de Bésiers, devant ledit Notaire.

Autre du 26 Avril 1756 fait *au sieur André Camé de Bésiers*, devant Me Martin Notaire.

Autre du 8 Juin 1766, fait de même devant le même Notaire.

N°. XXXVII.

Ordonnance de Clément de Bouzi, Evêque & Seigneur de Bésiers.

1634. Produite par le Chap. Pour pourvoir de Pasteur aux métairies & habitations champêtres des environs de Bésiers, ce Prélat fixe les limites des quatre paroisses de Bésiers, sçavoir de Notre Dame du Siége, de sainte Affrodise, de saint Jacques, de la Magdeleine & de saint Félix son annexe.

Dans le dénombrement que chacun de ces Curés fait des habitations qui se trouvent dans sa paroisse, il n'est fait aucune mention des maisons, ni du lieu, ni de l'Eglise St Pierre : le bois de St Pierre leur sert seulement de limites.

N°. XXXVIII.

Ordonnance du même Prélat qui prouve que l'Eglise S. Pierre est une Paroisse.

Juin 1663. Produit par le Chap. *A cent pas de la Chapelle* (*Eglise*) (1) est la métairie de St Pierre du Bois, appartenant au Chapitre St Nasaire ; les édifices de laquelle ont été trouvés en bon état dans icelle (*Eglise*), est une Chapelle sous le titre & invocation dudit saint Pierre, servie par le Bailli dudit Chapitre, qui est un Officier annuel. M. Blaise Solinhac, créé la présente année, a déclaré avoir dans ladite métairie, ou au moulin qui est proche d'icelle, une vingtaine de personnes de communion (2), tous les ornemens qui sont nécessaires pour la célébration des messes, sont pris de l'Eglise cathédrale, & conservés dans une caisse de bois de noyer, qui est à côté gauche de l'Autel, lequel est garni d'une pierre sacrée, de trois napes, d'un crucifix, deux chandeliers, d'un *te igitur*, d'un devant d'autel de toile peinte ; il y a un petit clocher, où est une cloche bénite de grosseur convenable.

Surquoi Monseigneur a ordonné que dans trois jours ledit Solinhac Bailli, qui sert à présent *ladite Eglise*, viendra devant lui pour lui faire foi de son approbation, & qu'à l'avenir tant que lui ou autres Prêtres qui seront députés au service d'icelle (Eglise), seront tenus d'y célébrer annuellement & à perpétuité une messe haute le 29 Juin jour & fête de saint Pierre, sous l'invocation duquel elle a été dédiée, & une basse tant les Fêtes de commandement que les Dimanches ; d'administrer de plus les Sacremens de Pénitence, d'Eucharistie & d'Extrême-Onction aux métayers d'icelle « tout le long de l'année, hormis en la se- » maine sainte, & aux fêtes de Pâques qu'ils seront renvoyés au Vicaire de No- » tre Dame du Siége, leur Curé primitif, pour être par lui confessés & commu- » niés, de dire le Prône, enseigner la doctrine chrétienne, assister les malades » en leurs maladies, & en cas de péril évident de mort, d'administrer aux enfans » le Sacrement de Baptême, & non autrement. *Clément, Evêque de Bésiers*, signé « à l'original. »

---

(1) Il faut lire *Eglise* & non Chapelle, c'est une faute du Copiste. On remarque, pour s'en convaincre que le commencement de cette Ordonnance porte que » la Chapelle (Eglise) est *à cent* » *pas de la Métairie* ; les édifices de laquelle (Eglise) ont été trouvés en bon état. Dans icelle » (Eglise) est une *Chapelle* sous le titre & invocation de S. Pierre ». Si la Chapelle est donc à *cent pas* de la Métairie, elle ne peut pas être dans cette même Métairie, & par une conséquence prise du contexte même du préambule, on ne peut pas dire non plus que, dans la Chapelle, qui est à cent pas de la Métairie, il y a une Chapelle sous l'invocation de S. Pierre, mais on doit naturellement voir qu'au lieu de dire qu'à cent pas de la Chapelle est une Métairie, il faut lire à cent pas de l'Eglise est une Métairie, dans laquelle Eglise est une Chapelle, & cela est si vrai que le dispositif de l'Ordonnance ne fait aucune mention de Chapelle, au lieu qu'elle exprime littéralement *Eglise* & en marque la Paroissialité.

(2) Outre bien d'autres. Dans le tems des travaux de la Campagne, dans la belle saison, il y a plus de 200 personnes qui assistent à la messe les jours de fête & de dimanche.

N°. XXXIX.

Divers extraits baptistaires de l'Eglise Paroissiale de Saint Pierre du Bosc ou d'Appoul, des 11 Avril 1665 jusqu'au 19 Décembre 1670. 1665. Produits par le Chap.

N°. XL.

Arrêt sur requête qui, sur le vu de la Chartre de 933, accorde la permission d'allivrer les biens de l'Eglise S. Pierre.

Vu la Requête des Consuls de Béfiers, à ce qu'il leur soit permis d'additionner à leur compoix le domaine de saint Pierre d'Apullo & ses dépendances, appartenant au Chapitre saint Nasaire de ladite ville, situé au taillable dudit Béfiers, & ce par les Experts & Arpenteurs qui seront nommés par délibération de la Communauté, en la forme ordinaire, pour être le Domaine cotisé à l'avenir à toutes les impositions tant ordinaires qu'extraordinaires, ainsi que les autres biens. L'Ordonnance de la Cour, de ce jourd'hui de soit montré au Procureur Général du Roi, extrait d'un *acte du* 4 des Kalendes du mois d'*Avril* 933, par lequel les exécuteurs testamentaires de *Reginal*, *Evêque de Béfiers*, donnent audit Chapitre saint Nasaire ledit Domaine de saint Pierre d'*Apullo*, avec son bois, moulin, isle, &c, pour le repos de l'ame dudit Reginal, lequel avoit chargé lesdits exécuteurs de faire ledit acte, avec cette clause, que si aucun revenoit contre les biens donnés, feroient retour aux parens dudit Reginal; la délibération de la Communauté du 25 de ce mois, & les conclusions du Procureur Général du Roi. 28 Mai 1733. Cassé par Arrêt du 24 Avril 1758.

La Cour ayant égard à ladite Requête, a permis & permet aux Consuls dudit Béfiers, d'additionner à leur compoix moderne le domaine de saint Pierre d'Apullo & ses dépendances, par Experts & Arpenteurs qui seront nommés par délibération de la Communauté en la forme ordinaire, & ce fait, a ordonné & ordonne que ledit Domaine sera cotisé à toutes les impositions ordinaires & extraordinaires ainsi que les autres biens. Fait & donné à Montpellier le 28 Mai 1733, *signé*, Louis.

N°. XLI.

Arrêt contradictoire du Grand Conseil qui maintient le Chapitre de Béfiers, en sa qualité de Prieur de S. Pierre, dans la perception des dîmes.

Entre Messire Antoine-Joseph de Charieres, Doyen de l'Eglise, Comte de Lyon, Abbé Commendataire de l'Abbaye de St Sauveur Daniane, Ordre de St Benoît, Congrégation de St Maur. 23 Septembre 1743. Produit par le Chap.

Et le Syndic du Chapitre de Béfiers, Prieur, Curé primitif de l'Eglise saint Pierre, « qui confirme la transaction du 12 Septembre 1595. »

» Maintien le Chapitre au droit & possession de percevoir la dîme sur le territoire de St Pierre, & sur partie d'un autre appelé Saumelongue; condamne l'Abbé Daniane aux dépens (1). »

---

(1) L'Abbé *Daniane* soutenoit au Grand Conseil, sur le même ton que le font aujourd'hui les Consuls de Béfiers, que le Chapitre n'avoit pas droit de dîme; que l'Eglise S. Pierre n'étoit pas une Paroisse; & il offroit de prouver qu'il n'y avoit point dans le Diocese de Béfiers aucun Prieuré appelé *S. Pierre du Bosc. V Supra*, N°. 7 & 30. Les Maire & Consuls de Béfiers veulent au contraire aujourd'hui que ce même S. Pierre en forme *deux*, l'un sous le nom de *S. Pierre du Bosc* & l'autre sous celui de *S. Pierre d'Apullo*. Le Chapitre s'en tient à un seul, à celui dont il jouit appelé dans tous les titres *de Appulio sive de Bosco*.

N°. XLII.

5 Avril 1750. Produit par les Consuls.

Traité par délibération entre les Maire & Consuls de Bésiers, & le sieur Moreau, leur Greffier & Notaire, par lequel ils lui donnent le cinquieme des arrérages auxquels il sera condamner à leur nom, & à leur frais, les possesseurs des biens nobles (1).

N°. XLIII.

14 dudit mois.

Ordonnance de M. l'Intendant qui autorise ce traité (2).

N°. XLIV.

Arrêt du Conseil Royal des Finances, rendu sur requête non communiquée (3).

1 Juin 1751. Produit par les Consuls.

Sur la Requête présentée au Roi en son Conseil par les Maire & Consuls de la Ville de Béziers, contenant, entr'autres choses, qu'en mil six cens six ayant compris les biens de S. Pierre au compoix, il se forma une contestation entr'eux & le Chapitre, qui fut portée à la Cour des Aydes; que, sous prétexte que parmi les membres de cette Cour il y en avoit plusieurs qui faisoient profession de la Religion prétendue Réformée, le Chapitre se pourvut au Conseil Privé, où il obtint un Arrêt d'évocation, qui ordonne que les Parties procéderont audit Conseil; que, sur cette Instance, il fut passé une transaction le vingt-sept Novembre mil six cens huit, par laquelle il fut convenu que le Chapitre continueroit de jouir *noblement* de la terre S. Pierre d'*Apullo*, laquelle transaction fut homologuée par Arrêt du Conseil du 26 Avril mil six cent dix, du consentement des Parties; que le vingt-huit Mai mil sept cent trente-trois les Maire & Consuls, ayant

---

(1) Ce Greffier sollicitoit depuis long-tems le succès de ce traité; le sieur Vidal de Montferriot, l'un des Syndics de la Province, eut la foiblesse d'écrire en sa faveur aux Consuls, le 13 Mars 1749, pour les déterminer; le 16 du même mois ils traiterent en conséquence: mais leur délibération n'eut pas lieu jusqu'au 5 Avril 1750 qu'ils firent un nouveau traité, Moureau est mort depuis la cassation de ses ouvrages, & les oppresseurs contre le Chapitre n'ont point diminué; l'un des parens de ce Greffier, tout au moins aussi intéressé que lui dans cette affaire & encore plus ambitieux, la nourrit, la poursuit & la soutient avec toute l'aigreur, l'indécence & la violence des passions qui lui sont naturelles.

(2) Ce traité odieux à tous égards, eût été foudroyé par le Parlement. Pouvoit-on autoriser un Greffier à susciter *ad nutum* toute sorte de procès aux possesseurs des biens nobles, & autoriser un traité de droit litigieux?

(3) Les Consuls de Bésiers gardent le plus profond silence sur leur acquiescement pendant 140 ans, à la transaction de 1608, à la délibération générale de leur Communauté de 1609 & à l'Arrêt contradictoire du Conseil de 1610 qui les homologue.

Ils ont tellement reconnu que l'existence de ces titres nuisoit à leurs prétentions, & que leur exécution les écartoit à jamais de toute voie pour revenir contre les anciens Arrêts, que par leur requête, insérée dans l'Arrêt du Conseil du 1 *Juin* 1751, ils ont demandé que » sans s'arrêter à la » transaction de 1608, ni à l'Arrêt du Conseil du 26 Avril 1610, ni aux accords & autres actes » passés entre eux & le Chapitre, *lesquels ne pourront leur nuire ni préjudicier*, il plût à Sa Majesté » ordonner l'exécution de l'Arrêt rendu par la Cour des Aides le 28 Mai 1733 en permission d'im- » poser les biens de S. Pierre.

Mais, bien loin de leur accorder ces conclusions & de les relever de leurs acquiescemens, le Conseil, par son Arrêt du 1 Juin 1751, les a déboutés *formâ negandi*, tant de leur demande en anéantissement des actes & Arrêt du Conseil même de 1610, que de l'exécution qu'ils demandoient encore de l'Arrêt rendu par la Cour des Aides de Montpellier le 28 Mai 1733; le Roi évoque seulement à Soi & à son Conseil l'instance qui y avoit été engagée, pour raison de l'Arrêt de 1733, & renvoie à la Cour des Aides la connoissance des contestations qui se sont élevées entre les Parties à l'occasion de ce même Arrêt qui est le seul motif de l'instance. *Nec plus ultra.*

Les voies de nullité n'ont pas lieu en France, l'Arrêt du 5 Mai 1752 n'a donc pu détruire implicitement ni les actes de 1608 & 1609 qu'avec le secours des lettres de rescision, ni l'Arrêt de obtenu

obtenu un Arrêt de la Cour des Aydes de Montpellier sur le vu de la donation de neuf cent trente-trois, qui leur permet d'additionner au compoix la métairie de S. Pierre d'Appullo, & de la cotiser à toutes les impositions, le Chapitre prit une commission du grand Sceau le quatorze Août de la même année sur l'Arrêt du Conseil mil six cens dix, & conclut à son exécution; que cette Instance demeura impoursuivie jusqu'en , & qu'ils en demandent le renvoi à la Cour des Aydes de Montpellier, parce que cette Cour est seule compétente des matieres des tailles, & que l'évocation de mil six cent huit ne peut plus subsister par deux raisons : la premiere, parce que le motif qui y avoit donné lieu, savoir, *que la Cour des Aydes de Montpellier étoit alors composée de quantité d'Officiers religionaires*, ne subsiste plus aujourd'hui que tous les Officiers de cette Cour font profession de la Religion Catholique, Apostolique & Romaine; la seconde, parce que *cette évocation ne pouvoit s'étendre qu'à l'instance qui subsistoit alors entre les Parties*, & non à toutes les contestations qui pourroient survenir dans les suites à ce sujet; que les choses ayant changé de face, & la Religion Catholique ayant entiérement pris le dessus; *en un mot n'étant plus question de l'instance pendante en la Cour des Aydes en mil six cent huit.* C'est *aujourd'hui une nouvelle instance*, soutenue *de nouvelles pieces que les Supplians ont recouvrées*, ce qui doit être décidé par des principes entiérement différens . . . Requéroient à ces Causes les Supplians, sans s'arrêter auxdits Arrêts du Conseil Privé, ni aux Actes ci-devant passés entre le Chapitre & les Consuls de Béziers, ordonner l'exécution de l'Arrêt rendu par la Cour des Aydes le vingt-huit Mai mil sept cent trente-trois, sauf au Chapitre à y former opposition, s'il le juge à propos; & en ce cas ordonner par provision que le domaine de S. Pierre d'Appullo sera imposé à toutes les impositions, nonobstant toute opposition, & que les Parties ne pourront se pourvoir ailleurs qu'à ladite Cour des Aydes. . . . Vu ladite Requête signé Rolland Avocat des Supplians, & les pieces y jointes. . . Oui le Rapport, « le Roi en son Conseil ayant aucunement égard à ladite Requê- » te, a évoqué & évoque à soi & à son Conseil l'instance pendante au Conseil Privé entre ledit Chapitre de S. Nasaire & lesdits Consuls de ladite Ville, & Com- » munauté de Béziers d'autre, *& sur icelle*, a renvoyé & renvoie les Parties en » la Cour des Comptes & Finances de Montpellier, leur faisant Sa Majesté très- » expresses défenses de procéder ailleurs qu'en ladite Cour, pour raison des » contestations dont est question, à peine de nullité, & de tous dépens, domma- » ges & intérêts. » *Fait au Conseil d'Etat du Roi tenu pour les Finances* à Versailles le 1er Juin 1751. *Signé*, de Vougny. Collationné.

1610 que par requête civile, sans contrevenir, quant à ces actes, aux Ordonnances sur les transactions & les rescisions, des années 1510, 1535 & 1560, & quant à l'Arrêt de 1610, à l'art. 1er du titre 35 de l'Ordonnance de 1667 qui défend aux Cours de rétracter les Arrêts & de les rendre sans effet autrement que par requête civile, ou suivant l'article 2 *ibid*, par l'opposition d'un tiers devant le Tribunal qui les a rendus.

Cette contravention est frappante : elle renferme un attentat à l'autorité Royale dans l'entreprise d'anéantir l'Arrêt du Conseil de 1610. Aucun Arrêt ni Sentence ne sont nuls de plein droit; il faut les faire déclarer tels, sans quoi l'exécution leur est constamment due de droit.

La Cour des Aides étoit incompétente relativement à la destruction de cet Arrêt; elle l'a bien senti, puisqu'elle ne l'a pas visé quoique produit. Ce moyen de cassation est invincible : le Conseil y fait droit toutes les fois qu'il se présente.

Exemple : un jugement de la Table de Marbre de Dijon, rendu entre M. l'Archevêque de Lyon & M. l'Evêque d'Autun, a été cassé contradictoirement par le Conseil, au mois de Mars 1766 pour avoir porté sa connoissance au-delà des objets jugés par le Conseil qui lui avoit renvoyé les nouvelles contestations des Parties, circonstances & dépendances; c'est ici la même espece. La Cour des Aides n'a pu connoître que des contestations de 1733 ni détruire les actes de 1608 & 1609, ni l'Arrêt du Conseil de 1610, par le simple fait.

N°. X L V.

Arrêt par défaut de la Cour des Aides de Montpellier qui déclare roturiers les biens de S. Pierre.

29 Novembre 1751. LOUIS, par la Grace de Dieu, &c. Salut. Comme par Arrêt rendu en notre Cour des Comptes, Aydes & Finances, fur la *demande en utilité de défaut*, requis par les Maire & Confuls de la Ville de Béziers, demandeurs par Requête du 4 Septembre dernier, tendante en déclaration définitive de Roture de la Metairie & Domaine appelé S. Pierre d'Apullo, fitué dans le terroir de ladite Ville, joui par le Chapitre S. Nafaire dudit Béziers; ce faifant, qu'il plaife à notredite Cour ordonner que comme tel il contribuera à toutes les impofitions tant ordinaires qu'extraordinaires de ladite Communauté, & en outre que ledit Chapitre foit condamné au paiement des arrérages des tailles de ladite Métairie depuis vingt-neuf années avant le vingt-huit Mai mil fept cent trente-trois, jour de l'Arrêt de notre Cour, qui en permet l'allivrement & cotifation, & ce fur la liquidation qui en fera faite par notredite Cour fur la demande qu'ils en donneront, avec dépens d'une part, à l'encontre du Syndic dudit Chapitre S. Nafaire de Beziers, affigné défaillant d'autre. Vu la Requête mife en qualité, l'Ordonnance en Jugement rendue fur icelle; enfemble l'exploit d'affignation donnée au Syndic dudit Chapitre S. Nafaire, le huit Septembre dernier; défaut pris devers le Greffe de notredite Cour le vingt-fept Octobre fuivant; *extrait d'un acte du quatorze* des Kalendes du *mois d'Avril neuf cens trente-trois*, par lequel les exécuteurs teftamentaires de Reginald, Evêque de Béziers, donnent audit Chapitre S. Nafaire le domaine de S. Pierre d'Apullo, avec fon bois, moulin, ifle & autres biens en dépendans, pour le repos de l'ame dudit Reginald, lequel avoit chargé lefdits exécuteurs de faire ledit acte avec cette claufe, que fi aucun revenoit contre lefdits biens donnés, ils feroient retour aux parens dudit Reginald; Arrêt de notredite Cour, du vingt-huit Mai mil fept cens trente-trois, qui permet auxdits Confuls de Béziers d'additionner à leur compoix moderne ledit domaine de S. Pierre d'Apullo & fes dépendances; Arrêt de notre Confeil d'Etat du premier Juin dernier, par lequel Sa Majefté évoque en fon Confeil l'Inftance pendante au Confeil Privé entre ledit Chapitre S. Nafaire & la Communauté de Béziers, & fur icelle renvoie les Parties en notredite Cour; enfemble la commiffion expédiée fur ledit Arrêt & l'Arrêt de notredite Cour, du neuf Août auffi dernier, qui en ordonne le regiftre, pour être procédé en la caufe renvoyée fuivant les derniers actes & erremens, avec l'exploit de fignification du tout faite au Syndic dudit Chapitre le huit Septembre fuivant; certificat du Greffier Confulaire de la Ville de Béziers, du onze du préfent mois de Novembre; extrait du compoix du Chapitre S. Nafaire tiré du regiftre des biens ruraux de Béziers de l'année mil cinq cens cinquante-cinq par Moureau, Greffier Confulaire de ladite Ville; inventaire de production defdits Maire & Confuls de Béziers, enfemble les *conclufions de notre Procureur Général*: *notredite Cour a* déclaré & déclare le défaut avoir été bien & duement obtenu, pour l'utilité duquel a déclaré & déclare définitivement Roturiers *la métairie & domaine* S. Pierre d'Apullo *dont s'agit*; a ordonné & ordonne que comme tel il contribuera à toutes les impofitions, tant ordinaires qu'extraordinaires, qui fe feront en ladite Ville; a condamné & condamne ledit Chapitre S. Nafaire au paiement des arrérages des tailles defdits biens, depuis vingt-neuf années, avant *le vingt-huit Mai mil fept cent trente-trois*, fuivant la liquidation qui en fera faite par notredite Cour, fur la demande que lefdits Confuls en donneront, impugnée & débattue par ledit Chapitre, fi bon lui femble; condamne en outre ledit Chapitre aux dépens.

NOUS, à ces Caufes, à la Requête defdits Maire & Confuls de Béziers, mandons & commandons au premier notre Huiffier ou Sergent requis faire pour l'entiere exécution du préfent Arrêt tous exploits requis & néceffaires; mandons en outre à tous nos autres Officiers, Jufticiers & fujets ce faifant obéir. Donné à

Montpellier en notredite Cour le vingt-quatre Novembre, l'an de Grace mil ſept cent cinquante-un, & de notre Règne le trente-ſeptieme. Collationné. *Signé*, DEVES, Greffier.

N°. XLVI.

Arrêt de la Cour des Aides de Montpellier qui enterine la requête civile des Maire & Conſuls de Béſiers, reçoit l'oppoſition du Procureur-Général contre les Arrêts de 1556, ordonne l'exécution de celui de 1733 & le paiement proviſoire de la taille.

LOUIS, &c. Salut. Comme par Arrêt judiciellement prononcé en notre Cour des Comptes, Aydes & Finances, entre le Syndic du Chapitre Cathédral S. Naſaire de la Ville de Béziers, demandeur par lettres en forme de Requête Civile, à ce que l'Arrêt obtenu par les Maire & Conſuls de Béziers, du vingt-quatre Novembre mil ſept cent cinquante un, qui déclare la métairie & domaine S. Pierre d'Apullo définitivement roturier, ſoit retracté; & les Parties miſes au même état qu'elles étoient avant ledit Arrêt; que l'amende conſignée lui ſera reſtituée avec dépens d'une part, & les Maire & Conſuls de Béziers défendeurs d'autre; & entre les Maire & Conſuls de Béziers, demandeurs par lettres en forme de Requête Civile; à ce que les Arrêts de notredite Cour, obtenus par ledit Syndic du Chapitre S. Naſaire les vingt-ſept Juillet & vingt-ſix Février mil cinq cens cinquante-ſix, qui déclarent immunes & exempts de tailles ladite métairie & domaine S. Pierre, ſoient retractés par les moyens contenus dans leſdites lettres, que les Parties ſoient miſes au même état qu'elles étoient avant leſdits Arrêts, & débouter ledit Syndic de ſa Requête Civile, avec amende & dépens d'une part; & le Syndic du Chapitre S. Naſaire de Béziers, défendeur d'autre; *& entre le Procureur Général en notredite Cour, demandeur judiciellement en oppoſition envers les Arrêts de notredite Cour, des vingt-ſeptieme Juillet & vingt-ſixieme Février mil cinq cens cinquante-ſix d'une part, & ledit Syndic du Chapitre, défendeur d'autre*; Craſſous & Romieu pour ledit Syndic du Chapitre, Polier & Moureau, pour leſdits Maire & Conſuls; *Duché*, *Avocat Général*, pour notre Procureur Général, qui a requis de ſon chef l'exécution de l'Arrêt du vingt-huit Mai mil ſept cent trente-trois, qui ont dit comme audit regiſtre, *notredite Cour* ayant égard aux lettres en forme de Requête Civile de la Partie de Craſſous, a mis & met les Parties au même état qu'elles étoient avant l'Arrêt de notredite Cour, du vingt quatre Novembre mil ſept cens cinquante-un, & diſant droit aux requiſitions de notre Procureur Général, a ordonné & ordonne que l'Arrêt de notredite Cour, du vingt-huit Mai mil ſept cent trente-trois, ſera exécuté ſelon ſa forme & teneur; ce faiſant qu'à la diligence des Parties de Polier, le Syndic du Chapitre paiera les tailles deſdits biens, depuis le jour de la cotiſation qui en a été faite, en vertu dudit Arrêt, entre les mains du Tréſorier de la Bourſe de notre Province, pour y reſter juſqu'à ce qu'il ſoit autrement dit & ordonné, à peine d'en répondre en leur propre & privé nom, & de tous dépens, dommages & intérêts, & ayant égard aux lettres en forme de Requête Civile des Parties de Polier, *& à l'oppoſition de notre Procureur Général, a mis & met auſſi les Parties au même état qu'elles étoient avant les Arrêts de notredite Cour, des vingt ſept Juillet & vingt ſix Février mil cinq cens cinquante ſix*, a ordonné & ordonne que les amendes conſignées ſeront reſtituées; à quoi faire le dépoſitaire contraint par corps au premier commandement, &, moyennant ce, valablement déchargé; tous dépens compenſés.

Nous, à ces Cauſes, à la Requête deſdits Maire & Conſuls, mandons & commandons au premier notre Huiſſier ou Sergent requis, faire pour l'entiere exécution du préſent Arrêt tous exploits requis & néceſſaires; mandons en outre à tous nos autres Officiers, & ſujets Juſticiers ce faiſant obéir. Donné à Montpellier en notredite Cour le cinquieme jour de Mai, l'an de Grace mil ſept cent

5 Mai 1752.
Caſſé par Arrêt du 24 Avril 1758.

cinquante-deux, & de notre Règne le trente-septieme. Collationné, Devet. Collationné, Vezian. Vu le six Mai mil, sept cent cinquante-deux. Par Arrêt de la Cour, Seimandy.

N°. XLVII.

Lettres d'appel du compeziement par lesquelles le Chapitre de Béziers demande que les biens de S. Pierre soient définitivement déclarés nobles.

10 Mai 1752. LOUIS, &c. Reçu avons l'humble supplication de notre amé le Syndic du Chapitre Cathédral S. Nasaire de la Ville de Béziers, qui nous a fait exposer que les Maire & Consuls de ladite Ville de Béziers ayant formé Instance en notredite Cour, en déclaration de roture du domaine S. Pierre d'Apullo & terres en dépendant, situés dans le terroir dudit Béziers, quoique ledit domaine ait été possédé noblement par ledit Chapitre de tout tems immémorial; ils auroient obtenu Arrêt le vingt-quatre Novembre de l'année derniere, qui prononce la déclaration définitive de roture dudit domaine & la restitution des tailles depuis vingt-neuf ans; envers lequel Arrêt, l'exposant s'étant pourvu par Requête civile, il a été rendu un autre Arrêt le six de ce mois, par lequel, entr'autres choses, la Requête civile de l'exposant a été reçue, & les Parties ont été mises au même état qu'elles étoient avant l'Arrêt dudit jour vingt-quatre Novembre mil sept cent cent cinquante un; & comme au moyen de cet Arrêt la demande qui avoit été formée par les Maire & Consuls de Béziers *demeure indécise*, l'exposant desireroit fort justement demander incidemment à cette demande d'être reçu appelant de l'allivrement & compésiement fait par lesdits Maire & Consuls de Béziers, dudit domaine & terres en dépendantes, en exécution de l'Arrêt de notredite Cour, du vingt-huit Mai mil sept cent trente-trois, qui leur permet de l'additionner au compoix moderne de la Communauté, ensemble de la cotisation qui pourroit avoir été faite sur ledit allivrement, *ce faisant que ledit domaine de S. Pierre & ses dépendances soient déclarés définitivement nobles & exempts de toutes tailles & autres impositions, avec restitution de tailles qui pourroient être exigées à raison de ce, avec dépens.* A ces Causes, nous vous mandons que s'il vous apert de ce dessus, vous ayez à dire droit sur les fins ci-dessus prises, & autres à prendre en Jugement de droit admissible. Mandons en outre au premier notre Huissier, ou Sergent requis de, pour raison de ce, faire tous exploits nécessaires. Donné à Montpellier le dixieme jour de Mai l'an de Grace mil sept cent cinquante-deux, & de notre Règne le trente-septieme. Collationné, Vezian. Par le Conseil, du Cavissanel.

N°. XLVIII.

Arrêt contradictoire de la Cour des Aides de Montpellier qui renvoie au jugement du fonds l'opposition formée, par le Chapitre, à l'Arrêt du 5 Mai 1752.

11 Juillet 1752. Vu la Requête présentée à la Cour par le Syndic du Chapitre S. Nasaire de Béziers, tendante à ce que, pour les causes y contenue, il soit reçu, en tant que de *besoin opposant à l'exécution de l'Arrêt de la Cour, du cinquieme Mai dernier*, ce faisant, que la cassation de la cotisation faite par les Maire & Consuls de Béziers, sur les biens dudit Chapitre, sur le pied de l'allivrement porté par ledit cahier des biens prétendus nobles, soit prononcée comme contraire à l'Arrêt du vingt-huit Mai mil sept cent trente-trois, à la Déclaration du vingt-un Janvier mil sept cent vingt-un, ensemble le commandement fait le dix-septieme Mai dernier, & en conséquence qu'il soit fait défenses aux Maire & Consuls de Béziers

ziers de faire aucunes diligences ni exécution sur les biens dudit Chapitre pour le paiement desdites tailles, à peine de nullité, cassation & de tous dépens, dommages & intérêts, sauf auxdits Consuls de faire procéder à un allivrement desdits biens, conformément à l'Arrêt du vingt-huitieme Mai mil sept cent trente trois, & à la Déclaration du Roi, auquel cas ledit Syndic offre de consigner les tailles qui auront été, ou pourront être cotisées sur un allivrement conforme à la disposition dudit Arrêt avec dépens, ladite Requête répondue d'une Ordonnance de renvoi en Jugement du dix-huit Mai mil sept cent cinquante-deux, & exploit de signification du même jour; Arrêt de la Cour du dix-neuf dudit mois de Mai, portant que les Parties se pourvoiront par Requête de soit montré, Requête dudit Syndic du Chapitre S. Nasaire de Béziers, tendante de nouveau à être reçu en tant que de *besoin opposant à l'exécution de l'Arrêt de la Cour dudit jour cinq Mai dernier*; ce faisant, casser de la cotisation faite sur les biens dont est question sur le pied de l'allivrement porté par le cahier des biens prétendus nobles, comme contraires à l'Arrêt de la Cour, du vingt-neuvieme Mai mil sept cent trente-trois, & à la Déclaration du Roi du vingt un Janvier mil sept cent vingt un, ensemble le commandement fait le dix sept dudit mois; en conséquence qu'il soit fait défenses aux Maire & Consuls de Béziers de faire aucune diligence ni exécution sur les biens du Chapitre pour le paiement desdites tailles, à peine de nullité, cassation & de tous dépens, dommages & intérêts, sauf auxdits Consuls de faire procéder à un allivrement desdits biens, conformément à l'Arrêt du vingt-huitieme Mai mil sept cent trente trois & à la Déclaration du Roi du vingt un Janvier mil sept cent vingt un, auquel cas ledit Syndic offre de consigner les tailles qui auront été ou pourront être cotisées sur un allivrement conforme à la disposition dudit Arrêt, ladite Requête répondue d'une Ordonnance de soit montré à Partie & au Procureur Général du Roi, du vingt-huit Mai dernier & exploit de signification du même jour; *Requête des Maire & Consuls* de Béziers, tendante en déboutement de celles dudit Syndic du Chapitre, & de sa demande en cassation de la cotisation faite de la métairie & domaine de S. Pierre d'Apullo depuis mil sept cent trente trois, par fins de non-recevoir & autres moyens de droit, ladite Requête répondue d'une Ordonnance de joint au soit montré du trente dudit mois de Mai, & exploit de signification du deux Juin suivant; *Requête du Syndic* dudit Chapitre, tendante à ce qu'il plaise à la Cour, sans avoir égard aux fins de non-recevoir desdits Maire & Consuls de Béziers, ni à leur Requête, dont ils seront déboutés, adjuger à leur Syndic les fins de sa Requête du vingtieme Mai dernier, ce faisant, casser de plus fort la cotisation faite sur les biens dont est question, sur le pied de l'allivrement porté par le cahier des biens prétendus nobles, comme contraire à l'Arrêt de la Cour, du vingt-huit Mai mil sept cent trente-trois & à la Déclaration du Roi du vingt-un Janvier mil sept cens vingt-un, avec dépens, ladite Requête répondue d'une Ordonnance de joint au soit montré, du quatorze Juin dernier, & exploit de signification du même jour. Arrêt de la Cour, du vingt-huit Mars mil sept cent trente-trois, qui permet aux Consuls de Béziers d'additionner à leur compoix le domaine de S. Pierre d'Apullo & ses dépendances, par Experts ou Arpenteurs qui seront nommés par délibération de la Communauté, en la forme ordinaire; & ce fait ordonne que ledit domaine sera cotisé à toutes les impositions ordinaires & extraordinaires de la Communauté.

Extrait de la cotisation desdits biens fait sur l'allivrement contenu au cahier des biens prétendus nobles, des années 1733, 1735, 1736 & 1737. Copie de la *demande donnée* par lesdits *Maire & Consuls de Béziers*, en liquidation des *arrérages* de tailles dues par ledit Chapitre, avec la copie de la Requête tendante à ce qu'il soit procédé à ladite liquidation; & en conséquence déclarer icelle se porter à réunir à la *somme de deux cens quinze mille soixante-dix-sept livres*, & l'exploit de signification du tout faite au Syndic du Chapitre de Béziers, *le septieme Février dernier*; Arrêt de la Cour, du cinq Mai dernier, rendu entre le Syndic dudit Chapitre de Béziers & les Maire & Consuls dudit Béziers, par lequel ayant égard aux lettres en forme de Requête civile dudit Syndic, met les Parties au même état qu'elles étoient avant l'Arrêt de la Cour, du vingt-quatre Novembre mil sept cent cinquante-un, & disant droit aux Requisitions du Pro-

Demande excessive en liquidation des arrérages.

cureur Général du Roi, ordonne que l'Arrêt du vingt-huit Mai mil ſept cent trente-trois ſera exécuté ſelon ſa forme & teneur; ce faiſant qu'à la diligence des Maire & Conſuls de Béziers, le Syndic du Chapitre paiera les tailles des biens dont il s'agit, depuis le jour de la cotiſation qui en a été faite, en vertu dudit Arrêt, entre les mains du Tréſorier de la bourſe du Languedoc, enſemble l'exploit de ſignification faite au Syndic dudit Chapitre, du dix-ſept dudit mois de Mai, avec commandement de payer *la ſomme de* 51055 *liv*, 3 *ſ*. 8 *den.* pour la cotiſation des biens dont il s'agit depuis l'année mil ſept cent trente-trois juſques & inclus l'année mil ſept cent cinquante-un; Extrait d'Arrêt de la Cour du vingt-ſept Mai mil ſept cent cinquante-un, au ſujet de l'allivrement & cotiſation des biens d'une métairie & terres en dépendant, appelée Ramejan; Extrait du verbal tenu pardevant Pierre Eſpie Guieſtel, Lieutenant principal au Sénéchal de Béziers, ſur l'exécution dudit Arrêt, en date du trois Juin mil ſept cent trente-neuf; Acte à produire, inventaire & obſervations du Syndic dudit Chapitre, inſtructions, mémoires & réponſes des Maire & Conſuls de Béziers; inventaire de production & de continuation deſdites Parties, enſemble les concluſions du Procureur Général du Roi, la Cour a ordonné & ordonne qu'en jugeant le *principal des conteſtations des Parties*, il ſera pourvu tant ſur les fins de non-recevoir des Maire & Conſuls de Béziers, que *ſur la demande en caſſation des cotiſations & paiement des arrérages des tailles depuis mil ſept cent trente-trois*, *toutes choſes demeurant en l'état*, ſans préjudice néanmoins du paiement des tailles, depuis l'allivrement du ſeize Janvier dernier, dépens réſervés. Fait & donné à Montpellier en ladite Cour le onze Juillet mil ſept cent cinquante deux. Collationné, Devet.

Variation des demandes en liquidation des arrérages.

N°. XLIX.

Lettres en caſſation de l'allivrement des biens de Saint Pierre, ſans préjudice de leur nobilité.

Janvier 1753.

LOUIS, &c. Au premier notre Huiſſier ou Sergent requis, Salut. De la part de notre amé le Syndic du Chapitre Cathédral S. Naſaire de la Ville de Béziers, nous a été expoſé que ledit Chapitre jouit depuis un tems immémorial dans le terroir dudit Béziers un domaine appelé S. Pierre d'Apullo & terres en dépendant, qui a toujours été poſſédé noblement par ledit Chapitre depuis plus de huit cens ans, comme étant de l'ancienne dotation de ſon Egliſe, les Conſuls de Béziers ayant prétendu attaquer la nobilité de ce domaine, ils l'ont fait ajouter à leur compoix en l'année mil ſept cent cinquante, en vertu d'un Arrêt qu'ils avoient obtenu de notre Cour des Comptes, Aydes & Finances, le vingt-huit Mai mil ſept cent trente-trois, dont l'exécution avoit été ſuſpendue juſqu'alors; & *ils ont fait ce compéſiement avec tant d'irrégularité & d'injuſtice*, *que*, *ſans ſuivre aucune régle ni proportion*, ils en ont fait faire l'eſtimation, ſans faire aucune des déductions preſcrites par les Arrêts de Réglement rendus ſur cette matiere, en ſorte qu'ils en ont porté l'allivrement ſur un pied ſi exorbitant, que la taille qui eſt cotiſée ſur cet allivrement va à près de quatre mille livres, ce qui emporte la plus grande partie du revenu de ce domaine; l'Expoſant a reclamé en notredite Cour du compéſement qui a été fait de ce domaine, & *il en a demandé la déclaration définitive de nobilité*, ce qui a fait la matiere d'un procès qui ſe pourſuit actuellement en ladite Cour; pendant les pourſuites de ce procès, l'Expoſant a été obligé de payer par maniere de conſignation la taille pour laquelle *ce domaine* a été cotiſé ſur le pied dudit allivrement; mais, comme cet allivrement renferme une *ſurcharge énorme*, qui ne ſauroit ſubſiſter *pendant procès*, l'Expoſant deſireroit fort juſtement demander en notredite Cour des Comptes, Aydes & Finances de Montpellier, la caſſation dudit allivrement, à cauſe de la ſurcharge qu'il renferme, tant par appel, nullité, contravention au Réglement, qu'autres voies & moyens de droit, ce faiſant, qu'il ſoit procédé à une nouvelle eſtimation contradictoire dudit domaine de S. Pierre d'Apullo & terres en dépendans, par des

Experts qui seront convenus par les Parties duement affermentés, pardevant le Commiffaire à ce député, lefquels en régleront l'allivrement, eu égard à la fituation, qualité & nature defdites terres, & à ce qu'elles sont annuellement expofées aux inondations de la Riviere d'Orb qui les fubmergent, & fuivant les autres réductions & modifications prefcrites par les Arrêts de Réglement de notredite Cour, *fans préjudice néanmoins de la demande formée par l'Expofant fur la nobilité définitive dudit domaine.* Nous requérant fur ce nos lettres & provifions convenables, pour ce eft-il que nous, à la Requête de l'Expofant, te mandons affigner à jour certain & compétant notredite Cour, les Confuls modernes dudit Béziers, aux fins fufdites & autres à prendre un Jugement de droit admiffible, de ce faire te donnons pouvoir. Donné à Montpellier le treizieme jour du mois de Janvier l'an de Grace mil fept cent cinquante-trois, & de notre Règne le trente-huitieme. Collationné, Vefian. Par le Confeil, Allut.

N°. L.

Arrêt définitif de la Cour des Aides de Montpellier qui déclare roturiers les biens de S. Pierre.

23 Décembre 1755. Caffé par Arrêt du 24 Avril 1758.

Louis, &c. A tous ceux qui ces préfentes lettres verront, Salut : comme par Arrêt rendu en notre Cour des Comptes, Aides & Finances entre les Maire & Confuls de la Ville de Béfiers, fupplians par requête du 4 Septembre 1751 tendante à ce que la Métairie & le domaine de S. Pierre d'Apullo joui par le Chapitre S. Nafaire de Béfiers foient déclarés définitivement roturiers; ordonner que, comme tels, ils contribueront à toutes les impofitions tant ordinaires qu'extraordinaires de ladite Communauté, & en outre que le Syndic du Chapitre Saint Nafaire foit condamné aux arrérages des tailles de ladite Métairie & domaine depuis 29 années, avant le 28 Mai 1733, fuivant la liquidation qui en fera faite fur la demande defdits M. & Confuls avec dépens d'une part & le Syndic du Chapitre S. Nafaire d'autre, & entre le Syndic du Chapitre Cathédral S. Nafaire de Béfiers impétrant lettres du 20 Mai 1752 en appel de l'allivrement & compeziement fait par les Confuls de la Ville de Béfiers du domaine de Saint Pierre d'Apullo & terres en dépendant, en exécution de l'Arrêt de notredite Cour du 28 Mai 1733 qui leur permet de l'additionner au compoix moderne de la Communauté enfemble de la cotifation qui pourroit en être faite fur ledit allivrement, ce faifant que le domaine de S. Pierre & fes dépendances foient déclarés définitivement nobles exempts de toutes tailles & autres impofitions, avec reftitution de celles qui pourroient avoir été exigées avec dépens, d'une part; & lefdits Maire & Confuls de Béfiers défendeurs d'autre; & entre les Maire & Confuls de la Ville de Béfiers fupplians par requête du 22 Juin 1752, tendante à ce que, fans avoir égard aux lettres ni appel du Syndic du Chapitre S. Nafaire & l'en déboutant, déclarer définitivement roturier la Métairie & domaine de S. Pierre d'Apullo dont il s'agit, ordonner que, comme tel, il contribuera à toutes les impofitions tant ordinaires qu'extraordinaires de ladite Communauté &, en outre, condamner le Chapitre tant aux arrérages de taille de ladite Métairie & domaine depuis 29 ans, avant le 28 Mai 1733, fuivant la liquidation qui en fera faite fur la demande qui en fera donnée avec dépens, d'une part; & le Syndic du Chapitre S. Nafaire de Béfiers défendeur d'autre. Vu les requêtes & lettres ci-deffus, extrait de *la donation* faite par les Exécuteurs teftamentaires de Reginal, Evêque de Béfiers, le 14 des Kalendes 928, en faveur du Chapitre Saint Nafaire de ladite Ville, du domaine de S. Pierre d'Apullo; copie de *donation de Madfroy, Evêque de Béfiers*, du 4 des Ides de Février 1092, en faveur dudit Chapitre Saint Nafaire; extrait des *Lettres-Patentes de Roger, Vicomte de Béfiers*, de l'année 1203, en faveur dudit Chapitre S. Nafaire, par lefquelles il approuve les fortification faites à S. Pierre d'Apullo; extrait de *tranfaction & Sentence* arbitrale entre le Chapitre S. Nafaire de Béfiers, l'Evêque & les Confuls pour raifon des herbages & devois de S. Pierre d'Apullo, de l'année 1281, copie d'une *enquête* du 8

Avril 1296, à raison d'un procès entre les Consuls de Bésiers & le Chapitre S. Nasaire, & autres personnes Ecclésiastiques, ensemble l'*original* de ladite *enquête* insérée dans un registre en parchemin contenant 71 feuillets paraphé chacun d'iceux par Guibal, Maire; copie d'une *transaction ou accord* entre le Chapitre Saint Nasaire & les Consuls de Bésiers en l'année 1298, ensemble l'original de ladite transaction écrite sur parchemin; copie *des Lettres-Patentes* du 9 des Kalendes de l'année 1298, ensemble l'original desdites lettres en parchemin; extrait du *dénombrement* du Syndic de l'Eglise Cathédrale de Bésiers, pardevant le Sénéchal de Carcassonne, en l'année 1751; extrait du *compoix* du Chapitre Saint Nasaire, tiré du registre des biens ruraux de la Ville de Bésiers de l'année 1555, appelé le Bourg de S. Louis; extrait d'Arrêt de notredite Cour du 27 Juillet 1556 qui déclare le bien du Chapitre de Bésiers roturier, à l'exception de ceux de S. Pierre d'Apullo; extrait de *transaction*, du 12 Septembre 1595, passée entre le Chapitre S. Nasaire & le Prieur de Villeneuve, au sujet de la dîme de la piéce appelé Saumelongue; extrait d'une Ordonnance *de visite* faite par l'Evêque de Bésiers à saint Pierre d'Apullo, au mois de Juin 1663. *Arrêt de notre Conseil* du dernier Février 1608 par lequel, nous évoquons à nous & à notre Conseil le procès & différent d'entre le Syndic du Clergé du diocèse de Bésiers, & les Consuls de la ville au sujet de la taille de leurs biens ecclésiastiques, circonstances & dépendances, avec défenses à notredite Cour d'en prendre connoissance, & aux parties d'y faire aucunes poursuites sous peine de nullité, cassation des procédures; ordonne qu'elles viendront procéder en notre Conseil sur leur principal différent dans deux mois. Extrait de *transaction* passée entre le Syndic du Chapitre St Nasaire de Bésiers & les Consuls de ladite ville, le 27 Novembre 1608, par laquelle la métairie de St Pierre d'Apullo est déclarée noble. *Arrêt* de notredite Cour du 28 Mai 1733, par lequel il est permis aux Consuls de Bésiers d'additionner à leur compoix moderne, le domaine de St Pierre d'Apullo & ses dépendances par Experts & Arpenteurs, qui seront nommés par délibération de la Communauté en la forme ordinaire, & ce faisant ordonner que ledit domaine sera cotisé à toutes les impositions ordinaires & extraordinaires ainsi que les autres biens. *Arrêt de notre Conseil du 23 Septembre* 1743, rendu entre le Chapitre Saint Nasaire & le sieur Chervieres, Abbé de Saint Sauveur Daniane, par lequel le Chapitre de Saint Nasaire est reçu opposant à l'arrêt par défaut du 19 Juillet 1741, faisant droit au principal, sans s'arrêter aux lettres en rescision obtenues par ledit Chervieres contre la transaction du 12 Septembre 1595, ni à la demande en entérinement d'icelles, a maintenu & gardé ledit Chapitre de Bésiers au droit & possession de percevoir la dîme sur partie de la piece de terre appelée Saumelongue, dont est question, conformément à ladite transaction & suivant les bornes désignées par icelles. *Arrêt* de notre Conseil du premier Juin 1751 rendu entre les Maire & Consuls de Bésiers & le Chapitre St Nasaire, par lequel nous évoquons à nous & à notre Conseil l'instance pendante en notre Conseil privé entre ledit Chapitre St Nasaire & lesdits Consuls de Bésiers, & sur icelle renvoyons les parties en notredite Cour avec défenses auxdites parties de procéder ailleurs pour raison des contestations dont est question, à peine de nullité, & de tous dépens, dommages & intérêts, commission expédiée sur ledit arrêt le même jour; le tout registré en notredite Cour le 9 Août audit an. *Arrêt* de notredite Cour du 29 Novembre 1751, rendu par défaut sur la Requête des Maire & Consuls de Bésiers, par lequel notredite Cour déclare définitivement roturier la métairie & domaine de St Pierre d'Apullo; ordonne que, comme tel, il contribuera à toutes les impositions tant ordinaires qu'extraordinaires qui se feront dans ladite ville de Bésiers; condamne ledit Chapitre au paiement des arrérages de taille depuis 29 années avant le 28 Mai 1733, suivant la liquidation qui en sera faite par notredite Cour sur la demande que lesdits Consuls en donneront impugnée & débattue par ledit Chapitre, si bon lui semble; ensemble l'*exploit de signification* faite audit Chapitre le 6 Décembre audit an. *Arrêt* de notre Conseil du 7 dudit mois de Décembre, par lequel, sans avoir égard à l'opposition des Dignitaires Chanoines & Chapitre cathédral Saint Nasaire de ladite ville de Bésiers, envers l'arrêt du premier Juin 1751, dont nous les avons déboutés, ordonnons que ledit arrêt sera exécuté selon sa forme & teneur

neur ; ensemble la commission expédiée sur ledit arrêt le même jour. Extrait d'*addition* au compoix du Chapitre St Nasaire des biens dépendans de la métairie & domaine de St Pierre d'Apullo, du 19 *Janvier* 1752, faite en exécution de l'arrêt de notredite Cour, du 28 Mai 1733, par Martin & Constans, Experts, & Glupes, Arpenteur, de laquelle il résulte que le total de l'allivrement desdits biens se porte à 488 *liv.* 13 *sols* 8 *den.* de compoix, *Lettres en forme de Requête civile*, impétrées par le Chapitre cathédral St Nasaire de Bésiers, le 9 Février 1752, envers l'arrêt du 24 Novembre 1751. *Lettres* en forme de requête civile, impétrées par les Maire & Consuls de Bésiers, le 4 Mai 1752, envers les arrêts de notredite Cour des 27 Juillet & 26 Février 1756 ; ensemble les consultations prises par les parties des adversaires en notredite Cour sur les impétrations desdites lettres. Arrêt de notredite Cour du 5 Mai 1752, *par lequel les parties sont mises au même état qu'elles étoient avant l'arrêt du* 24 *Novembre* 1751, *& disant droit aux réquisitions de notre Procureur Général, ordonne que l'arrêt du* 28 *Mai sera exécuté selon sa forme & teneur ; ce faisant, qu'à la diligence des Maire & Consuls de Bésiers, le Syndic du Chapitre paiera les tailles des biens dont est question depuis le jour de la cotisation qui en a été faite en vertu dudit arrêt, entre les mains du Trésorier de la Bourse de notre Province, pour y rester jusqu'à ce qu'il en soit autrement dit & ordonné, à peine d'en répondre* en leur propre & privé nom ; & ayant égard aux lettres en forme de Requête civile des Maire & Consuls de Bésiers, & à l'opposition de notre Procureur Général, *a mis & met les parties au même état qu'elles étoient avant les arrêts des* 27 *Juillet &* 26 *Février* 1557 ; *ensemble l'exploit de signification* dudit arrêt fait au Syndic du Chapitre St Nasaire de Bésiers, le 17 dudit mois de Mai, contenant *commandement* audit Syndic du Chapitre de payer entre les mains du Trésorier de la Bourse de notre Province la somme de 5105 *l.* 3 *sols* 8 *den.* à quoi revient le montant de la cotisation desdits biens, depuis l'année 1703 jusques & inclus l'année 1751. La *requête* présentée à notredite Cour par le Syndic du Chapitre St Nasaire de Bésiers, tendante à ce que pour les causes y contenues, il soit reçu en tant que de besoin opposant à l'exécution de l'arrêt de notredite Cour du 5 Mai 1752 ; ce faisant, la cassation de la cotisation faite par les Maire & Consuls de Bésiers sur les biens dudit Chapitre sur le pied de l'allivrement porté par le cahier des biens prétendus nobles, comme contraire à l'arrêt du 28 Mai 1733, à notre déclaration du 21 Janvier 1721 ; ensemble le commandement fait le 17 Mai 1752 ; en conséquence qu'il soit fait défenses aux Maire & Consuls de Bésiers de faire aucunes diligences ni exécution sur les biens dudit Chapitre pour le paiement desdites tailles, à peine de nullité, cassation, & de tous dépens, dommages & intérêts, sauf auxdits Consuls à faire procéder à un allivrement desdits biens conformément à l'arrêt du 28 Mai 1733, & à notre déclaration, auquel cas ledit Syndic offre de consigner les tailles qui auront été ou pourront être cotisées sur un allivrement conforme à la disposition dudit arrêt avec dépens ; ladite Requête répondue d'une ordonnance de renvoi en jugement du 18 Mai 1752, & exploit de signification du même jour. *Arrêt* de notredite Cour du 19 dudit mois, portant que les parties se pourvoiroient par Requête de soit montré. *Requête* dudit Syndic du Chapitre St Nasaire de Bésiers, tendante de nouveau à être reçu en tant que de besoin *opposant à l'exécution de l'arrêt de notredite Cour, dudit jour* 5 *Mai* 1752 ; ce faisant, la cassation de la cotisation faite sur les biens dont est question sur le pied de l'allivrement porté par le cahier des biens prétendus nobles, comme contraire à l'arrêt de notredite Cour du 28 Mai 1733, & à notre déclaration *du* 21 *Janvier* 1721 ; ensemble du commandedement fait le 9 dudit mois ; en conséquence, qu'il soit fait défenses aux Maire & Consuls de Bésiers de faire aucunes diligences ni exécutions sur les biens du Chapitre pour le paiement desdites tailles, à peine de nullité, cassation, & de tous dépens, dommages & intérêts, sauf aux Consuls de faire procéder à un allivrement desdits biens, conformement à l'arrêt du 28 Mai 1733, & à notre déclaration du 21 Janvier 1721, auquel cas ledit Syndic offre de consigner les tailles qui auront été ou qui pourront être cotisées sur un allivrement conforme à la disposition dudit arrêt ; ladite Requête répondue d'une Ordonnance de soit montré à partie & à notre Procureur Général, du 20 Mai 1752, & l'exploit de signification du même jour. Requête des Maire & Consuls de Bésiers tendante à déboutement de celles du Syndic du Chapitre, & de sa demande en cassation de la cotisation faite de la métairie & domaine de St Pierre d'Apullo depuis 1733, par fins de non-recevoir & autres moyens de droit : ladite Requête répondue d'une Ordonnance de joint au soit montré du 30 dudit mois de Mai 1752, & exploit de signification du 2 Juin suivant. *Requête* du Syndic dudit Chapitre, tendante à ce qu'il plaise à notredite Cour, sans avoir égard aux fins de non recevoir desdits Maire & Consuls de Bésiers, ni à leur Requête dont ils seront déboutés, adjuger audit Syndic les fins de sa Requête du 20 Mai audit an; ce faisant, casser de plus fort la cotisation faite sur les biens dont est question, sur le pied de l'allivrement porté par le cahier des biens prétendus nobles, comme contraire à l'arrêt de notredite Cour, du 28 Mai 1733, avec dépens; ladite requête répondue d'une ordonnance de joint au soit montré, du 14 Juin 1752, & l'exploit de signification du même jour. *Arrêt* de notredite Cour du 11 Juillet 1752, rendu sur ledit soit montré, par lequel notredite Cour ordonne qu'en jugeant le principal des contestations des parties, il sera pourvu tant sur les fins de non-recevoir des Maire & Consuls de Bésiers, que sur les demandes en cassation de cotisation & paiement des arrérages de tailles depuis 1733, *toutes choses demeureront en l'état, sans préjudice néanmoins du payement des tailles depuis l'allivrement du 16 Janvier* 1752; ensemble l'exploit de signification dudit arrêt fait à Monreau, Procureur desdits Maire & Consuls de Bésiers, du 5 Février 1754. & les productions & pieces respectives des parties visées dans ledit arrêt, & sur lesquelles il a été rendu. *Extrait du livre* des impositions de la ville de Bésiers, des années 1733, 1734, 1735, 1736 & 1737, pour les cotisations faites sur le Chapitre St Nasaire, en exécution de l'arrêt de notredite Cour, du 28 Mai 1733, sur le cahier des biens prétendus nobles. *Certificat de Moureau, Greffier Consulaire,* du 11 Novembre 1751, contenant que depuis l'arrêt de notredite Cour, du 28 Mai 1733, le Chapitre St Nasaire a été cotisé en dehors dans les livres des tailles qui ont été remis aux Collecteurs jusques audit jour 11 Novembre 1751, *pour* 287 *liv.* 10 *sols* 6 *den. d'allivrement*, tant pour la métairie de St Pierre d'Apullo, moulin à blé & autres terres énoncées dans le cahier des biens prétendus nobles; mais qu'ayant bien examiné sur le même cahier l'allivrement de ladite métairie, moulin à blé & dépendances, il n'y a que 264 *liv.* 12 *sols* 5 *den.* sur lequel la liquidation actuelle doit être faite, & que le Chapitre St Nasaire n'a jamais rien payé desdites impositions. *Requête présentée* à notredite Cour par le Syndic du Chapitre, tendante en *rejection* du procès de la prétendue enquête de l'année 1296, des lettres-patentes de 1298, & de la transaction des ides de Janvier de la même année 1298, produite dans l'inventaire de production desdits Maire & Consuls sous cote, lettres FF, GG, HH, extrajudiciaires & *indignes de foi*; ce faisant lui adjuger les précédentes fins & conclusions par lui prises dans les lettres Royaux du 10 Mai 1752, avec dépens; ladite Requête répondue d'une ordonnance de soit mis au sac, & signifié du 23 Janvier 1754, & exploit de signification du même jour. *Arrêt* de notredite Cour du 12 du présent mois de Décembre, qui déboute le Syndic des Hebdomadiers, Prébendiers & Bénéficiers de l'Eglise St Nasaire, des lettres Royaux par eux impétrées le 5 dudit mois pour être reçus parties intervenantes dans le procès pendant en notredite Cour entre les Maire & Consuls de ladite ville & Syndic du Chapitre au sujet de la nobilité ou roture de la métairie & domaine de St Pierre d'Apullo, & ordonne que le procès sera jugé en l'état. *Requête du Syndic* du Chapitre, tendante à ce que *sans entendre se préjudicier ses exceptions & défenses au sujet du domaine de Saint Pierre d'Apullo*, il plaise à notredite cour rejeter du procès l'extrait du compoix de ladite Communauté de l'année 1555, comme n'existant plus depuis 200 ans, & devant être considéré comme non avenu, & comme étant une piece nulle, irréguliere & inutile, & ne pouvant produire aucun effet; ce faisant, qu'il plaise à notredite cour adjuger au Syndic les fins par lui prises au procès avec dépens; ladite Requête répondue d'une Ordonnance de soit mis au sac, du 13 de ce mois, & exploit de signification du même jour. *Requête* du Syndic dudit Chapitre, tendante à ce qu'il soit rejeté du procès la copie d'une enquête prétendue faite en l'année 1296, produite dans la production desdits Consuls, comme nulle, informe, extrajudiciaire & indigne de foi : ce faisant, que sans s'y arrêter, les fins

Erreur convenue sur l'allivrement par qui, par le Greffier Moureau, *moteur de cette affaire.*

Demande du Chapitre en rejection des pieces.

Seconde demande en réjection des pieces.

par lui prises au procès lui soient adjugées avec dépens; ladite Requête répondue d'une Ordonnance de soit mis au sac, du 17 de ce mois, & de sa demande en rejection du compoix de 1555; ce faisant, leur adjuger les fins & conclusions de leurs Requêtes avec dépens; ladite Requête répondue d'une Ordonnance de soit mis au sac, & signifié sans retardation du jugement du procès, du 18 de ce mois, plaidés des 12 Mai, 23 Juin 1752 & 19 Décembre 1755; actes à produire, inventaires de production & de continuation desdites parties, mémoires imprimés, observations, réponses, repliques, & autres productions & piéces respectivement produites par les parties, tant sur le principal que sur le soit montré; ensemble les conclusions de notre Procureur Général: Dit a été « que notredite Cour par son arrêt prononcé le 23 du présent mois de Décembre, disant droit aux parties sur le tout, sur la demande du *Syndic du Chapitre St Nasaire de Bésiers, en rejection de l'enquête de 1296, des lettres-patentes de 1298, & de la transaction des ides de Janvier de la même année, tenant la remise des originaux* desdits actes, a mis & met les parties hors de Cour & de procès. Dispositif.

» Et, sans avoir égard aux Lettres d'appel du Syndic, ni, quant à ce, à ses Requêtes, a mis & met l'appellation au néant.

» A ordonné & ordonne que ce dont a été appelé sortira à son effet.

» Ce faisant, ayant aucunement égard aux Requêtes des Maire & Consuls de Bésiers, a déclaré & déclare la métairie & domaine de St Pierre du Bosc ou d'Apullo, sis & situés dans le terroir & taillable de Bésiers, définitivement roturiers.

» A ordonné & ordonne que, comme tels, ils contribueront à toutes les impositions ordinaires & extraordinaires qui se feront dans la Communauté de Bésiers.

» Et, sans avoir égard à la demande du Syndic en rejection du compésiément fait en 1555, a condamné & condamne ledit Syndic au paiement des arrérages des tailles desdits biens, depuis 29 années avant l'introduction de l'instance commencée le 9 Septembre 1751, suivant la liquidation qui en sera faite par notredite Cour sur la demande que lesdits Maire & Consuls en donneront, & qui sera impugnée & débattue par ledit Sindic du Chapitre, si bon lui semble, pour lesdits arrérages des tailles, servir de moins imposé en la forme ordinaire.

» Et, sur la demande dudit Syndic du Chapitre en cassation de la cotisation faite en exécution de l'arrêt de notredite Cour, du 28 Mai 1733, fins de non-recevoir desdits Maire & Consuls; ensemble sur le surplus des Lettres, Requêtes, demandes, fins & conclusions des parties, les a mises & met hors de Cour & de procès.

» Condamne le Syndic du Chapitre aux dépens.

Nous, à ces Causes, à la Requête desdits Maire & Consuls, mandons & commandons au premier notre Huissier ou Sergent requis, faire pour l'entiere exécution du présent arrêt tous exploits requis & nécessaires; ce faisant, contraindre par toutes voies dues & raisonnables ledit Syndic du Chapitre à payer & satisfaire incontinent & sans délai auxdits maire & Consuls, ou à leur certain mandement la *somme de 5548 livres 1 sols 4 deniers*, tant pour les *épices des conclusions, vingt sabatines, rapport*, droits réservés que frais de l'expédition & sceau du présent arrêt: mandons en outre à tous nos autres Officiers, Justiciers & sujets, ce faisant, obéir. *Donné* à Montpellier, en notre dite Cour, le 30 Décembre, l'an de grace 1755, & de notre règne le quarante-uniéme, collationné, Devez, contrôlé Albisson, collationné Devez, par arrêt de la Cour, Martin, collationné Vezian. M. de *Saint Aurant*, Rapporteur; scellé le 31 Décembre 1755.

N°. L I.

Arrêt par défaut qui condamne le Chapitre de Bésiers à 129842 liv. 18 s. 2 d. d'arrérages de taille, sur laquelle, la Cour des Aides en adjuge la cinquieme partie à Moureau, Greffier des Consuls de Bésiers, pour avoir suscité cette affaire au Chapitre.

25 Mai 1756. *Cassé par Arrêt du Conseil du 24 Avril 1758.*

Louis, &c. A tous ceux qui ces présentes lettres verront, Salut : comme par Arrêt rendu en notre Cour des Comptes, Aides & Finances de Montpellier. Vu la requête présentée à notredite Cour par les Maire & Consuls de Bésiers, tendante à ce qu'il lui plaise, en procédant à la liquidation des arrérages des tailles de la Métairie & domaine S. Pierre d'Apullo, appartenant au Chapitre S. Nasaire de ladite Ville, dont la condamnation a été prononcée par Arrêt du 23 Décembre dernier pour 29 années, avant le 9 Septembre 1751, déclarer lesdits arrérages se porter & revenir à la somme de 133091 liv. 19 s. 8 d. de laquelle il sera fait un moins imposé à la déduction des 4 sols pour livre cédés au sieur Moureau, Greffier Consulaire de ladite Ville, suivant son traité autorisé par Arrêt de notredite Cour, du 14 Mai 1750, au paiement de laquelle somme, ensemble des frais de la liquidation, ledit Chapitre sera contraint par les voies de droit avec dépens. L'Ordonnance rendue sur ladite requête le 13 du présent mois de Mai de soit montré à partie & à notre Procureur-Général, avec l'exploit de signification faite le même jour à Romieu, Procureur du Syndic dudit Chapitre; extrait de la délibération de la Communauté de Bésiers du 5 Avril 1750, Arrêt de notredite Cour du 14 Mai suivant, Procédure d'addition au compoix de la Ville de Bésiers des biens composant le domaine de S. Pierre d'Apullo du 16 Janvier 1752, Arrêt de notredite Cour du 23 Décembre dernier avec l'exploit de signification faite au Syndic du Chapitre le 7 Janvier aussi dernier; extrait du tarif de la valeur de la livre livrante du compoix terrier de la Ville de Bésiers, tiré du préambule des impositions de ladite Ville des années 1704 jusques & inclus l'année 1751, ledit extrait duement signifié audit Romieu le 15 du présent mois de Mai; demande en liquidation des arrérages de tailles baillée par lesdit Maire & Consuls & duement signifiée audit Romieu le 13 dudit présent mois de Mai; actes à produire signifiés audit Romieu le 13 & 18 du même mois; inventaire de production desdits Maire & Consuls, ensemble les conclusions de notre Procureur-Général.

L'Arrêt définitif condamne aux arrérages depuis 29 ans antérieurs au 9 Sept. 1751; la liquidation devoit donc commencer au 9 du même mois 1722 & non au 1 Jan. 1720 comme la fait cet Arrêt; le Chapit. est donc condamné mal à propos à payer 2 ans, 8 mois, 9 jours d'arrérages, & ces arrérages en bonne justice devroient être réduits à 29000 l. au lieu de 129842 l. suivant la juste évaluation de ses biens, s'ils étoient susceptibles de roture. Ceci est démontré dans l'exam. du recueil des loix. *Ces 4 s. pour l. devoient produire à Moureau 25968 l. 11 s. 8 d.*

» Notredite Cour, par son Arrêt prononcé le 24 du présent mois de Mai, » procédant à la liquidation des arrérages des tailles dont s'agit, ayant aucun » égard à la requête desdits Maire & Consuls de Bésiers, a déclaré & déclare » lesdits arrérages se porter & revenir à la somme de 129842 *liv.* 18 *s.* 2 *d.* & » *ce, pour 29 années, à compter depuis & compris l'année 1720 jusques & inclus* » *l'année* 1751, au paiement de laquelle somme le Syndic du Chapitre Saint » Nasaire sera tenu par les voies de droit entre les mains du Receveur des tailles du Diocèse de Béziers, pour ladite somme servir de moins imposé à la prochaine imposition, déduction faite sur icelle *des quatre sols pour livre, cédés à Moureau, Greffier Consulaire de ladite Ville, suivant le traité autorisé par notredite Cour le 14 Mai* 1750; condamne ledit Syndic du Chapitre aux dépens de la liquidation modérée à la somme de 95 *liv.*

Nous, à ces Causes, à la Requête desdits Maire & Consuls de Béziers, mandons & commandons au premier notre Huissier ou Sergent requis faire pour l'entiere exécution du présent Arrêt tous Exploits requis & nécessaires; ce faisant, contraindre par toutes voies dues & raisonnables ledit Syndic du Chapitre S. Nasaire de Béziers à payer & satisfaire, incontinent & sans delai, auxdits Maire & Consuls de Béziers, ou à leur certain mandement, la somme de 778 *liv.* 4 *s.* 7 *den.* tant pour les épices des conclusions, six sabatines, rapport, que frais de l'expédition & sceau du présent Arrêt. Mandons en outre à tous nos autres Officiers, Justiciers & sujets, ce faisant, obéir: Donné à Montpellier en notredite Cour

Cet Arrêt par défaut sur une seule requête à fait 758 l. 4 s. 7 d. de frais sans y comprendre la signification ni l'exécution.

Cour le 25 *Mai l'an de Grace* 1756, & de notre Règne le quarante-unieme. Collationné, Devez. Vu le 26 Mai 1756. Par Arrêt de la Cour, Allut. Signé, scellé le 26 Mai 1756.

N°. L I I.

Arrêt du Conseil d'Etat du Roi qui accorde au Chapitre de Béziers la main-levée provisoire des saisies faites sur ses revenus, & renvoie à la Grande Direction sa demande en cassation des Arrêts de la Cour des Aides de Montpellier.

Sur la Requête présentée au Roi en son Conseil par les Syndic, Chanoines & Chapitre de l'Eglise Cathédrale de S. Nasaire de Béziers, contenant, &c. 10 Août 1756.

Requéroient, à ces Causes, les Supplians, qu'il plût à Sa Majesté casser & & annuller les Arrêts rendus contr'eux par la Cour des Aydes de Montpellier, les 28 Mai 1733, 5 Mai 1752 & 23 Décembre 1755, & tout ce qui a suivi; ce faisant, remettre les Parties en tel & semblable état qu'elles étoient avant lesdits Arrêts, évoquant le principal & y faisant droit, déclarer les Maire & Consuls de Béziers non recevables dans leurs demandes, leur faire défenses de comprendre le Chapitre susdit dans leur compoix ou cadastre, pour raison du domaine de S. Pierre d'Appoul; ordonner qu'il en sera rayé, s'il y a été inscrit, & que les sommes que les Supplians pourroient avoir été contraints de lui payer, lui seront reudues; condamner les Maire & Consuls en tous les dépens, même en ceux faits en la Cour des Aydes de Montpellier, & où Sa Majesté jugeroit à propos d'ordonner, avant faire droit que la présente Requête sera communiquée aux Maire & Consuls de Béziers; en ce cas, par provision & sans préjudice du droit des Parties au principal, ordonner qu'il sera surcis à l'exécution desdits Arrêts, jusqu'à ce que par Sa Majesté il en ait été autrement ordonné, faire main-levée provisoire de toutes saisies & oppositions faites ou à faire, à la Requête desdits Maire & Consuls, entre les mains des Receveurs, Fermiers ou autres débiteurs du Chapitre, lesquels à payer & vider leurs mains en celles des Supplians seront contraints par les voies de droit. Vu ladite Requête... Oui le rapport...

« Le Roi en son Conseil, pour faire droit aux Supplians sur leur demande en » cassation, a ordonné & ordonne qu'au rapport du sieur *Fargés*, Maître des » Requêtes, après en avoir communiqué au Bureau des Aydes, Gabelles & » cinq grosses fermes, il y sera statué au Conseil en la grande direction (*a*); & cependant, *par provision*, & sans préjudice du droit des Parties, au principal, » fait Sa Majesté main-levée à la Caution du temporel des Supplians de toutes » les saisies & oppositions faites ou à faire, à la Requête des Consuls de la Ville » de Béziers, entre les mains des Receveurs, Fermiers & autres débiteurs des » Supplians ». Fait au Conseil d'Etat du Roi tenu à Compiegne le 10 Août 1756. *Signé*, de Vougni (1).

1er Renvoi de cette affaire à la Grande Direction.

N°. L I I I.

Arrêt du Conseil d'Etat du Roi qui reçoit les Maire & Consuls opposans quant à la main-levée, renvoie de nouveau la demande en cassation à la Grande Direction & le Chapitre à s'y pourvoir sur ladite main-levée.

Vu au Conseil d'Etat du Roi l'Arrêt rendu en icelui le dix Août dernier, sur la Requête des Syndics, Chanoines & Chapitre de l'Eglise Cathédrale de S. Na- 17 Décembre 1756.

(1) Cet Arrêt signifié aux Maire & Consuls de Béziers le 11 Septembre 1756 avec la requête en cassation & les moyens du Chapitre inserés dans cet Arrêt.

ſaire de la Ville de Béſiers, tendante pour les cauſes y contenues, à ce qu'il plût à Sa Majeſté caſſer & annuller les Arrêts rendus contr'eux par la Cour des Aydes de Montpellier, les 28 Mai 1733, 5 Mai 1752, 23 Décembre 1755 & 3 Juin 1756, enſemble tout ce qui avoit ſuivi & pourroit ſuivre; ce faiſant, remettre les Parties en tel & ſemblable état qu'elles étoient avant leſdits Arrêts, évoquant le principal & y faiſant droit, déclarer les Maire & Conſuls de Béziers non-recevables dans leurs demandes, leur faire défenſes de comprendre ledit Chapitre dans leur compoix ou cadaſtre, pour raiſon du domaine & des biens de S. Pierre d'Appoul, ordonner qu'il en ſeroit rayé, s'il y avoit été inſcrit, & que les ſommes que ledit Chapitre pourroit avoir été contraint de payer, lui ſeroient rendues; condamner les Maire & Conſuls en tous les dépens, même en ceux faits en la Cour des Aydes de Montpellier, & où Sa Majeſté jugeroit à propos d'ordonner, avant faire droit que ladite Requête ſeroit communiquée aux Maire & Conſuls de Béziers; en ce cas, par proviſion & ſans préjudice du droit des Parties, au principal ordonner qu'il ſeroit ſurcis à l'exécution deſdits Arrêts, juſqu'à ce que par Sa Majeſté il en eût été autrement ordonné; faire main-levée proviſoire de toutes ſaiſies & oppoſitions faites ou à faire, à la Requête deſdits Maire & Conſuls de Béziers, entre les mains des Receveurs, Fermiers ou autres débiteurs du Chapitre, leſquels à payer & vider leurs mains en celles deſdits Chanoines ils ſeroient contraints par les voies qu'ils y ſont obligés, comme auparavant leſdites ſaiſies; par lequel Arrêt, pour faire droit aux Supplians ſur leur demande en caſſation, il auroit été ordonné qu'au rapport du ſieur Fargés, Maître des Requêtes, après en avoir commmuniqué au Bureau des Aydes, Gabelles, & cinq groſſes Fermes, il y ſeroit ſtatué au Conſeil en la grande direction; & cependant par proviſion & ſans préjudice du droit des Parties au principal, Sa Majeſté auroit fait main-levée à la caution du temporel dudit Chapitre de toutes les ſaiſies & oppoſitions faites ou à faire, à la Requête des Conſuls de la Ville de Béziers, entre les mains des Receveurs, Fermiers & autres débiteurs du Chapitre: la Requête préſentée au Conſeil par les Maire & Echevins de la Ville & Communauté de Béziers, tendante à ce qu'il plût à Sa Majeſté les recevoir oppoſans à l'Arrêt ci-deſſus énoncé dans la diſpoſition qui fait main-levée des ſaiſies ou oppoſitions faites entre les mains des Receveurs, Fermiers & débiteurs du Chapitre, leur donner acte de ce que pour moyens d'oppoſition ils employoient le contenu en leur Requête & pieces y jointes, & faiſant droit *ſur ladite oppoſition, révoquer l'Arrêt du Conſeil dudit jour dix Août dernier, lequel ſeroit regardé* comme non avenu, *en ce qui touche ladite diſpoſition*; remettre les Parties dans le même & ſemblable état qu'elles étoient auparavant ledit Arrêt, condamner le Chapitre aux dépens de l'Arrêt qui interviendroit ſur ladite Requête, & en cas de conteſtation en dix mille livres de dommages-intérêts & en tous les dépens, ladite Requête ſignée Rolland, Avocat deſdits Maire & Echevins; & ſignifiée à Me Brunet, Avocat dudit Chapitre de Béziers, le 30 Septembre 1756. Autre Requête préſentée par leſdits Syndic, Chanoines & Chapitre de l'Egliſe Cathédrale de Béziers, employée pour réponſe à celle en oppoſition ci-deſſus deſdits Maire & Echevins, & tendante à ce que, ſans s'arrêter ni avoir égard à ladite oppoſition, il plût à Sa Majeſté les y déclarer purement & ſimplement non-recevables, ou en tout cas les en débouter, & où Sa Majeſté en feroit quelque difficulté, en ce cas ordonner que la Requête du Chapitre inſérée audit Arrêt du dix Mai mil ſept cent cinquante-ſix ſeroit communiquée auxdits Maire & Conſuls de Béziers, & au ſurplus que ledit Arrêt ſeroit exécuté, & que l'oppoſition deſdits Conſuls de Béziers ſeroit & demeureroit jointe à l'Inſtance, & condamner leſdits Conſuls de Béziers aux dépens, ladite Requête ſignée Brunet, Avocat dudit Chapitre, & ſignifiée à Me Rolland, Avocat deſdits Maire & Echevins, le premier Décembre mil ſept cent cinquante-ſix. Vu auſſi les pieces jointes à la Requête d'oppoſition deſdits Maire & Echevins, & y énoncées. Oui le rapport du ſieur Peyrenc de Moras, Conſeiller d'Etat & ordinaire au Conſeil Royal, Contrôleur Général des Finances.

Le Roi en ſon Conſeil ayant aucunement égard à la Requête deſdits Maire & Echevins de Béziers, les a reçus & reçoit oppoſans audit Arrêt du dix Août mil ſept cent cinquante-ſix, *en ce qui concerne la main-levée proviſoire des ſaiſies &*

oppoſitions accordées par ledit Arrêt ; ce faiſant, ordonne Sa Majeſté que ſur la demande du Chapitre de Béziers, à fin de ladite main-levée, *ledit Chapitre ſe pourvoira en ſon Conſeil pour, au rapport du ſieur Fargès, Maître des Requêtes, Commis* par ledit Arrêt du dix Août dernier, & après qu'il en aura communiqué aux ſieurs Commiſſaires des Finances, être ſtatué, s'il échet, ſur ladite demande en la grande direction, conjointement avec la demande en caſſation formée par ledit Chapitre, par ſa Requête inſérée audit Arrêt du dix Août dernier. Fait au Conſeil d'Etat du Roi tenu à Verſailles le ſeptieme jour de Décembre mil ſept cent cinquante-ſix. (1)

N°. LIV.

Par la Grande Direction.

*Arrêt du Conſeil d'Etat du Roi * qui caſſe les Arrêts de la Cour des Aides de Montpellier des 28 Mai 1733, 5 Mai 1752, 23 Décembre 1755, 25 Mai 1756, & tout ce qui s'en eſt ſuivi.* (2)

24 Avril 1758.

Vu au Conſeil d'Etat du Roi l'Arrêt rendu en icelui le dix Août mil ſept cent cinquante-ſix, ſur la Requête des Syndics, Chanoines & Chapitre de l'Egliſe Cathédrale de S. Naſaire de la Ville de Béziers, tendante à ce que pour les cauſes y contenues il plût à Sa Majeſté caſſer & annuller les Arrêts rendus contr'eux par la Cour des Aydes de Montpellier, les 28 Mai 1733, 5 Mai 1751, 23 Décembre 1755, 25 Mai 1756, enſemble tout ce qui s'en eſt enſuivi & pu s'enſuivre, ce faiſant, remettre les Parties en tel & ſemblable état qu'elles étoient avant leſdits Arrêts, évoquant le principal & y faiſant droit, déclarer les Maire & Conſuls de Béziers non-recevables dans leurs demandes, leur faire défenſes de comprendre le Chapitre dans leur compoix ou cadaſtre, pour raiſon du domaine & des biens de S. Pierre d'Appoul, ordonner qu'il en ſera rayé, s'il y a été inſéré, & que les ſommes que les Supplians pourroient avoir été contraints de payer leur ſeront rendues, condamner les Maire & Conſuls en tous les dépens, même en ceux faits en la Cour des Aydes de Montpellier ; & où Sa Majeſté jugeroit à propos d'ordonner avant faire droit que la préſente Requête ſeroit communiquée aux Maire & Conſuls de Béziers, & en ce cas, par proviſion, & ſans préjudice du droit des Parties au principal, ordonner qu'il ſera ſurcis à l'exécution deſdits Arrêts juſqu'à ce que par Sa Majeſté il en ait été autrement ordonné ; faire main-levée proviſoire de toutes les ſaiſies faites ou à faire à la Requête des Maire & Conſuls de Béziers, entre les mains des Receveurs, Fermiers ou autres débiteurs du Chapitre, leſquels à payer & vider leurs mains en celles des Supplians ſeront contraints par les voies qu'ils y ſont obligés, comme aupa-

(1) Le Miniſtre qui avoit ſigné cet Arrêt fit des défenſes au Greffier de l'expédier avant le jugement de la demande en caſſation.

(2) Cet Arrêt n'eſt pas contradictoire dans la forme, mais il l'eſt dans le fait ; la requête en caſſation préſentée par le Chapitre fut ſignifiée aux Conſuls, avec l'Arrêt de main-levée, le 11 Septembre 1756 ; ils ont eu cet intervalle pour combattre ſes moyens depuis, juſqu'au 24 Avril 1758 que les Arrêts de la Cour des Aides ont été caſſés. Il n'y a rien qu'ils n'aient fait pour faire échouer ſa demande ; leur Avocat au Conſeil a remis des pieces & leur mémoire à M. le Rapporteur ; il l'a diſtribué à Meſſieurs les Commiſſaires. M. de S. Aurais, Rapporteur de cette affaire à la Cour des Aides de Montpellier, a eu des conférences avec M. le Rapporteur au Conſeil à qui il a remis ſon extrait, écrit de ſa propre main, & les concluſions imprimées de M. Duché, Avocat-Général, ſur cette affaire. Le Conſeil a eu ſous ſes yeux toutes les pieces oppoſées à la demande du Chapitre.

M. *Joubert*, Syndic de la Province, profitant des bontés dont l'honoroit feu M. d'Agueſſeau, Préſident du Bureau de la Grande Direction, le ſollicita, l'inſtruiſit, & employa toutes les manœuvres poſſibles pour faire débouter le Chapitre de ſa demande : mais il ne réuſſit pas mieux à lui faire adopter ſes idées qu'à empêcher l'aſſemblée du Clergé, en 1760, d'intervenir dans cette affaire, après avoir péroré fort long-tems & bien inutilement.

M. Montferrier, ſon Confrere, prétend cependant que cet Arrêt de caſſation a été ſurpris quoiqu'il n'ignore pas le contraire.

ravant lesdites saisies, par lequel Arrêt Sa Majesté, pour faire droit aux Supplians sur leurs demandes en cassation, a ordonné qu'au rapport du sieur Fargès, Maître des Requêtes, après en avoir communiqué au Bureau des Aydes & Finances & cinq grosses Fermes, *il y seroit statué au Conseil en la grande Direction*; & cependant par provision, & sans préjudice du droit des Parties au principal, Sa Majesté auroit fait main-levée à la caution temporelle dudit Chap tre de toutes saisies & opposition faites ou à faire à la Requête des Consuls de la Ville de Béziers entre les mains des Receveurs, Fermiers & autres débiteurs dudit Chapitre, les pieces jointes & énoncées en la Requête insérée audit Arrêt, du dix Août mil sept cens cinquante-six; autre Requête desdits Syndic, Chanoine & Chapitre de l'Eglise Cathédrale de Béziers, employée pour plus amples moyens de cassation contre les Arrêts de la Cour des Aydes de Montpellier, des 28 Mai 1733, 5 Mai 1752, 23 Décembre 1755, 25 Mai 1756, & tendante à ce que pour les causes y contenues, il plût à Sa Majesté casser & annuller lesdits Arrêts & tout ce qui s'en étoit ensuivi & pu s'ensuivre, & en conséquence leur adjuger le surplus des fins & conclusions prises par leur Requête insérée audit Arrêt du Conseil, du dix Août mil sept cent cinquante-six, ladite Requête signée Brunet, Avocat des Supplians; les pieces y énoncées & jointes, savoir, un cahier contenant copie de commission donnée par l'Archevêque de Narbonne du quinze des Kalendes de Mars mil deux cent soixante-deux, à Raymond de Lussan, Juge de Béziers, à fin d'informer sur le droit & possession prétendue par les Consuls de ladite Ville de Narbonne des Bandiers dans leur territoire, même les domaines y enclavés, appartenans aux Ecclésiastiques, & de les cotiser dans les impositions; Procès-verbal de comparution & prestation de serment des témoins, faits par lesdits Juges; en conséquence de ladite Commission, l'enquête faite par ledit Juge, composée de quarante-un témoins entendus sur les faits articulés par lesdits Consuls, du dix des Kalendes de Mai mil deux cent soixante-deux, Sentence arbitrale rendue le six des Kalendes de Mai mil deux cent quatre-vingt-un, par l'Evêque de Lodeve & le Sénéchal de Carcassonne, sur les contestations mues entre les Chanoines de l'Eglise de Béziers & les Consuls de la même Ville, qui maintient lesdits Consuls dans le droit de nommer des Bandiers pour tout le territoire, sans préjudice néanmoins au Chapitre d'en nommer & entretenir à ses frais, avec défenses aux habitans de Béziers de faire pâturer leurs bestiaux sur les héritages & domaines du Chapitre; Lettres Patentes du Roi Philippe, du jour de l'Exaltation de la Sainte-Croix, de l'an mil deux cent quatre-vingt-neuf, adressées au Sénéchal de Béziers, à l'effet de faire contribuer les Ecclésiastiques, ainsi que les autres habitans possédans fonds dans le territoire de ladite Ville, à la somme de mille livres, exigée pour *le rétablissement de l'armée*; autres Lettres Patentes du même Roi, du Lundi avant la résurrection de l'an mil deux cent quatre-vingt-neuf, qui assujettit les Ecclésiastiques possédans fonds dans le territoire de Béziers à contribuer aux impositions mises *pour les réparations des murs, portes & fossés* de la Ville; autres Lettres Patentes du Roi Philippe, de la veille de la Nativité de l'an mil deux cent quatre-vingt-quinze, par lesquelles il est enjoint au Sénéchal de Carcassonne de faire contribuer toutes personnes possédans fonds dans le territoire de Béziers, Ecclésiastiques & autres aux tailles, collectes & charges publiques; Lettres du Roi Philippe le Bel, du Dimanche de la Circoncision, de l'an mil deux cent quatre-vingt-quinze, adressées au Sénéchal de Carcassonne & de Béziers, obtenues par lesdits Consuls, à l'effet d'informer ou faire informer sur le droit & possession par eux prétendus d'établir des Bandiers, pour garder leur territoire, sans exception des domaines appartenans aux Ecclésiastiques, d'y lever & percevoir les droits accoutumés, pour fournir aux frais, & de les imposer aux charges ordinaires; commission donnée en conséquence desdites Lettres par le Sénéchal de Béziers à François Ricomain, Avocat du Roi, & Rolain Radulphe, Juge de Béziers, à l'effet d'informer à la Requête des Consuls, aux fins des Lettres par eux obtenues, le Procès-verbal contenant les dires & requisitions desdits Consuls, du trois des Ides de Février mil deux cens quatre-vingt-seize; l'enquête faite par lesdits Consuls, l'expédition d'un Arrêt de la Cour des Aydes de Montpellier, rendu contradictoirement entre les Consuls de Béziers & les Chanoines & Chapitre de ladite Ville, du ving-six Février mil sept cent cinquante-six, te-fix, qui, entre autres difpofitions, ordonne l'exécution de celui précédemment rendu par ladite Cour; & en conféquence déclare le Chapitre exempt de contribuer aux tailles pour le domaine de S. Pierre d'Appoul, five de Bofc & Conque de S. Pierre, imprimé du vingt-huit Avril mil fept cent cinquante-cinq, contenant les conclufions du Procureur Général au Procès d'entre les Confuls de la Ville de Béziers & le Chapitre Cathédral de la même Ville, contenant les raifons & moyens au foutien de l'oppofition par lui formée aux Arrêts de ladite Cour de l'année mil cinq cent cinquante-fix, & en conféquence que le domaine de S. Pierre d'Appoul fût déclaré définitivement roturier, & à ce titre affujetti à toutes les impofitions tant ordinaires qu'extraordinaires de la Communauté, avec condamnation des arrérages des tailles depuis vingt-neuf années avant l'introduction de l'Inftance, ledit imprimé figné Duché, Avocat Général. Copie de l'Arrêt de ladite Cour, du cinq Juillet mil fept cent cinquante-fept, fignifié le neuf dudit mois, qui condamne le Syndic du Chapitre à payer la fomme de quatre mille foixante-une livres quatre fols fix deniers pour la parcelle de la taille de la métairie de S. Pierre d'Apullo pendant l'année 1756.

Conclufions de M. le Procureur Général.

Oui le rapport du fieur Fargès, Confeiller du Roi en fes Confeils, Maître des Requêtes ordinaire de fon Hôtel, Commiffaire à ce député, après en avoir communiqué aux fieurs Confeillers d'Etat, Commiffaires du Bureau des Aydes & Gabelles & cinq groffes Fermes, à ce députés, & tout confidéré.

« Le Roi en fon Confeil, faifant droit fur lefdites Requêtes, a caffé & annullé » l'Arrêt de la Cour des Aydes de Montpellier du vingt-huit Mai mil fept cent » trente-trois, & celui de ladite Cour du 5 Mai mil fept cent cinquante-deux, » en ce qu'il a ordonné l'exécution de celui du ving-huit Mai mil fept cent trente- » trois, & par provifion le paiement des tailles; caffe & annulle pareillement » les Arrêts de ladite Cour, des vingt-trois Décembre mil fept cent cinquante- » cinq, & vingt-cinq Mai mil fept cent cinquante-fix, les faifies & Arrêts faits » en conféquence, & tout ce qui s'en eft fuivi: ce faifant, a évoqué à foi & à fon » Confeil les appels & demandes fur lefquelles lefdits Arrêts font intervenus; &, » pour y être fait droit, ordonne que les Parties procéderont en fon Confeil en » la forme portée par le Réglement; ordonne que l'amende confignée par ledit » Chapitre lui fera rendue ». Fait au Confeil d'Etat du Roi tenu à Verfailles le vingt-quatre Avril mil fept cent cinquante-huit. Collationné, *Signé*, DE VOUGNY.

N°. L V.

Arrêt du Confeil de la Grande Direction qui reçoit le Syndic (1) *de la Province de Languedoc partie intervenante, dans l'inftance en oppofition formée à l'Arrêt du Confeil du 24 Avril 1758 par les Maire & Confuls de Béfiers.*

19 Septembre 1759.

---

(1) C'eft M. de Montferrier qui fe crut, en confcience, obligé de venir au fecours des Intereffés au cinquiéme des arrérages des tailles: parce qu'il leur avoit confeillé d'en traiter avec les Maire & Confuls. Il n'avoit pas été partie dans le refcifoire à la Cour des Aides; les Arrêts n'avoient pas été rendus avec lui; les régles s'oppofoient par conféquent au rôle qu'il veut jouer dans cette affaire pour attaquer les droits, & les priviléges des Eglifes principales & des Seigneurs hauts-jufticiers. Ses démarches font repréhenfibles à cet égard: il ne peut pas ignorer que le Chapitre de Béfiers ne faffe partie du premier Ordre des Etats de la Province, & que la Communauté de la même Ville ne foit un diminutif du Tiers Etat. Le Chapitre & la Ville de Béfiers jouiffent donc refpectivement du privilége des Etats; le Syndic dépend de l'un autant que de l'autre; il ne peut donc prendre de parti contre le Chapitre fans manquer au premier Ordre des Etats auxquels il eft fubordonné. Ses affections particulieres ne doivent pas le déterminer contre un Ordre au préjudice de l'autre. Il ne doit agir dans les affaires de cette nature que par délibération & jamais *proprio motu*, à moins que ce ne foit directement contre un Etranger de la Province. Dans le fait le Syndic eft ici fans intérêt & fans objet, s'il n'en prenoit le prétexte pour attaquer les principes les plus facrés fur la nobilité des fonds: fon intervention eft un abus, un obftacle au prompt jugement de cette affaire par fes Arrêts de furféance qu'il fait fignifier tous les ans & qui emportent

N°. L V I.

9 Septembre 1760. *Autre Arrêt du même Conseil, qui reçoit également Messieurs les Agens Généraux du Clergé, parties intervenantes dans la même instance* (1).

N°. L V I I.

Arrêt du Conseil d'Etat du Roi qui déclare obreptices & subreptices les Lettres en compulsoire obtenues par les Consuls de Bésiers, & les condamne aux dépens de l'incident.

1. Février 1762. Vu au Conseil d'Etat Privé du Roi, l'incident entre les Syndic, Chanoines & Chapitre de l'Eglise Cathédrale S. Nasaire de Béziers en Languedoc, demandeurs & défendeurs d'une part; & les Maire & Consuls, Syndic & Habitans & Communauté de ladite Ville de Béziers, défendeurs & demandeurs d'autre part: savoir, Requête insérée en l'Arrêt du Conseil du premier Juin mil sept cent soixante un, présentée par lesdits Syndics, Chanoines & Chapitre de Béziers, tendante à ce qu'il plût à Sa Majesté pour les causes y contenues, ordonner que les Lettres de compulsoire surprises au grand Sceau le seize Décembre mil sept cent soixante par les Maire & Consuls de Béziers seroient rapportées comme obreptcies & subreptices, irrégulieres, attentatoires à l'Instance & nulles; déclarer pareillement nulles & attentatoires les procédures d'exécution & tout ce qui auroit été fait en conséquence par lesdits Maire & Consuls, au préjudice de l'Arrêt du Conseil du vingt-huit Avril mil sept cent cinquante-huit, qui cassoit les Arrêts de la Cour des Aydes de Montpellier, & de l'Instance d'opposition audit Arrêt, les condamner en cinq cens liv. de dommages & intérêts pour l'indue vexation, & aux dépens; & où Sa Majesté feroit quelque difficulte de prononcer ainsi, & jugeroit à propos ordonner que ladite Requête seroit communiquée pour y répondre dans trois jours, ou bien qu'elle seroit jointe à l'Instance d'opposition, en ce cas, ordonner pareillement que toutes choses jusqu'à ce demeureroient en l'état, ledit Arrêt du Conseil rendu sur ladite Requête, portant qu'elle seroit communiquée auxdits Maire & Consuls de Béziers, au domicile de leur Avocat, pour y fournir de réponse dans trois jours pour tout délai, pour ce fait ou à faute de ce faire dans ledit tems, y être statué ainsi qu'il appartiendroit, toutes choses cependant demeurantes en état, du premier Juin mil sept cent soixante-un, signifiée ensuite par Fleury de Gaumont, Huissier du Conseil, du dix du même mois. Requête présentée au Conseil par les Maire & Consuls, Syndic, Habitans & Communauté de Béziers, employée pour satisfaire audit Arrêt du premier Juin mil sept cent soixante-un, ensemble pour répondre à la Requête y insérée, & tendante à ce qu'il plût à Sa Majesté pour les causes y contenues debouter purement & simplement le Chapitre de S. Nasaire de Béziers de ses demandes, fins

---

six mois de perte de tems. Les Corps & les Compagnies, quelles qu'elles soient, n'ont pas besoin de la protection du Syndic auprès du Trône. Il a reconnu lui-même, lors du rescisoire qui se plaidoit sous ses yeux à Montpellier, que le droit public, ni les loix qui régissent la Province n'avoient pas besoin de son organe pour être connus. Si tant est qu'il eût voulu batailler, c'est-là, c'est sur le fonds qu'il devoit paroître, au lieu de solliciter particuliérement contre le Chapitre pour donner à la Communauté de Bésiers des marques de sa bienveillance, pour remplir le rôle qu'il faisoit jouer au Greffier Moureau, & épargner à la Ville, en cas de gain de cause, une somme de près de 26000 liv. qu'il a voulu & veut encore jeter dans les mains de Moureau ou de ses Croupiers.

(1) Le Clergé ne seroit jamais intervenu, si le Syndic de la Province n'y fût intervenu lui-même, & n'eût d'abord attaqué ses droits & les privilèges de ses propriétés avec autant d'art qu'il y met d'intrigue par les évocations & les nouvelles parties qu'il a suscitées au Chapitre, savoir la Cour des Aides & M. l'Intendant.

& conclusions; ordonner en conséquence, que lesdites Lettres de compulsoire du dix-sept Décembre mil sept cent soixante, & ce qui a été fait en conséquence sortiroient leur plein & entier effet, & que faute par ledit Chapitre d'y avoir satisfait, les pieces dont il a refusé de représenter les originaux seroient rejetées de l'Instance, avec dommages, intérêts & dépens; & où Sa Majesté feroit difficulté de leur adjuger purement & simplement lesdites conclusions, en ce cas ordonner que dans huitaine, du jour de la signification à domicile de l'Arrêt qui interviendroit, les Syndic, Dignitaires, Chanoines, Habitans du Chapitre S. Nasaire, Greffier, Secrétaire, Garde des Archives, & autres dépositaires desdites Pieces, seroient tenus & contraints, à leur Requête, par toutes voies dues & raisonnables, de représenter les originaux desdites pieces, pour être compulsés, collationnés & vérifiés, Parties présentes ou duement appelées, & leur en être copie délivrée pardevant le Juge-Mage Général de la Ville de Béziers, ou pardevant le plus prochain Juge Royal commis à cet effet, sur les désignations & demandes qui en seroient faites par lesdits Maire & Consuls & Communauté de Béziers, & que du tout procès-verbal seroit dressé, lequel seroit ensuite envoyé au Conseil, pour être ordonné ce qu'il appartiendroit, en cas de refus d'ouverture des portes de la part du Garde des Archives du Chapitre & de tous autres dépositaires desdites pieces, les autoriser à les faire ouvrir en présence dudit Juge, & ordonner que l'Arrêt seroit exécuté, nonobstant empêchemens quelconques, avec dépens, ladite Requête signée la Balme, Avocat aux Conseils, au bas d'acte d'emploi, au surplus soit ladite Requête communiquée audit Chapitre, au domicile de son Avocat, pour y fournir de réponses dans trois jours pour tout délai, sinon, en jugeant qu'il seroit fait droit, du onze Juillet mil sept cent soixante-un, signification ensuite par Corbet, Huissier du Conseil, du quinze du même mois; autre Requête présentée au Conseil par lesdits Syndics, Chanoine & Chapitre de Béziers, employée pour réponse à celle des Maire, Consuls, Syndic & Habitans de Béziers, & tendante à ce qu'il plût à Sa Majesté pour les causes y contenues; procédant au Jugement de l'incident, sans s'arrêter, ni avoir égard aux conclusions ni à la demande subsidiaire desdits Maire, Consuls & Habitans, dans lesquelles ils seroient déclarés non-recevables, & subsidiairement déboutés; adjuger auxdits Syndic, Chanoines & Chapitre les conclusions prises par leur Requête insérée en l'Arrêt de communiqué, du premier Juin mil sept cent soixante un, avec cinq cens liv. de dommages & intérêts & dépens, sauf auxdits Maire & Consuls à former après le Jugement de leur opposition à l'Arrêt de cassation telles demandes qu'ils aviseroient; les défenses réservées au contraire, ladite Requête signée Ragon, leur Avocat aux Conseils ordinaire, au bas d'acte de l'emploi, au surplus en jugeant du vingt-cinq Septembre mil sept cent soixante-un, signification ensuite par de Normandie, Huissier du Conseil, du premier Octobre suivant. Vu aussi les pieces jointes auxdites Requêtes, savoir, Requête présentée au Sénéchal de Béziers par les Maire & Habitans dudit lieu, à l'effet d'ordonner qu'il seroit procédé pardevant lui au compulsoire des actes de confirmation de Bernard, Evêque, en neuf cent cinquante-quatre, & de la Charte du Vicomte Roger, de mil deux cent cinq, Parties présentes ou duement appelées; auquel effet il lui plairoit faire descente dans les archives dudit Chapitre, pour procéder audit compulsoire, & que le Secrétaire & autres détenteurs des originaux desdits actes seroient tenus de les représenter à l'instant du commandement, à quoi faire contraints par la voie de droit, au bas est l'Ordonnance dudit Sénéchal, qui permet le compulsoire du dix Novembre mil sept cent soixante, & la signification donnée en conséquence audit Chapitre, contenant sa réponse, que les originaux des actes que l'on vouloit compulser n'étoient point dans les archives du Chapitre, & que les registres dans lesquels étoient contenus lesdits actes avoient été envoyés à Paris, pour servir au Procès d'entre ledit Chapitre & les Maire, Consuls & Communauté de Béziers, & qu'ainsi il ne pouvoit être procédé au compulsoire du douze du même mois; Procès-verbal qui constate ladite réponse du Chapitre, sur le compulsoire du treize dudit mois de Novembre mil sept cent soixante; Lettres de compulsoire obtenues par les Habitans & Communauté de la Ville de Béziers, le dix-sept Décembre mil sept cent soixante, commandement fait en conséquence au Chapitre de se trouver à un jour indiqué au compulsoire qui seroit fait des actes énoncés au commandement du 17 Avril 1761 ; itératif commandement fait audit Chapitre, à l'effet de procéder audit compulsoire du lendemain ; acte d'opposition formée par ledit Chapitre aux lettres de compulsoire obtenues par les Habitans & Communauté de Béziers, & à l'assignation à eux donnée en conséquence du même jour ; copie signifiée d'actes contenant assignation au Chapitre, à la Requête desdits Habitans & Communauté de Béziers, aux fins d'articuler les causes de son refus de comparoître audit compulsoire du 29 dudit mois d'Avril 1761 ; copie d'une délibération du College des Avocats aux Conseils pour la restitution des pieces de l'Instance ; commandement ensuite à Me Boquet de Chanterenne, Avocat du Syndic des Etats du Languedoc, de remettre à M. le Rapporteur ladite Instance, ensuite duquel est la réponse dudit Me de Chanterenne, contenant que les Syndics Généraux de la Province du Languedoc avoient prévenu Monseigneur le Chancelier sur la nécessité de faire travailler à l'affaire pendante au Conseil, entre la Communauté de Béziers & le Chapitre de ladite Ville, du 3 Avril 1761 ; Procès-verbal de descente des Commissaires de la Ville de Béziers, à l'effet de faire compulser les actes y énoncés, du 29 du même mois ; autre Procès-verbal de comparution desdits Commissaires devant le Lieutenant Particulier de la Sénéchaussée de Béziers, contenant ce qui s'étoit passé, au bas duquel est l'Ordonnance dudit Lieutenant Particulier, qui donne acte de la comparution & défaut contre le Chapitre, du 2 Mai 1761 ; Exploit de signification de ladite Ordonnance au Chapitre, du 4 du même mois; acte de protestation contenant opposition formée par le Chapitre auxdites lettres de compulsoire & à toute la procédure qui s'en étoit suivie, du 15 du même mois de Mai ; copie signifiée à la Requête des Habitans & Communauté de Béziers d'acte de protestation de nullité de tous les Arrêts sur Requête, que le Syndic pourroit obtenir, du même jour; Arrêt du Conseil rendu sur la Requête du Chapitre de Béziers, ci-dessus visé & énoncé, du 1 Juin 1761 ; commission sur ledit Arrêt du même jour ; exploit de signification dudit Arrêt à l'Avocat des Habitans & Communauté de Béziers, du 10 du même mois; copie de l'acte de constitution de l'Avocat desdits Habitans & Communauté de Béziers sur la signification dudit Arrêt, du 16 du même mois ; signification du même Arrêt au Greffier de ladite Ville de Béziers, en l'Hôtel de ladite Ville, du 23 du mois de Juin 1761, & généralement tout ce qui a été dit, écrit & remis par les Parties, pardevers le sieur Duclusel, Chevalier, Conseiller du Roi en tous ses Conseils, Maître des Requêtes ordinaires de son Hôtel, Commissaire en cette partie, député. Oui son rapport, après en avoir communiqué aux sieurs Maîtres des Requêtes, à présent de quartier au Conseil, & tout considéré.

» Le Roi en son Conseil faisant droit sur les incidens, déboute lesdits Maire, » Consul, Syndic, Habitans & Communauté de Béziers de leurs demandes, » faisant droit sur celles des Syndic, Chanoines & Chapitre de l'Eglise Cathé» drale de S. Nasaire de Béziers, a ordonné & ordonne que les Lettres de » compulsoire obtenues au grand Sceau par lesdits Maire & Consuls de Béziers, » le 16 Décembre 1760, seront rapportées comme nulles, obreptices & subrep» tices, déclare nul tout ce qui s'en est ensuivi, en conséquence ordonne qu'il » sera passé outre au Jugement de l'Instance d'opposition dont il s'agit sur les » pieces qui sont & pourront être produites par les Parties, & condamne lesdits » Maire & Consuls, Syndic, Habitans & Communauté de Béziers aux dépens » desdits incidens liquidés, non-compris le coût du présent Arrêt & droit de con» trôle, à la somme 156 liv. sur la demande en dommages & intérêts met les » Parties hors de Cour ». Fait au Conseil d'Etat Privé du Roi tenu à Versailles le » 1 Février 1762. Collationné, *Signé*, Auvrai.

N°. LVIII.

N°. LVIII.

Avis ou dire de M. Lorry, Inſpecteur Général du Domaine.

En 1765 M. de *Monthion*, Maître des Requêtes, étoit chargé de faire le rapport de cette affaire à la Grande Direction. M. *Laverdy, Miniſtre des Finances*, ſollicité par les Parties du Chapitre d'en arrêter le jugement, lui demanda tous les titres, pieces & doſſiers de l'inſtance, & les renvoya en même tems à M. *Lorry*, Avocat au Parlement, Inſpecteur Général du Domaine, à l'effet de lui en rendre compte & de donner en conſéquence ſon avis ſur les conteſtations reſpectives des Parties.

M. Lorry, dont les lumieres & l'intégrité ſont connues, remplit les vues du Miniſtre, & après avoir profondément examiné cette affaire, il lui rendit les pieces avec ſon avis ſuivant lequel, les Syndic & les Maire & Conſuls *devoient être déboutés non-ſeulement de leur oppoſition à l'Arrêt de caſſation, mais encore de leur prétention au fonds.*

C'eſt ainſi que viennent de le décider après le plus ſérieux examen, MM. *Cellier, de Lambon, de Lamonnoye, de Joui, & Laget Bardelin, Avocats au Parlement*, & MM. *Auſonne, Bronod, Bontoux, Ragon, Damours, Regnard, & Deſpaulx, Avocats aux Conſeils du Roi.* (1)

La Juſtice de l'avis de M. Lorry étoit ſi évidente & ſi ſolidement établie, que M. Laverdy en fut pénétré, & fit rendre les pieces & doſſiers au Rapporteur.

On ne ſçait par quelle fatalité, trois ans après, par un coup d'autorité, ſans motifs, ce même Miniſtre évoqua cette inſtance de la Grande Direction, pour la juger lui-même au Conſeil Royal. Il la fit retirer de nouveau des mains de M. de Monthion pour la faire paſſer dans un Bureau des Finances, où les Parties du Chapitre ont habituellement le plus libre accès.

N°. LIX.

Arrêt du propre mouvement, qui évoque du Conſeil de la Grande Direction l'inſtance en oppoſition y pendante, entre le Chapitre & les Conſuls de Béſiers, pour être jugée au Conſeil Royal, au rapport de M. Laverdy. (2)

Sur le compte qui a été rendu au Roi que les principes établis touchant la nobilité & la roture des fonds ſont eſſentiellement intéreſſés dans l'inſtance pen- 16 Octobre 1767.

---

(1) Voyez leurs conſultations motivées des 9 Avril, 15 Mai & 25 Juin 1770.

(2) Au lieu que c'étoit un Maître des Requêtes & environ dix Commiſſaires, Conſeillers d'Etat, qui auroient examiné & vérifié cette affaire avant de la rapporter à la Grande Direction composée de Monſeigneur le Chancelier, de M. le Contrôleur Général, des Conſeillers d'Etat & du Corps des Maîtres des Requêtes ; c'eſt un Commis des Finances, qui, ſur l'extrait qu'un de ſes Commis lui en fait, la remettra à M. le Contrôleur-Général pour la juger en Finances. C'eſt ce que diſent les parties du Chapitre.

Cette évocation eſt ſans exemple : lorſque ce Commis a dreſſé cet Arrêt, il n'avoit jamais vu les pièces de l'inſtance. On peut même atteſter qu'il ne la connoiſſoit pas, & que M. Laverdy n'en a jamais pu faire le rapport au Conſeil, puiſque toutes les pieces étoient alors entre les mains de M. de Monthion, Maître des Requêtes, Rapporteur. Il falloit toute la faveur imaginable pour dépouiller un Tribunal d'une inſtance inſtruite devant lui pendant 10 ans ſur une oppoſition à un Arrêt rendu par ce même Tribunal. Il falloit que les parties du Chapitre euſſent autant de crédit qu'elles en ont dans le bureau de leur correſpondance.

Il falloit encore qu'au lieu de rendre cette affaire à M. d'Ormeſſon, Intendant des Finances, qui a le département de cette matiere, ou au Bureau des affaires contentieuſes, que le Syndic des Etats trouvât le moyen de la faire retenir & traiter par celui dans lequel il ſe croit le maître de diriger la beſogne. Mais le Chapitre raſſuré ſur la probité, l'intégrité & les ſentimens d'honneur du predante en ſon Conſeil, en la Grande Direction d'icelui, entre les Conſuls & Communauté de la Ville de Béſiers, & le Syndic Général des Etats de Languedoc, d'une part; & le Chapitre S. Naſaire de ladite Ville, & les Agens Généraux du Clergé de France, d'autre part; Sa Majeſté auroit reconnu que l'importance & la nature de la matiere exigeoient également que les conteſtations qui ont donné lieu à la derniere inſtance fuſſent examinées & jugées en ſon Conſeil Royal des Finances, d'où ſont émanées les diférentes déciſions concernant ladite matiere. A quoi voulant pourvoir, oui le rapport du ſieur Laverdy, Conſeiller Ordinaire & au Conſeil Royal, Contrôleur Général des Finances. Sa Majeſté étant en ſon Conſeil, a évoqué & évoque à ſon Conſeil Royal des Finances ladite inſtance pendante en la Grande Direction, au rapport du ſieur *Monthion, Maître des Requetes ordinaire de ſon Hôtel.* Ordonne en conſéquence Sa Majeſté que les Parties procéderont à l'avenir en ſondit Conſeil Royal des Finances, & qu'à cet effet toutes les requêtes, mémoires & autres piéces de ladite inſtance ſeront remiſes ſans délai en ſon Conſeil Général des Finances pour, ſur *ſon rapport*, y être ſtatué par Sa Majeſté, ainſi qu'il appartiendra. Fait au Conſeil d'Etat du Roi, Sa Majeſté y étant, tenu à Fontainebleau le ſeizieme jour d'Octobre mil ſept cent ſoixante-ſept. *Signé* PHELIPEAUX, *avec paraphe.*

Enſuite eſt écrit :

Louis, &c. Au premier notre Huiſſier ou Sergent ſur ce requis, Nous te mandons & ordonnons par ces préſentes, ſignées de notre main, que l'Arrêt ci-attaché ſous le contre ſcel de notre Chancellerie cejourd'hui rendu en notre Conſeil d'Etat, Nous y étant, pour les cauſes y contenues, tu ſignifies à tous qu'il appartiendra, à ce que perſonne n'en ignore & faſſes pour ſon exécution, tous actes & exploits néceſſaires ſans autre permiſſion; cat tel eſt notre plaiſir. Donné à Fontainebleau le ſeizieme jour d'Octobre l'an de grace mil ſept cent ſoixante-ſept, & de notre règne lecinquante-troiſieme. *Signé* LOUIS, & plus bas par le Roi, PHELIPPEAUX, avec paraphe; à côté eſt écrit ſcellé le 4 Novembre 1767, avec paraphe. *Signé* LA BALME.

A la requête de *Me de la Balme*, Avocat de la Ville de Béſiers, ſoit ſignifié & donné copie à Me Ragon, Avocat du Chapitre de S. Naſaire, de l'Arrêt du Conſeil d'Etat, du 16 Octobre dernier, ci-deſſus & des autres parts tranſcrits, à ce que du contenu en icelui ledit Me Ragon n'en ignore dont acte P. C. la Balme.

Le 7 Novembre 1767 ſignifié à Me Ragon, Avocat. Lamuſac.

No. L X.

12 Avril, 1768. *Arrêt du Conſeil des Finances, qui ordonne à la Cour des Aides de Montpellier, de lui envoyer les motifs des Arrêts caſſés par celui du Conſeil de la Grande Direction, le 24 Avril 1758 (1).*

---

mier Commis, eſpere que, s'il ne ſe recuſe pas, il examinera cette affaire ſans partialité & qu'il lui rendra la juſtice qui lui eſt due.

(1) Il n'y a Commis, ni Praticien qui ne diſe que c'eſt contre toutes les regles & ſans exemple qu'on voit demander les motifs des Arrêts qui ont été caſſés depuis dix ans, après autant de tems d'inſtruction de l'inſtance en oppoſition à l'Arrêt de caſſation. On n'a pas plus examiné l'inſtance pour faire cet Arrêt de motifs, que pour celui d'évocation.

N°. L X I.

Lettre de M. Laverdy à M. de Saint-Prieſt, Intendant de Languedoc (1), par laquelle, il lui demande ſon avis ſur l'inſtance du reſcindant qu'il a évoquée à ſon rapport, entre le Chapitre & les Conſuls de Béſiers; M. Laverdy lui envoya l'entier procès par le même Courier.

(1) Ce n'étoit pas aſſez, de la part du Syndic, de donner au Chapitre la Cour des Aides pour une partie de plus, en lui faiſant demander des motifs qu'il n'a ceſſé de propoſer, tandis que bien des Cours n'en donnent plus. Il falloit encore qu'il convertît la ſollicitation qu'il avoit employée de M. l'Intendant en une décision, en un avis qu'il a engagé le Miniſtre de lui demander un mois après l'Arrêt des motifs. Il n'eſt ici queſtion que d'un ſimple reſcindant : ſavoir, ſi les Arrêts caſſés renferment des contraventions aux Ordonnances, Edits & Déclarations du Roi, ainſi que l'a déja décidé le Conſeil ; ou ſi au contraire, la Cour des Aides a procédé régulierement ; M. l'Intendant n'a jamais été juge de cette affaire ; le Conſeil n'a beſoin d'aucun éclairciſſement local, relativement à l'état & à la qualité des biens & de l'Egliſe S. Pierre dans le dixieme ſiecle. On ne peut à cet égard que conſulter les titres des parties & non M. l'Intendant dont l'oppoſition à l'accommodement de cette affaire en 1764 doit tout au moins faire communiquer ſon avis au Chapitre dans le cas qu'il ſe permette de le donner.

Jacques de Caſſan, Avocat du Roi au Préſidial de Béſiers, dédia en 1632, au Cardinal de *Richelieu*, un ouvrage, par lequel, s'il faut l'en croire, » *la France* » avoit un droit de propriété & de ſouveraineté ſur la *Navarre*, *Naples*, *Sicile*, » *Majorque*, *Minorque*, *Sardaigne*, l'Empire, *Savoie*, *Piémont*, *Gênes*, » *Ravenne*, *Avignon*, *Flandres*, *Pays-Bas*. . . . Ses rêveries étoient l'effet » d'un zèle patriotique ; il imaginoit qu'en étendant les limites de l'Empire Fran- » çois, les charges de l'intérieur, diminueroient à proportion.

Le propre de l'erreur des Maire & Conſuls du même climat, ne tend pas aujourd'hui au même but : ils s'efforçent, au contraire, de faire ſurcharger le territoire de leur Communauté, & de nuire gratuitement à une partie de leurs concitoyens, dans l'idée d'une diminution chimérique.

S'ils vouloient ſe donner la peine de lire les annales de leur pays, & faire attention à la gradation annuelle des tailles depuis *Charles VII*; ils reconnoîtroient leur illuſion, ils ſe convaincroient que plus la roture a été étendue, & plus les biens nobles ont été méchamment dévaſtés plus les Adminiſtrateurs de Béſiers ont aſſommé leur territoire des charges, ſans aucun ſoulagement pour les anciens contribuables.

C'eſt un fait qui ſe vérifie d'après les rôles des impoſitions : ont-elles diminué à proportion que l'allivrement a été augmenté ? Jamais. Les Conſuls peuvent-ils ſe flatter que, lorſque les Etats feront inſtruits de l'accroiſſement de leur compoix, la doſe de leurs tailles ne ſera pas augmentée à proportion, comme elle l'a toujours été ?

.... *Proclivior uſus*
In pejora datur.

Table ou extrait des Titres, Pieces & Arrêts contenus dans ce Recueil.

Autre

Autre du même Souverain, de même. *page 34.* N°.16.19 Mai 1298.

Autre de Philippe VI, dit de *Valois*, de même. *Ibid.* N°.17.25 Sept. 1328.

Autre du Roi *Jean*, aux Sénéchaux de Carcassonne & de Beaucaire, sur les plaintes de plusieurs Consuls, de ce que les Nobles, Monnoyeurs, Ecclésiastiques, Notaires & autres Officiers du Roi, refusoient de contribuer aux subventions & subsides imposées à l'occasion des guerres. Le Roi mande de les y contraindre, si les choses sont telles. *Ibid.* N°.18. 29 Juin 1353.

Transaction, entre le Clergé & les Consuls de Béziers, pour raison de la *contribution aux réparations & reconstruction des murs, des portes & des fossés de la Ville.* p. 35. N°. 19. 2 Juin 1359.

Autre *Transaction*, entre les mêmes, pour la contribution à l'entretien des fontaines: ponts & chaussées, les Couvens religieux & religieuses, Prêtres, séculiers & réguliers, s'obligent à fournir la neuvième partie des frais. p. 39. N°. 20. 4 Juin 1359.

Dénombrement rendu au Parlement de Toulouse, alors Cour des Aydes de Languedoc, des *dîmeries* de l'Eglise S. Nasaire, parmi lesquelles est comprise celle de S. Pierre du Bosc. p. 40. N°.21. 18 Janv. 1485

Sentence du Sénéchal de Carcassonne, qui fixe les biens du Chapitre qui peuvent être sujets aux impositions; ceux de S. Pierre n'y furent point compris, parce que la nobilité n'en fut jamais contestée. *Voyez le N° 27.* Elle y est rapportée. *page 47.* 25 Mai 1485.

Arrêt par défaut du Parlement de Toulouse, alors Cour des Aydes, qui confirme ladite Sentence. *Voy. Ibid.* 14 Mars 1485.

Dénombrement, qui fait mention d'un autre de l'an 1517, par lequel le Syndic du Chapitre déclare tenir noblement les biens de S. Pierre *du Bosc*, *alias de Appullo*, qui son. de toute ancienneté de la dot & fondation de ladite Eglise. p. 41. N°. 22. An 1521.

Transaction entre le Chapitre & les Consuls de Béziers, cassée & annullée par l'Arrêt du 27 Juillet 1556, qui déclare nobles les biens de S. Pierre. *Ibid.* N° 23. 29 Av. 1531.

Verbal & Ordonnance d'exécution de la Sentence de 1485. *Ibid.* N°. 24. 1 Sept. 1554.

Compoix de la Ville de Béziers, dans lequel ont été compris, pour la première fois, les biens de S. Pierre, & dont ils ont été rayés en exécution des Arrêts contradictoires rendus par la Cour des Aydes, en 1556, par un de ses Commissaires. Ces biens ont été toujours, depuis, comme auparavant, portés sur le rôle des biens nobles de cette Communauté. p. 44. N°. 25 An 1555.

Lettres de rescision, contre la Transaction de 1531, prises par les Consuls, du grand sceau, parce que la Cour des Aydes de Montpellier n'avoit pas encore de Chancelerie: ce sont ces Lettres que les Consuls modernes font valoir, comme des Lettres-Patentes émanées du propre mouvement d'Henri II. p. 45. N°. 26. 11 Av. 1556.

Arrêt contradictoire de la Cour des Aydes de Montpellier, rapporté par le président Philippi, dans son recueil d'Arrêts de conséquence, qui, sur le vû des Chartres de 933 & 1203; des Sentences de 1281 & 1485; Arrêt de 1486; verbal de 1554, & de tous les cadastres au nombre de plus de 30; *déclare les biens de S. Pierre immunes de toutes tailles, charges & impositions royales.* p. 46. N°. 27. 27 Juil. 1556.

Autre Arrêt contradictoire, par lequel, après la descente d'un Commissaire sur les lieux, une vérification d'Experts, une enquête faite par les Consuls, & un compulsoire des Titres, sur le rapport de ce Commissaire membre de la même Cour, & après diverses plaidoiries, les biens de S. Pierre sont encore déclarés nobles, & ses limites fixées, comme elles l'étoient anciennement. p. 52. N°. 28. 26 Fév. 1556. Nota *l'année commençoit alors à Pâque.*

Enquête faite au nom du Syndic du Clergé de Béziers, sur le pillage de ses Eglises, l'enlevement des Archives, papiers, livres, & tableaux de la Cathédrale, & sur les mauvais traitemens exercés sur les personnes des Ecclésiastiques, notamment sur les membres du Chapitre, par les séditieux & huguenots, composée de 28 témoins. p. 54. N°. 29. 18 Octobre 1563.

Transaction sur procès, entre le Syndic du Chapitre, comme *Prieur de l'Eglise S. Pierre*, & le *Prieur de S. Etienne de Villeneuve*, à l'occasion de leurs *dîmeries* respectives. p. 55. N°. 30. 12 Sept. 1595.

Nouveau compoix de la Ville de Béziers, dans lequel ont été compris les biens de S. Pierre, & dont ils ont été rayés, en vertu d'une Transaction de 1608; confirmée par une délibération générale de la Ville de Béziers, en 1609; & homologuée contradictoirement par un Arrêt du Conseil Privé, en 1610. p. 57. N°. [illegible]

N°. 32. 18 Décemb. 1606. *Evocation* au Conseil Privé du Roi, des contestations renouvelées sur la nobilité des biens de l'Eglise de S. Pierre, par le nouveau compoix de 1605; motif pris, de ce que, presque tous les Officiers de la Cour des Aydes de Montpellier étoient calvinistes. p. 58.

N°. 33. 27 Nov. 1608. *Transaction* sur le procès pendant au Conseil Privé sur la nobilité des biens de S. Pierre, nobilité que la Communauté de Béziers reconnoît, (sur le vû des Chartres de 933, 1203; Sentences & Arrêts de 1556,) ensemble les accroissemens de la contenance de ces biens, par la réunion des Isles, & par les attérissemens p. 59.

N°. 34. 21 Janv. 1609. *Délibération générale* de la Ville & Communauté de Béziers, qui confirme la Transaction du 27 Novembre 1608; enjoint à son Greffier de rayer du compoix roturier, les biens de S. Pierre, dont elle reconnoît de plus fort la nobilité; & elle charge les Consuls de la faire homologuer au Conseil. p. 66.

N°. 35. 26 Av. 1610. *Arrêt contradictoire* du Conseil Privé, qui homologue ladite transaction, & en ordonne l'exécution selon sa forme & teneur. Les biens de S. Pierre ont depuis été rayés du compoix, & toujours compris dans le rôle des biens nobles. p. 68.

N°. 36. 1 Av. 1625. *Baux à Ferme* du droit de pêche & de chasse, sur les biens de S. Pierre. p. 68.
4 Mai 1685.
11 Juin 1687.
10 Nov. 1697.
6 Janv. 1716.
26 Avril 1721.
26 Avril 1732.
6 Avril 1732.
26 Avril 1756.
8 Juin 1766.

N°. 37. An 1634. *Ordonnance* de M. de *Bonzi*, Evêque de Béziers, de laquelle il résulte que S. Pierre ne dépend d'aucune des Paroisses qui l'environnent. p. 70.

N°. 38. Juin 1663. *Ordonnance* du même Prélat, qui établit la Paroissialité de l'Eglise S. Pierre. *Ibid.*

N°. 39. 11 Av. 1665. jusqu'en 1670. *Extraits Baptistaires* de l'Eglise S. Pierre. p. 71.

N°. 40. 28 Mai 1733. *Arrêt* de la Cour des Aydes de Montpellier, rendu sur Requête, & sur le vû d'une copie de la chartre de 933, visée dans toutes les procédures & jugemens; qui permet aux Consuls de Béziers d'additionner au compoix roturier les biens de S. Pierre, & ordonne qu'ils contribueront aux tailles. *Ibid.*

N°. 41. 23 Sept. 1743. *Arrêt contradictoire*, rendu par le Grand Conseil, entre l'Abbé *Daniane*, & le Chapitre de Béziers, comme *Prieur*, *Curé primitif de l'Eglise S. Pierre*, qui maintient ledit Chapitre en sa dite *qualité*, au droit & possession de *percevoir la dîme* sur le territoire de S. Pierre, & sur partie d'un autre appelé Saumelongue, condamne l'Abbé *Daniane* aux dépens. p. 71.

N°. 42. 3 Av. 1750. *Traité des droits litigieux*, entre les Consuls de Béziers, & le sieur Moureau, Notaire, & leur Greffier, par lequel, ils lui donnent la cinquième partie de tous les arrérages, auxquels il fera condamner les possesseurs des biens nobles, en les attaquant à leur nom, & à leurs dépens. p. 72.

N°. 43. 14 dudit. *Ordonnance* de M. l'Intendant, qui autorise ce traité. p. 72.

N°. 44. 1 Juin 1751. *Arrêt* du Conseil Royal des Finances, rendu sur la Requête des Maire & Consuls de Béziers, qui renvoye à la Cour des Aydes de Montpellier, les contestations sur la nobilité des biens de S. Pierre, attendu que les motifs de l'évocation de 1606, ne subsistent plus, & que les Officiers de cette Cour, ne sont plus réputés *Religionaires*. p. 72.

N°. 45. 24 Nov. 1751. *Arrêt par défaut* de la Cour des Aydes, qui déclare roturiers les biens de S. Pierre. p. 74.

N°. 46. 5 Mai 1752. *Arrêt* de la même Cour, qui entérine la Requête Civile du Chapitre, contre l'Arrêt par défaut de 1751; reçoit l'opposition de M. le Procureur Général, envers les Arrêts des 27 Juillet & 26 Fév. 1556; remet les Parties au même état où elles étoient avant lesdits Arrêts, & ordonne l'exécution provisoire de l'Arrêt du 28 Mai 1733. p. 75.

N°. 47. 10 Mai 1752. *Lettres d'appel* du compésiément fait des biens de S. Pierre, par lesquelles le Chapitre de Béziers, *demande* que ces biens soient définitivement *déclarés nobles*. *page 76.*

N°. 48. 11 Juil. 1752. *Arrêt* contradictoire de la Cour des Aydes, qui renvoye au jugement du fonds, l'opposition formée par le Chapitre à l'Arrêt du 5 Mai 1752. *Ibid.*

Fin de la Table du Recueil.

TABLE
DES MATIERES.

La lettre E. marquera Examen ; la lettre T. Traité, & la lettre R. Recueil.

A

B

François

M.

Q.

R.

S.

Seconde

T.

ERRATA.

Pag. 1, *lig.* 4, *à la Note*, lequle, *lis.* lequel.
P. 9, *lig.* 10, *à la note*, *allaudialis*, lis. *allodialis.*
P. 18, *lig.* 7, *à la note*, *obur*, lis. *robur.*
P. 21, *lig.* 10, attachées, *lis.* attachés.
P. 37, *lig.* 8, de revenu, *lis.* de ses revenus.
P. 49, *lig.* 4, *aux notes*, *omnibus*, *que qui*, lis., *omnibusque qui.*
P. 54, *lig.* 2, *aux notes*, instituts, *lis.* institutes.
P. 70, *lig.* 12, *indicantur*, lis. *indicuntur.*
P. 81, *lig.* 6, *aux notes*, *persistant*, lis. *pensitant.*
P. 83, *lig.* 4, *supprimez depuis ce mot*, dans la Gaule Narbonnoise, jusqu'à la neuvieme *ligne*, le célebre défenseur.
P. 105, *à la marge*, c'est la le onzieme, *lis.* c'est la onzieme.
P. 107, *lig.* 4, qu'il possédoient, *lis.* qu'ils possédoient.
P. 123, *lig.* 17, en partage, *lis.* en paréage.
P. 171, *à la marge*, pessée, *lis.* passée.
P. 174, *dern. lig.* partagées *lis.* fixées.
P. 183, *lig.* 15, indépendantes, *lis.* indépendans.
P. 189, *lig.* 6, par le compilateur, *lis.* par les partisans de la Roture.
P. 192, *lig.* 14, supprimez les 14. 15. 16. 17 & 18 *lignes.*
P. 202, *lig.* 22, les nations, *lis.* plusieurs nations. *Ibid. derniere lig.* ainsi conduisoient, *lis.* ains conduisoient.
P. 303, *lig.* 14, *hincmare*, lis. *hincmar.*
P. 215, *lig.* 9, , que d'un subside, *lis.* qu'un subside.
P. 219, *lig.* 2, *aux notes*, sur le §. de, *lis.* sur le §. 8.
P. 228, *lig.* 19, qu'on a faites, *lis.* qu'on a faite.
P. 277, *lig.* 6, en tout tems, elle n'a jamais été, *lis.* en aucun tems, elle n'a été.
P. 287, *lig.* 8, *spaponerit*, lis. *spoponderit.*
P. 343, *lig.* 17, en 1716, *lis.* en 1556.
P. 353, *lig.* 2, d'apres lui, *lis.* d'après ses Partisans.

CE VOLUME CONTIENT

I°. L'*Examen* du Recueil des Loix ſur la nobilité des fonds de Languedoc.

II°. Le *Traité hiſtorique* de l'Affaire pendante au Conſeil d'État du Roi, entre le *Chapitre de l'Égliſe Cathédrale de la ville de Beziers, & les Maire & Conſuls de la même ville, MM. les Agens Généraux du Clergé, & le Syndic du Tiers-État de la Province de Languedoc.*

III°. *Preuves & Pièces juſtificatives*, ou Recueil des Titres produits & cités par les Parties.

CE VOLUME CONTIENT

I°. L'Examen du Recueil des Loix sur la nobilité des Fonds de Languedoc.

II°. Le *Traité historique* de l'Affaire pendante au Conseil d'Etat du Roi, entre le *Chapitre de l'Eglise Cathédrale de la ville de Beziers, & les Maire & Consuls de la même ville, MM. les Agens Généraux du Clergé, & le Syndic du Pays d'Etat de la Province de Languedoc.*

III°. *Preuves & Pièces justificatives*, ou Recueil des Titres produits & cités par les Parties.

www.ingramcontent.com/pod-product-compliance
Ingram Content Group UK Ltd.
Pitfield, Milton Keynes, MK11 3LW, UK
UKHW020919180726
13838UKWH00002B/647